大野裕之

チャップリンが見たファシズム

喜劇王の世界旅行 1931-1932

中公選書

プロローグ――激動の世界への旅立ち

1931年1月30日――。

ロス・アンジェルス劇場は異様な熱狂に包まれていた。この日、チャーリー・チャップリンの待望の新作『街の灯』が、ワールド・プレミア上映の時を迎えたのだ。人気絶頂の喜劇王をひとめ見ようと劇場の周りに集まった群衆は、その数2万5000人。彼らが街を占拠したことで、交通は完全に麻痺してしまった。警察が「催涙ガスを使うぞ」と警告してもなんの効果もなく、人々の圧力でたくさんの店のショウ・ウィンドウが割れた。上映が始まると、主賓のアインシュタイン博士をはじめとして各界の著名人であふれた会場は爆笑につぐ爆笑で揺れた。こうして、ハリウッドの歴史始まって以来「最も熱狂的で壮麗な」と呼ばれたプレミア上映は大成功に終わった。

その後、ニューヨーク・プレミアでさらなる成功を見届けた2月半ばのこと、チャップリンは10年ぶりに故郷であるイギリスに向かう船に乗った。当初はヨーロッパを中心に3ヶ月ほどの旅になるはずだった。いくら気まぐれなチャップリンとはいえ、よもやこれが約1年4ヶ月にわたる世界一周旅行の始まりになるとは、本人も含めて誰も予想するものはいなかった。

出発当時、チャップリンは41歳。1914年に映画デビューして瞬く間に人気スターとなり、世界の喜劇王の名をほしいままにしていた彼は、ちょうど人生とキャリアの折り返し地点にいた。

その頃、映画界には激震が走っていた。

1927年に、初の本格的な発声映画『ジャズ・シンガー』が大ヒットを記録し、映画界は一気にトーキー一色となった。結果、サイレント時代の多くのスターたちは没落していった。チャップリンは人気の絶頂にあったが、ちょび髭と山高帽の「放浪紳士チャーリー」の将来について強い危機感を抱いていた。

この旅行は、名声の絶頂にありながらもひと知れぬ苦悩を抱えたスターが、すべてを捨てて放浪した逃避行でもあった。

激震が走っていたのは映画界だけではない——世界全体が激動の時代を迎えていた。

1929年のニューヨーク株式市場での株価大暴落に端を発する大恐慌は、世界中に広がった。第一次世界大戦の傷が癒えないままのヨーロッパでは政情不安が増し、すでにムッソリーニが政権の座についていたイタリアに続いて、ドイツでもヒトラー率いるナチ党が伸長していた。アジアでは不況にあえぐ日本が満洲の権益をめぐって不穏な動きを見せていた。第一次大戦後にまがりなりにも形成された国際秩序の枠組みと、アメリカを中心に発展していた世界経済は崩れ落ちようとしていた。

チャップリンは、その人生の折り返し地点で世界一周の旅に出て、大きな転換期を迎えていた世界の、先行きの見えない混迷のさまをつぶさに観察した。
旅行中は行く先々で大歓迎を受け、ヨーロッパではアインシュタイン、チャーチル、ガンディー、H・G・ウェルズなど、各界を代表する人物と語り合い、大恐慌後の「世界の危機」について意見を交換した。

しかし、ドイツではナチスによる妨害工作に遭い、フランスでは保守派のマスコミに「非愛国者」と書き立てられた。日本では五・一五事件において当初は犬養毅《いぬかいつよし》総理大臣とともに暗殺の標的となったことで、軍国主義の狂気を肌で感じた。他方、バリ島や日本などで東洋文明に親しく触れたことは、彼の視野を大きく広げることになった。

この世界旅行の経験は、彼の人生とキャリアに大きな影響を与えた。ちょうど、人生の折り返し地点のキャリアの絶頂においてみずからを見つめ直し、ファシズムの萌芽を目の当たりにしたことで、後半生の作風は社会的なテーマを持つようになる。

また、彼がその後、『独裁者』（1940年）でハリウッドの映画人としてただ一人ヒトラーに真っ向から立ち向かったことを思うと、歴史に大きなインパクトを与えた創作のきっかけの一つにもなった。

加えて言うと、この旅行は、かの天才の複雑なパーソナリティをうかがい知ることができるまたとない機会にもなった。当時の恋人や複数の同行者（必ずしも彼に好意的ではない者も含む）が本音で綴った証言の数々は、喜劇王の知られざる素顔を浮かび上がらせる。

しかし、このように歴史的にも個人的にも重要な1年4ヶ月だったにもかかわらず、その全貌はこれまで明らかではなかった。

本書は、チャップリンが書き残した生前未刊行の旅行記、行った先々で行われたインタビュー記事での本人の発言、世界旅行のほぼ全行程に同行した唯一の人物である秘書・高野虎市《こうのとらいち》の回想、そしてヨーロッパ滞在のあいだ恋人関係にあったダンサーのメイ・リーヴズによる手記、当初は同行しながらも旅の半ばで解雇されることになる宣伝担当のカーライル・ロビンソンの回想、さらには途中から合流した兄シドニー・チャップリンが旅先から関係者に宛てた未発表の手紙類、その他チャップリン家のアーカイヴに残された数万ページに及ぶ文書などの貴重な一次資料から、これまでほとんど知られていなかった世界旅行中の1年4ヶ月にわたるチャップリンの足取りを詳細にたどる。なお、チャップリン家のアーカイヴには、当時チャップリン撮影所が世界各国の配給・宣伝会社を通じて収集した世界中のチャップリン関連記事の膨大なコレクションも含まれているが、本書の執筆にあたっては、さらに期間中501日間に滞在先で発行された現存する全ての新聞・雑誌の徹底調査によって、より網羅的に全体像をつかむことに努めた。

第1章では、故国イギリスで、『街の灯』のロンドン・プレミアの熱狂の中、当地の政治家や経済人たちと交わした議論や、極貧の幼少期を過ごした故郷を再訪しみずからの原点に触れる様子を追う。

その後、チャップリンはナチスが勃興するファシズム前夜のドイツに渡る。この時、先の見えない政情不安の中、ファシストたちはチャップリンを執拗に攻撃した。チャップリンと全体主義との闘いは、この時すでに始まっていたのだ。第2章では、ナチ党が政権を獲得する前の、両者の知られざる闘いについて詳述する。アインシュタイン博士とチャップリンとの対談が行われたのもこの時だ。

とはいえ、コメディアンが四六時中、難しい顔で世界の問題ばかり考えていたわけでもあるまい。世界一有名でリッチな独身男性だったチャップリンには多くの女性が群がった。第3章は、フランスで出会ったエキゾチックな美女メイ・リーヴズとの奔放な恋の旅の物語だ。

第4章では、再びイギリスに戻ってガンディーと会談して大いに感銘を受けた後、スイスで仲間たちと気ままなスキー休暇を過ごし、ムッソリーニとの会見を希望してイタリアに向かう。

第5章で、チャップリンはヨーロッパを飛び出し、エジプトからインド、シンガポールへと船で巡る。バリでは西洋文明に侵される前の土着の文化に感銘を受けた。チャップリンが、ごく初期にバリ文化を深く理解した西洋人の一人であった事実は注目に値する。また、日本とチャップリンとの関係についても詳しく述べる。

第6章では、チャップリンが来日中に五・一五事件の標的になり危うく暗殺されそうになったことについて、当時の報道や関係者らの証言も交えて詳述するほか、日本文化をこよなく愛した喜劇王をめぐる我が国の熱狂ぶりにも触れる。

1年4ヶ月にわたる彼の足跡は、鋭敏な感性が世界の激変のなか現地に赴き様々な角度から見聞し体験した貴重な記録にして、人類の危機に立ち向かう創作者の巡礼であり、同時に、苦悩と絶望にあった孤独な魂の再生の道筋でもある。

大恐慌後の世界の危機、各国で沸き起こる人種差別・外国人排斥の機運、そして巧みにメディアを使って人心を煽動する権力——１９３０年代初頭に、喜劇王が旅行記に活写した世界の様子は、そのまま混迷の現代と重なる。チャップリンのユーモアと冷静さとを兼ね備えた視点は、同じく世界の危機にある現代人に多くのことを教えてくれるだろう。

と、こんなふうに教訓やら結論めいたものに急ぐのは、とりわけ、この旅行記にはふさわしくないかもしれない。というのも、実のところ、これは一人のコメディアンが気の向くままに行き当たりばったりで訪れた各地での抱腹絶倒の旅日記と言った方が正しいからだ。

というわけで、ここからは、気まぐれな天才による予測不能で前代未聞の世界旅行に皆さんをお連れすることにしよう——。

目次

第2章 ドイツ ナチスとの「前哨戦」

サンスーシ宮殿訪問
アインシュタイン博士との再会　二人の天才の対話
ベルリンを離れて
ナチスとチャップリン
ウィーン、ヴェネツィア紀行

第3章
フランス、北アフリカ　恋人が見たチャップリンの素顔

パリへ
子役時代の恩人との再会
ノルマンディーの猪狩
ベルギー国王との面会
レジオン・ドヌール勲章の授与をめぐって
南フランスへ
メイ・リーヴズ　新しいロマンス
メイとの交際で明らかにされるチャップリンの素顔

バリに魅せられて
チャップリン秘書・高野虎市
日本でのチャップリン人気
高野虎市、27年ぶりに故郷へ
標的はチャップリン
チャップリン争奪戦
「5月15日」の理由

第6章
初来日　五・一五事件

チャップリン、日本最初の日
神戸から東京へ
「人を狂気にさせるような人気」
宮城に遥拝
5月15日
暗殺

地図作成◎モリソン

チャップリンが見たファシズム

——喜劇王の世界旅行 1931-1932

第１章

イギリス
「ノスタルジック・ジャーニー」

行程 1931年１月31日ロス・アンジェルスを出発～
２月14日ニューヨーク港を出発～２月19日イギリス着～
３月８日オランダへ出発

チャップリンとチャーチル

すべてを捨てて

愛と名声と富という幻滅を味わい、私はなんとなく無感動になってしまった。私の仕事の世界のほかには何も振り向いて見るに足るものがないように思えた。そしてその仕事も、20年も続けた今や、面倒になってきた。私には感情の刺激が必要だった。

私は愛にも世間にもうんざりしている。そして、すべての自己中心的な人と同じように、私は私自身の方向に向いている。私は再び自分の若い頃を生きたい。今では遠くなってしまった、とても非現実的でほとんど夢のようになってしまった、少年時代の気持ちや感覚をつかむために。私は時間を巻き戻す必要がある――ぼやけた過去に飛び込んで、そこに焦点を合わせるために。[*1]

これは、チャップリンが、1931年2月〜1932年6月まで世界旅行に出て、ハリウッドに戻った後に、雑誌 *"Woman's Home Companion"* に発表した旅行記 *"A Comedian Sees the World"*(「喜劇人が世界を見る」以下、「旅行記」)の冒頭部分である。

読んでわかる通り、当時チャップリンは極端にふさぎこんでいた。デビュー以来17年のあいだ、常に映画界の先頭に立ち、その未来を拓《ひら》いてきた人物とは思えないほど、過去への郷愁だけにとらわれている。

一体、喜劇王に何が起こっていたのだろうか。

その頃、映画界には、映像文化と産業を根本から変える技術革新であるトーキー（発声映画）の嵐が吹き荒れていた。1895年に映画が発明されて以来、それはモーション・ピクチュアと呼ばれる通り、「動く絵」であり、音声を持たなかった。台詞無しに物語を伝えるために、複数のショットを繋げて見せることでストーリーを運ぶ編集方法や、繊細な表情を捉える「クロースアップ」などの技法が編み出された。

1914年に映画デビューしたチャップリンは、集団での追いかけっこなどの単なるドタバタのギャグが多かった喜劇映画に、イギリス舞台仕込みの卓越した身体芸を持ち込んで、瞬く間に世界中で人気者となった。社会の底辺に生きる放浪紳士チャーリーのキャラクターは、言葉に依らないサイレント映画だからこそ言語の壁を越えて世界中の大衆の共感を呼んだ。

ところが、1927年にアル・ジョルソン主演の『ジャズ・シンガー』が初の本格トーキー作品として公開され、映画は音を持った。初期のトーキーは技術の未熟さゆえに音声もひどく、そんな珍奇なものに将来はないとチャップリンは当初思っていた。[*2] しかし、観客は新しい技術に熱狂し、ほどなくして世の中はトーキー映画一色になる。

それから4年も経った1931年に、チャップリンが最新作の『街の灯』をサイレント映画として公開することを発表すると、映画界は驚き呆れ、彼を古い技術にしがみつく頑固者とみなす向きもあった。しかし、彼は「パントマイムとコメディ[*3]」という小文を発表し、観客を限定してしまうセリフよりもパントマイムこそが世界言語であると説いた。

チャップリンには、パントマイムの名人だという自負があった。彼は、683日もの製作期間と156万8353ドル86セントという破格の製作費を投じて『街の灯』をサイレント映画として作り上げ、トーキーへの対抗上、全編にわたってみずから作曲した音楽をつけた。それは、自身のキャリアを賭けた大勝負だった。

なぜチャップリンはサイレント映画にこだわったのか？

第一に、チャップリンがトーキーを採用することは不可能だった。『放浪紳士チャーリー』のキャラクターが、どんな声で喋ればいいのか？　何を喋ればいいのか」という問いへの答えは見つかりそうになかった。歴史上初めて世界中に行き渡ったキャラクターであるチャーリーには、世界中の観客がそれぞれのイメージを持っている。どんな声で喋っても、その人の持つイメージは崩れてしまう。言葉を持つことは、「チャーリー」の死を意味していた。

そもそも、〈絵〉で物語を語るサイレントと、〈言葉〉で語るトーキーは、完全に別個の表現だ。とりわけコメディアンにとっては、身体表現のギャグと、言葉の面白さによる笑いとは全く違う。サイレントでは、例えば追いかけっこシーンなどは、キャメラの回転スピードを落として撮影し、上映時に早回しで見せることでコミカルさを増す演出ができたのに対して、トーキーだと回転数を変えると声のトーンまで上下してしまう。結果、初期トーキー映画はコメディのテンポを失ってしまった。サイレント喜劇のコメディアンたちが没落していった所以《ゆえん》である。

ただし、チャップリンが「人気の急落を恐れてサイレントに固執した」というわけではない。配給会社ユナイテッド・アーティスツ（UA）の、『街の灯』公開直前に行われた取締役会の議事録を読むと、「時代遅れのサイレント映画にヒットの可能性はない」と役員たちは皆悲観的で、失敗を予想してろくに宣伝もしていなかった。

トーキーに乗り出せばチャーリーのイメージは崩れて、彼の人気は急落するだろう。しかし、サイレントを守ることは当時の映画ビジネスにおいて最悪の手だった。進むも地獄、引くも地獄といった状況下で、チャップリンは己の信念を貫くより他なかったのだ。

そんなわけで、映画が完成してから公開までのあいだ、チャップリンの不安はますます増大していった。サイレント映画を続けるかどうかという悩み、社会から疎外されていつも一人ぼっちで放浪する「放浪紳士チャーリー」のキャラクターは、機械化の進む現代において受け入れられなくなるのではないかという恐れ――彼は映画デビュー以来、最大の壁にぶち当たっていた。

当時秘書をつとめていた高野虎市は、部屋に閉じこもってしまったチャップリンと、コミュニケーションが取れる数少ない一人だった。

ある日、チャップリンは高野に、「自分はおかしくなりそうだ」とつぶやいた。

高野はボスの天才らしい気まぐれや気持ちの浮き沈みには慣れっこだったので、こういう時の扱いは心得ていた。そして、チャップリンに、「あなたはただ、すべてのことに、すべての人に疲れているだけですよ」と声をかけた。「そこから抜け出して、逃げ出せばいいんじゃないですか？」[*4]

机の上を見やると、ちょうど各国からの『街の灯』のプレミア上映への招待状が山のように届いていた。そういえば、親友でアクションスターのダグラス・フェアバンクスもその2年前の192

9年に世界旅行に出ており、各国で大歓迎を受け大きな話題となっていた。チャップリンは、1921年にロンドンに里帰りしてから10年間働き詰めだったので、いい気分転換になるかもしれない。彼はロンドンの地図を買って、道を指で辿っては、少年時代の自分に大きな影響を及ぼした多くの場所の思い出の中に戻っていった。「私を憂鬱にさせたあの高い工場の塀、私を怖がらせた家並み、悲しい思いを感じさせた橋。私はその痛みと喜びとを再び少しでもとらえたかった」[*5]。

チャップリンは、高野と広報担当のカーライル・ロビンソンに旅行の手配を命じた。

創作の壁を壊すためか、それとも現実逃避か、やるべきことを見つけるまでの時間稼ぎか——もちろん、興行が不安視されていた新作のプロモーションという意味合いもあったわけだが——ともあれ、チャップリンは世界を見ることに決めた。

世界の喜劇王と称えられ、人気の絶頂にあり、巨万の富を手にする男——そんな彼が得体の知れない不安の中、すべてを捨てて旅に出る。それは、それまでの〈チャップリン〉からの逃走にして、新たな〈チャップリン〉を見つける冒険であった。

『街の灯』のワールド・プレミア

1931年1月30日——新開場したばかりのロス・アンジェルス劇場の周辺の道路は、『街の灯』のワールド・プレミア上映の様子を一眼見ようと駆けつけた群衆によって完全に麻痺させられてしまった。「押し合いへし合いしながら歓声を上げて熱狂する一万人の男たち、女たち、子供たちは、ブロードウェイ通りの六番街から七番街までを不法占拠した」[*6]。この日のために他の都市からもかき集められた400人の警官たちは、なんとか交通整理をするために、「道を空けないと催涙ガスを使うぞ」と警告したが、なんの効果もなかった。その数は最終的に2万5000人に膨れ上がり、[*7]圧力で周囲の店のショウ・ウィンドウが割れた。それは、ハリウッドの歴史始まって以来「最も熱狂的で壮麗なプレミア上映」[*8]と呼ばれることになる。

群衆の興奮とは対照的に、当のチャップリンは強烈な不安に襲われていた。

その日の午後、側近のヘンリー・バーグマンがスタジオを出ようとしていた時、チャップリンは自分で車を運転してやってきて、

『街の灯』

ロス・アンジェルス劇場でのワールド・プレミア

「ヘンリー、あの映画はあんまり大したことがないと思えてきた。自信がないんだよ」と大真面目な顔で言った。

「もしこの作品がだめだったら、もう映画を作るのはやめて、全財産を持って外国へ行って暮らせばいいじゃないですか。これまでにあなたは、誰にもできないことをなしとげたんですから」[*9]と慰めても聞く耳を持たな

い。

プレミア上映に同伴した『黄金狂時代』（1925年）のヒロイン、ジョージア・ヘイルによると、チャップリンは「小さなネズミみたい」になって、

「観客が『街の灯』を気に入るとは思えない」[*10]

としきりにこぼしていたという。

挙げ句の果てに、チャップリンは吹っ切れたように、

「観客が気に入ってくれなくてもぼくはかまわない。観客がどうしたっていうんだ。ぼくは観客の拍手なんか大嫌いだ！　喝采なんか欲しいと思ったことがない！」とまで言い始めた。

「旅行記」にも次のように書いている。

「あらゆる初日は恐怖を感じさせるものだ。初日になると、その映画は失敗だったのではないか、作るべきではなかったのではないかと、いつも感じるのだ」

プレミア上映の主賓はアルベルト・アインシュタイン博士夫妻だった。その半月前の1月14日にチャップリンはアメリカ滞在中の博士のために自邸でパーティーを催していた。[*11] 今やすっかり意気投合したノーベル賞学者と喜劇王は、ビヴァリーヒルズのチャップリン邸で食事をした後、数ブロックにわたって続く群衆の中をリムジンでノロノロと劇場前まで進み、警察に守られながらようやくロビーに辿り着いた。

興奮している観客を失望させないかと恐れているチャップリンにとって、「最初の笑いは、不安な耳に対しての、どれほど素晴らしい音楽であることか」[*12]。上映が始まると、著名人たちでいっぱ

いの小屋は爆笑につぐ爆笑で揺れた。

チャップリンは、子供のように無邪気に喜んで、さっきまで「拍手なんか大嫌いだ！」と言っていたことなどすっかり忘れて、

「あの観客の反応を見たか？　ぼくは観客の拍手が大好きだ！」とジョージアに叫んだ。

隣に座ったアインシュタイン博士は、「ああ、素敵だ！　美しい！」とドイツ語で言い続けていた。チャップリンは時折博士のほうを見て、「なんて飾り気のない人だろう。あの頭脳でもって、子供の熱心さで上映を楽しめるなんて」と感銘を受けた。[*13] 最後の場面で、博士が涙を拭うのを見て、チャップリンは「科学者はセンチメンタルな人種だ」という思いを強くした。[*14]

アインシュタイン博士と

こうしてチャップリンは人生を賭けた大勝負で見事勝利をおさめた。ロス・アンジェルス劇場一館だけで、3月6日までの5週間で14万58ドル43セントの利益を上げるという空前のヒットを記録。盲目の少女に献身的に尽くす放浪者チャーリーの物語に観客は夢中になったのだ。彼は、映画製作にかけた苦労が癒されていくのを感じた。
翌日、1月31日。一行は東海岸へ向かう列車に乗った。誰にも知らせずに突然出発したので、サンタフェ駅に見送りに来たのは、スタジオ・マネージャーのアルフレッド・リーヴズ夫妻

とジョージア・ヘイルの3人だけだった。ただし、高野虎市は同胞たちに旅立ちを伝えていたらしく、駅には大勢の在米日本人が詰めかけてバンザイを繰り返していたので、他の客たちの目には高野が旅の主役であるように映ったに違いない。

やがて列車は動き出した。別れ際、生涯を通じてチャップリンへ恋心を抱き続けたジョージアの目は涙で輝いていた。

ニューヨークへ　来日の予定？

ロス・アンジェルスでは大成功を収めたとは言え、興行の中心であるニューヨーク・プレミアを前にして、チャップリンの緊張は高まってきた。彼は落ち着かず列車の端から端まで歩き続け、その度にカーライル・ロビンソンが付き添った。最終的には展望車に落ち着いて、窓の外を眺めていた。

ニューヨークに到着したのは、2月4日のことだった。ペンシルベニア駅に降り立つなり、大勢の記者に囲まれて会見が始まった。報道カメラのフラッシュが際限なく続き、その都度被写体であるチャップリンはピカピカ明滅した。ニューヨーカーたちは、「まるで電飾で彩られた独立記念日のパレードカーのようだ」と軽口を叩く。ようやく撮影が終わった後、よく仕立てられたスーツに身を包んだ彼は、英国式アクセントを柔らかい声で響かせながらにこやかに話し始めた。

話題の中心は、やはりこの時代にサイレント映画を作り続けることについてだった。チャップリンは、将来的にはトーキー映画の監督をするかもしれないが、自分で演じる限りは音楽付きのサイレント映画を作り続けると明言。パントマイムはそれ自身アートであり、言葉を必要としないメディアであるという考えを繰り返した。

「ハムレットを演じたいか？」との質問には、「読む方が好きです」との答え。プレミア上映でのアインシュタイン博士の様子については、「少年のように、大きく目を開いて笑い、面白いところになると私を肘でつつき、偉大な創作だと言ってくれました」と述べた後、「相対性理論の話はしませんでした」とユーモアたっぷりに付け加えた。*15

さて、ロス・アンジェルスでのプレミアの成功に勇気づけられて、意気揚々と東海岸にやってきたわけだが、ここに来て彼は、配給のUAがニューヨーク・プレミアのための宣伝をほとんどしていないことに気づく。しかも、劇場は繁華街から外れた古いジョージ・M・コーハン劇場で、興行に強い場所ではない。チャップリンは遅れを挽回するために自腹を切って新聞に全面広告を打つことにした。そして、俳優のライヴショー付きのトーキー映画が特別席85セント、普通席35セントだった時に、それよりも高い値段――特別席1ドル、普通席50セントで上映することに決めた。UAのスタッフは大反対したが、チャップリンは、「観客は見たいものにはお金を惜しまないはずだ」と押し切った。

かくして、2月6日から始まったニューヨーク公開も大ヒットを記録。その劇場だけで、4月30日までの12週間で46万4929ドル20セントの利益を上げる歴史的な興行となった。のちにチャップリンは、『街の灯』の宣伝業務を怠っていたUAの東海岸における彼の代理人アーサー・ケリーにクビを通告することになる。

ニューヨークでは社交界の歓迎攻めの一方で、2月12日にシンシン刑務所を訪れて、1800人の囚人たちに特別に『街の灯』を上映している。彼は行く先々で刑務所を訪れることが好きだった。刑務所の様子を見ればその国のことがわかるというのが持論だった。この時の訪問は、「1本25分、26回シリーズのラジオ番組で喋れば67万ドルのギャラを支払うという史上最高のオファーを断ったチャップリンが、囚人たちのためには無料で映画を見せて挨拶をした」ということでも話題になった。[*16]

チャップリンはローイス刑務所長とその娘ジョアンと並んで映画を見て、囚人たちに「皆さんに少しでも幸せと息抜きの時間をもたらすことができたとしたら、ここに来た甲斐があるというものです。次回作もいち早くお見せしたいです」と語りかけた。刑務所には、チャップリンが1915年にサンフランシスコで知り合いになっていた元事務員のハリー・カウマンという無期懲役囚もいた。1927年に女性を殺害し、自分の目を撃って盲人になっていた彼は、他の囚人からストーリーを教えてもらいながら映画を楽しんだ。[*17]

ニューヨークで宣伝のために受けた多くの取材の一つに、2月4日の朝に行なわれた『東京日日新聞』(今の『毎日新聞』)の単独インタビューがある。

ホテル・アンバサダーの16階で特派員が待っていると、チャップリンは姿を現すなり「バンザイ！」と両手を上げて笑わせた。

チャップリンは、「来日は4月か5月になるでしょう」とはっきり答えているので、このころは、ヨーロッパに合計2ヶ月ほど滞在して、その後日本に行くつもりでいたようだ。

「日本の歌舞伎を研究したい、私は日本の劇場に非常に興味を持っている」と言ったチャップリンに、特派員たちは、『大阪毎日新聞』が編集した日本のガイドブックを贈った。熱心に見ていたチャップリンは、あるページにあったひな人形の写真に目を留めて、「私の友人から貰ったものと同じです。非常に愛玩している」と日本通ぶりを披露した。特派員が、「文楽も素晴らしいですよ」と話すと、さすがに初耳らしく、「ぜひ見たい」と答えた。

この様子が2月6日付の『大阪毎日新聞』と『東京日日新聞』で、「旅に出た喜劇王　各国記者団の前で盛んに日本礼讃」との見出しで報じられた。それを読んだ日本人は、「3ヶ月後にはチャップリンがやってくる！」と沸きたった。もっとも、初来日は遅れに遅れて1年3ヶ月後のことになるわけだが……。

イギリスへ――10年ぶりの里帰り

シンシン刑務所を訪れた翌日、2月13日にチャップリンはニューヨーク港からイギリスへ出発した――と多くの文献に書かれているのだが、実際は、この日が「十三日の金曜日」だったので、迷信を信じる人に配慮して、14日になって5分後の深夜に船は岸壁を離れた。[*18] 乗り込んだ船はモーリタニア号。イギリスのフラッグキャリアだったキュナード・ラインを代表する客船で、1906年に建造された当時はいち早く蒸気タービンを採用した船としても知られ、豪華客船のイメージを決定づけた一隻だ。

旅のメンバーはチャップリンと広報担当のカーライル・ロビンソン、秘書の高野虎市の三人だった。チャップリンが、「高野は何でもする。看護師、従者、秘書、護衛、何でもした。彼は日本人で、何でもできる重宝な人だ」[19]と言った、この日本人秘書については、第5章で詳しく触れる。

友人の漫画家で、その頃鬱病に苦しんでいたラルフ・バートンも気分転換のために四人目として同行することになった。彼の参加は急遽決まったらしく、ロビンソンがそのことを聞いたのは、港に行く15分前のことだった。[20]バートンを連れていったのは、チャップリンとロビンソンとの緊張関係を和らげるためだったかもしれないと、チャップリン研究の大家デイヴィッド・ロビンソンは推測している。[21]

カーライル・ロビンソンは、短い銀行勤務の後ジャーナリストになり、1917年からチャップリンの広報担当を務めていた。母が人気大衆紙『ポリス・ガゼット』誌（初期作の中で放浪紳士がこれを読んでいるシーンがよく出てくる）を創刊したリチャード・K・フォックスの妻だったこともあり、マスコミの世界には精通していた。ゴシップのネタをマスコミに提供しないようにチャップリンの行動を抑えることが彼の仕事であると自任しており、自分は「プレス（広報）係」ではなくて「サプレス（抑え）係」だと冗談で言うこともあった。抑え係としてチャップリンの行動に注文をつけることもあり、当然ながら衝突することもあったわけだ。

船中のチャップリンは夜中にバートンとデッキを散歩しながら、フランスに住んでいたことのあるバートンをイギリスのファンにしようとあれこれ話したが彼のイギリス嫌いは治らなかった。それ以外は、長年の疲れのためかずっと船室で眠り続けていた。ラジオや電話でのインタビューはことごとく断った。出発前に一度、ニューヨークでイギリスからの電話インタビューに答えたのだが、うまくいかずひどく落ち込んでいたのだった。

チャップリンは2日間ほど船酔いで苦しみ[*22]、15日に行われた船上でのガラパーティーには姿を見せなかったが、16日の朝には回復し、紫色のカーペットが敷き詰められたスイートで温室育ちのぶどうを食べているところが目撃されている[*23]。

むろん、ロンドン・プレミアに向けての準備も怠らない。ロス、ニューヨークでの成功に勢いを得たのか、当初3月2日に予定されていたロンドン初上映を少しでも早く開催できないかと、チャップリンは2月17日に船上より電報を打った[*24]。ドミニオン劇場は、子供向けのパントマイム公演『アラジン』を上演中だったが、その週末で打ち切ることにして、『街の灯』プレミア上映を2月27日に早めることにした[*25]。

船上では嬉しい再会もあった。

のちにビートルズのアメリカでの人気を決定づけたテレビ番組『エド・サリヴァン・ショー』で知られることになるエド・サリヴァンは、元々はボクサーを目指したスポーツマンで、そこからスポーツ記者に転じて、この頃はコラムニストとして活動していた。そのサリヴァンと、ボクシングのフェザー級の元チャンピオンであるジョニー・ダンディーは、たまたまモーリタニア号に乗り合わせていた。チャップリンも同船していると知り、二人が彼のキャビンに向かうと、数名の客人を相手にしていた喜劇王はダンディーの顔を見るなり表情を輝かせ、「どうぞ座ってください」と席をすすめた。

格闘技好きのチャップリンはダンディーを「リングが生んだ史上最速の男」と、彼のファイトのスタイルを称えた。ダンディーは「前回、いつ会ったか覚えてる？」と尋ねた。すると、「僕をからかっているの？」とチャップリンは微笑んで、「前に会ったのは16年前のカリフォルニア州ヴァーノンの楽屋でしたね」と即答したので、ダンディーはびっくり仰天した。驚異的な記憶力の秘密を聞くと、「あなたと会った翌日に給料が50ドル上がったのです。以来、ずっとあなたが幸運をもたらしてくれたと思っています」[*26]。極貧の生まれゆえに、お金のことは絶対に忘れないチャップリンだった。

自動車と水上レースの両方で次々と速度記録を打ち立てた伝説的イギリス人レーサーであるマルコム・キャンベルも、同じ船に乗っていた。当時人気の絶頂にあったキャンベルとチャップリンは意気投合し、下船の前日の2月18日に船酔いから回復したチャップリンが主催したディナーパーティーにキャンベルも招待されている[*27]。チャップリンはサウサンプトンで下船する予定だったが、キャンベルがそこで上陸すると聞いて、「有名人は歓迎を分け合ったほうがいい」と考え、先に南西部プリマスで下りることにした。

この話には続きがあり、チャップリンの下船後、ワイト島沖で船が座礁してしまい、キャンベルは小舟で上陸することになってしまった。そんなわけで、キャンベルには群衆の歓迎はなかったのだが、上陸後すぐに彼はナイトに叙されるという報せを聞く。実は、今回のイギリス来訪時にチャップリンにもナイト叙勲が計画されていた。なぜ見送られたかは、後述することにしよう。

2月19日の日の出の頃、朝5時30分にモーリタニア号はプリマスの港に静かに錨を下ろした。そして、午前8時ごろにネイビー・ブルーのスーツに明るいブルーのネクタイ、グレーのコートに身を包んだ[*28]チャップリンが10年ぶりに故郷の地を踏むと、待ち構えていた群衆から歓声が沸き起こり、彼は映画と同じように山高帽をあげて応えた。イギリスが生んだ世界のヒーローは、もみくちゃの歓迎を受けながらも、なんとか駅まで進む。イングランド西部に鉄道網を張り巡らせるグレート・ウェスタン・レイルウェイは、ロンドン行きの列車の最後尾にチャップリン専用の特別展望車を連結していた。出発までの間、展望車を取り囲んだ大勢のファンに根気よくサインを書き、一人一人に明るく笑顔を返すチャップリンに、記者たちは感銘を受けた。[*29]

1921年のロンドン凱旋訪問

しかし、列車が出発して歓迎の声が遠ざかると、チャップリンはまったくの別人になった。さっきまではちきれんばかりの笑顔でいたスターは、突如、深刻に経済問題を議論する男になった。そんな真面目なムードも、船から電報で注文しておいた地元のデザート、「デボンシャー・クリーム」が届いたことで中断する。子供の頃からの好物で、里帰りした時には真っ先に食べたいと願っていたものだった。

のちに高野は今回のチャップリンのイギリス訪問のことを、「ノスタルジック・ジャーニー」と呼んだ。チャップリンはその10年前の1921年にも帰郷したのだが、その時のことを、「私の最初のイングランドへの里帰りは失望に終わった」と「旅行記」に書いている。何が彼を失望させたのだろうか。

「旅行記」では、冒頭に10ページ以上にわたって青年期の初恋の人ヘティ・ケリーの思い出を綴っている。同じ舞台に立っていたヘティにチャップリンは一目惚れし、なんとかデートすることもできた。しかし、舞い上がってしまった彼が性急にも結婚の話を持ち出したのが悪かったのか、彼女は急によそよそしく振る舞い始めた。二人きりであったのはわずか3回。このときの失恋の痛みは生涯にわたってチャップリンを苦しめることになる。

数年後、フランス巡業公演から戻ったチャップリンは、ロンドンの街中で偶然彼女に再会する。その後も再会を期待して、映画界で成功をおさめてからも、彼女がニューヨークに引っ越したと聞いて、その住所のあたりをぶらついてみたりもした。

そんなある日、前回の里帰りの前に、思いがけずヘティから手紙をもらい、胸が高鳴った。彼女は今イギリスに住んでいるとのこと。久しぶりに再会できる、しかも大スターになった自分を見てもらえる。そう喜び勇んで凱旋帰国をした10年前、故国に着くなり思いがけないしらせを聞く――そのわずか3週間前にヘティは病気で亡くなっていたのだった。

片時も忘れたことのなかった初恋の人と突然引き離された悲しみ。再会の希望はあっけなく失望に変わった。

「だから私は今度こそ失望しまいと決心した。他人に多くを期待し過ぎるのは危険だ。彼らは成長して、別の人間になる、もしくは私たちの生活から通り去ってしまう」[*30]

人は変わっていくが、街は変わらずに待っていてくれる――そんな思いで、チャップリンはロンドンへと向かっていた。

ついにロンドンだ！

列車内での記者会見は断ることにしたのだが、それでも少しまどろんで目が覚めると目の前に3つのカメラがあったりして、油断も隙もない。他の車両にぎっしりと乗ったジャーナリストたちを近づけないように、ロビンソンは懸命に対応している。

マスコミを遠ざける一方で、チャップリンが道中の小さな駅で集まってきたファンにまめにサインをしているのを見て、ロビンソンは驚いた。「魅力的な人たちだと思わない？」イギリスのファンについて、チャップリンはそう呟いた。[*31] イギリス嫌いのバートンも、車窓のイギリスの農村の風景は気に入ったようだ。

午後1時55分。定刻から25分遅れて、列車はロンドン・パディントン駅に滑り込んだ。そこにはすでに、駅の開設以来、最大の群衆が詰めかけていた。大勢の人々の中にカーノー劇団時代の同僚で今は舞台の大道具係になっていたバート・スパイサーがいた。昔の同僚に気づいたチャップリンが、彼だけにわかるように合図をしたことでスパイサーはとても喜んだ。[*32] チャップリンは迎えの車の上にのぼって、帽子とステッキを振り、大群衆の叫び声に負けないほどの雄叫びをあげた。

ここからは、行く先々でチャップリンを喜ばせ、また悩ませた〈大歓迎〉のはじまりだった。チャップリンは記している。

ついにロンドンだ！　駅はものすごい群集で一杯だった。列車から降りる時、カメラの一斉射撃にあった。警官は群集を遠ざけようと骨折った。人々は興奮して狂気のようになっていて、私はそのすべてを楽しんでいた。我々はもみくちゃにされて、連れて行かれた。群衆は押し合いへし合いだ。だが私はそんな歓迎を愛する！　それは愛のこもった抱擁のように感じるのだ。

（中略）

ロンドンがいつも私の心を固く握りしめるのはなぜだろうか。私の仲間たちの愛ゆえであろうか。ここにいるロンドン子《コックニー》たちは私の仲間だ。私はそのうちの一人だ。[33]

押し込まれるようにして車にのり、ホテルへと向かった。故郷での大歓迎ぶりはチャップリンの心に「美しい痛み」を与えた。「強い喜びと憐れみの情を覚えて胸が空っぽになったように思われた」。

ロンドンでの滞在先となるカールトン・ホテルは、２階にある最高級のロイヤル・スイート・ルームを用意していた（その前の週は、インドで有数の資産を誇るマハラジャが滞在していたのだが、チャップリンのために部屋を空けたとのことだった）。[34] 少年時代に眺めてはため息をついていた場所に、今や賓客《ひんきゃく》として迎えられる身分になっていた。だが、極貧から身を立てた喜劇王はそんな境遇の変化にも、「私が考えるもっとも悲しいことは、贅沢に慣れてしまうことだ」と冷静だった。

自室の窓から、集まった群衆に何度か挨拶をした。「チャップリンは、群衆から受けた愛情と同じだけの熱狂を込めて応対し、群衆から離れてひとりになると、今度は自分の頭の中のアイディアに熱狂して、頭に浮かんだイメージを体で表現しながら動いた」[35]と当時の記者は記している。根っからのパントマイム役者だった。

部屋で記者会見が始まった。

まず、アメリカに比べて低迷するイギリス映画界についてどうすれば良いか助言を求められた。チャップリンは、あまりイギリス映画を見ていないと前置きしながら、イギリス映画にも可能性はあるとして、成功のためにはハリウッドに比べてテンポが遅いことを改善すべきだと指摘した（この時、イギリスの映画製作の中心地である「エルストリー」に行くかどうかを問われて、チャップリンはその地を知らず、「オーストリア？」と聞き返してしまうという失態を演じた）。母国での映画製作はしないのかという質問には、自分専用のチャップリン撮影所で納得いくまで撮影を繰り返すスタイルなので現状はハリウッド以外では映画製作はできないが、いつかロケ撮影ならイギリスでもできるかもしれないとかわした。また、この頃はロンドンを拠点に4ヶ月ほど滞在するつもりだったようだ。チャップリンはリラックスして足を組み、始終体を動かしながら喋り続けた[36]。

ここでもトーキーとサイレントについての質問が飛ぶ。チャップリンは、「トーキー映画は定着しました。トーキーは映画に活力を加えました。私も個人的にはトーキーを楽しみますが、それは私の表現のためのメディアではありません」と述べて、『街の灯』はトーキーへの挑戦というわけではないとした上で、これからも「チャーリーが話すことはないでしょう」と答えた。

この会見で、極めて興味深いやりとりがあった。

次回作の構想について問われたチャップリンは、『ナポレオン』か『ユダヤ人ズュース（"*Jud*

Süß")』を映画化したいと答えた。[*37] チャップリンは、1920年代前半よりナポレオンの映画化を真剣に考えていて、脚本も執筆していた。そのことについては後ほど触れることにしよう。

問題は、『ユダヤ人ズュース』の方だ。これはミュンヘン出身のユダヤ人作家リオン・フォイヒトヴァンガーが1925年に発表した小説で、実在の人物であるユダヤ人銀行家ヨーゼス・ズュース・オッペンハイマーの生涯を題材にしている。オッペンハイマーは財を成して金の力を背景に出世の道を歩むが、やがてキリスト教社会から迫害され絞首刑にされる。彼自身の強欲と権力志向には批判されるべき面もあったが、他方で誇り高きユダヤ人であることを最後まで貫いた人物でもあった。チャップリンはハリウッドを訪れた、劇団時代のボスであるフレッド・カーノーにも『ユダヤ人ズュース』の話をしており、[*38] よほど興味を持っていたようだ。

『ナポレオン』と『ユダヤ人ズュース』の映画化は実現しなかったものの、〝皇帝〟と〝迫害されるユダヤ人〟というモチーフは、のちにチャップリンが独裁者とユダヤ人の床屋の二役を演じる『独裁者』へと繋がっていく。1931年の段階でその萌芽があったわけで、作品の生成過程を知る上で重要な発言である。[*39]

どこの国でも、記者たちはチャーリーのお馴染みの扮装の誕生秘話を聞きたがる。今回の会見では、チャップリンは、当時キーストン撮影所の先輩コメディアンだった巨漢のファッティ・アーバックルからダブダブのズボンを借りておかしみを狙い、対して帽子とステッキは威厳を出そうとし、髭は虚栄心を表現していると解説している。ただし、コミカルな存在だったチャーリーが良きにつけ悪しきにつけ次第に「人間的」になっていると、自身のキャラクターに起こっている変貌についても口にした。「チャーリーは、だんだん人間的に成長していって、おそらく少しずつ物事の核心に近づいていっています」[*40]。長年の歩みの中で、チャーリーが成長していっている様を、生みの親であるチャップリンが語った例として貴重だ。

イギリス政府がチャップリンの銅像を建てるという噂話を振ると、「とんでもない。威厳を持ちすぎると、面白いことができなくなります」と笑った。記者たちは、チャップリンの「心地よく、抑揚の効いた、教養を感じさせる」声を聞いて、トーキー映画で活躍するどの俳優よりもトーキーに向いていると感じた。また、20年アメリカに住みながらも完全なイギリス発音であることに英国のマスコミは喜んだ[*41]。

記者会見が済んだ後、こっそりとホテルを抜け出して、ウェストエンドの劇場街の懐かしい通りを誰にも気づかれずに歩いた。イギリスでの最初の晩は、下院議員フィリップ・サスーンの家で、ラムゼイ・マクドナルド首相の息子であるアリスターも交えて、ディナーを共にした。アリスターとはハリウッドで会って以来、8ヶ月ぶりの再会だった。

イラクにルーツを持つユダヤ系で、アヘン貿易で財をなしたダーヴィード・ベン・サスーンのひ孫であるフィリップとは、1921年の前回の欧州旅行の際にパリで知り合っていた。ナショナル・ギャラリーなどの美術館を支援したことでも知られ、社交界を彩るダンディとして有名だった彼は、今回の滞在中、チャップリンをロンドン社交界に紹介する役割を担うことになる。

翌2月20日。滞在2日目のロンドンは快晴だった。

朝食前に、チャップリンはホテルからウェストエンドまで長い散歩をした後、タクシーを飛ばしてテムズ川を渡り、生まれ育ったケニントンへと向かった。

チャールズ・チャップリンは、1889年4月16日に、ロンドン南部のランベス地区ケニントンで生まれた。父チャールズ、母ハンナはともにミュージック・ホールの芸人で、チャップリンも突然声の出なくなった母に代わって5歳で初舞台を踏んだ。2歳になるまでに両親が別れ、極貧の中、母は精神に異常をきたし、幼いチャップリンは4歳上の兄シドニーとともに救貧院と路上とを行き来した。そんな困難な中でも、やがて舞台で頭角をあらわし、アメリカ巡業公演の途中に映画界からスカウトされ、ほどなく世界的な人気を博すことになる。

少年俳優時代のチャップリン

極貧の時代を過ごしたロンドンの下町を車窓から見て、懐かしい街角を見るたびに涙を流した。ケニントンでタクシーを降りて、幼い頃の思い出の場所であるケニントン・パークを訪れた。ベンチに腰掛けた女性の前の芝生を小さい子が駆け回っている。その様子を見ながら、チャップリンは5歳の頃の自分を思い出した。「あの時も、あの同じベンチに一人の女性が腰掛けていた。それが私の母だった」。後から思えば、母ハンナはなにかしら塞ぎ込んでいる様子だったが、そうとは知らず母を驚かせようとして背後から静かに近づいた。その時、母が泣いていることに気づき、彼はショックを受けて駆け寄って一緒に泣いた。泣きじゃくる幼いチャップリンを長い時間かけて母はなぐさめた。ハンナが心身の調子を崩して施療院に入れられたのは、そのしばらく後のことだった。「それ以来、公園は私を憂鬱にさせた」[*42]。

もちろんこの公園には楽しい思い出もある。

ある時、家賃が払えなくなり住処《すみか》を失った母ハンナ、兄シドニー、幼いチャールズの三人は、救貧院「ランベス・ワークハウス」に収容されてしまう。院では親子といえども男女別々の棟で暮らさなければならなかった。そこで、1898年8月12日のこと、母は息子たちと一緒に過ごすために一計を案じる。三人は救貧院の退院手続きを取って、ケニントン・パークに向かった。有り金を集めてささやかな食事をして、新聞紙を丸めたボールで遊んで、久しぶりに親子水入らずの時を過ごした。午後になって、「ちょうどお茶の時間に間に合った」と母は冗談を言いながら救貧院に戻って改めて入院手続きを取った。係員はまた面倒な手続きをしなくてはならず、かんかんになって怒ったが、この日のことはチャップリン兄弟にとって忘れられない思い出となった[*43]。

旅行の最大の目的ハンウェル・スクールへ

その後、チャップリンは今回の旅行の最大の目的を達成するために、再びタクシーを走らせた。目指した場所は、7歳から約2年間収容されていた孤児院兼学校ハンウェル・スクールである。

ヨーロッパ旅行の目的は、まず何よりこの学校へ行って見たいからだった。そこで生涯のなかでもっとも惨めな日々を送った。私にとってそこは監獄であり、恥辱の家だった。私たちは極貧の生活を経験した。そして貧乏は罪だった。7歳の私はそのことを知っていた。[*44]

実のところチャップリンは、30年も前に卒業した学校がそのままあるとは考えていなかった。ただ「残っていてほしい」と願いながらたどり着くと、懐かしい建物がまったく当時のままで目の前に姿を現した。チャップリンは昂《たかぶ》って気分が悪くなりそうなほどだった。

予告なしの訪問だったが、A・ペイス校長は「きっと来てくれると思っていました」と出迎えてくれた。当時受け持ってくれたラドハンドという先生も健在だった。校長は古い書類を引っ張り出して、母が一時的に回復して退校することができたときの記録を見せてくれた。「母に引き渡される。シドニー・チャップリン。同前、チャールズ」。今や世界的スターとなった弟の方が、当時の書類で「同前」と書かれていることに場がなごんだ。

チャップリンは勧められたお茶を断って、早く学校の中を見たがった。子供の頃大きく見えた建物は、大人になってあらためて見ると小さく見えるものだが、チャップリンにとってはハンウェルの全てが今でも大きく見えた。校内の服屋、刑罰室、靴磨き場、手洗い場……そして、食堂に入って行った時、400人の少年少女たちが大歓声で沸いた。

チャップリンは、この時のために前日にウェストエンドを歩いた際に、映画の中で使うのと同じ形の帽子を購入していた。[*45] そして、子供たちの前で帽子をとって挨拶をしようとしたときにぴょんと飛び上がるギャグをして、おなじみの歩き方を披露すると喜びの声があがった。続いて演壇の上でだんだん身長が伸びていくパントマイムも演じて、彼自身も大いに楽しんでいる様子だった。

その食堂で、かつて自分が座っていた4番目の机の三つ目の椅子を見つける。

少年時代、チャップリンにとってクリスマスとは、1年に1回だけオレンジを食べることができる日だった。ところが7歳のクリスマスの前日に、チャップリンは校則を破ってしまい、先生からオレンジをもらえなかったのだ。彼は、4番目の机で声を上げて泣いた。その時、優しい友達が少しずつお菓子を分けてくれたことを生涯忘れることはなかった。

ホテルに戻ると、チャップリンはベッドに身を投げて泣いた。そして、ロビンソンを呼んで、涙を流し嗚咽《おえつ》を漏らしながら、ハンウェルの子供たちが映画を見られるように、学校に映写機を設置するように命じた。

その1日か2日後に友人のトマス・バークに、その時の経験について「生涯でもっとも感情を揺さぶられる経験だった」と話した。バークはイーストエンドの底辺の人々を描いた短編小説集『ライムハウスの夜』で名を成していた生粋のロンドンっ子で、多くの共通点ゆえに二人は親友になっていた。

大歓迎を受けた嬉しさ、どん底の少年時代を思い出してしまった辛さ、その経験は「恐ろしいものではあったが、自分は傷つくのが好きなんだ」と彼は興奮気味に話した。幸せであっても惨めであっても「病的な状態にいる」のが好きで、「それが私の栄養のもとなんだ」。ノスタルジックな感傷を覚えつつも常に冷徹に自分自身を研究していることに、バークは驚いた。

ハンウェル訪問記には後日譚がある。チャップリンは最新式の映写機を持って再訪することを約束し、スクールをあとにした。一人ひとりへのプレゼントとしてオレンジとお菓子、そして「チャーリー・チャップリンからのプレゼント」と書かれた封筒に新しい1シリングコインを準備した。

しかし、約束の日である25日が近づくにつれ、どういう心境の変化なのか彼はどうしても行かないと言い始めた。仕方なく、ロビンソンと高野がプレゼントを持って代わりに学校に行く羽目になった。マスコミの一部は、姿を表さなかったチャップリンの非礼さを非難した――もっとも、高野の回想では、子供たちはオレンジやお菓子、そして見たこともない映写機から映るチャップリンの姿に興奮し喜んだとあり、[*46]大半の新聞もそのように書いているので、一部の非難は意地悪な「バッシング報道」だったようだ。子供たちの反応を聞いたチャップリンの表情に安堵が滲んだ。

チャップリンは誰にも注目されずに子供時代のままの気持ちで行けた最初の訪問だけで胸がいっぱいになってしまったのだった。二度目の訪問を考えているうちに、チャップリンにとって懐かしさよりも極貧だった少年期の痛みの方がまさってきたということを、バートンだけは理解していたようだ。大勢のマスコミの注目のなか、自分の訪問が商業利用されることに我慢ができなかったのかもしれない。ハンウェルで過ごした2年間は、痛みに満ちた、しかし汚されたくない大切な思い出だった。

華やかなロンドン社交界へ

ホテルに戻ると、ちょうどバートンが朝食を食べ終わるところだった。チャップリンは、10年の間あこがれていたイギリスのニシンのバターソテーを食べた。

実は、外出中にラムゼイ・マクドナルド首相がチャップリンに挨拶をするためにホテルに来ていた。首相は1時間ほど待っていたのだが、チャップリンは戻らず、次の予定があったため帰ってしまった。[*47]むろん、チャップリンにとっては、首相との面会よりも幼い頃を過ごしたケニントン訪問の方が重要だったわけだが、首相はさぞかしがっかりしたに違いない。

ホテルの部屋にはおびただしい手紙やパーティーへの招待状が来ていた。その整理のために三人の秘書を雇わなければならないほどだった。

時代を代表する偉人たちはこぞってチャップリンに面会を申し込んだ。チャップリンも、大成功を収めたことで知り合えた各界の大物たちとの交友を楽しんだ。

のちに75歳の時に出版した『チャップリン自伝』（新潮文庫）では、前半部の、極貧から喜劇王へと昇り詰めるサクセス・ストーリーの生き生きとした描写に比べて、映画スターとなってからの後半は、誰もが知りたい映画作りの裏話にはほとんど言及がなく、各界の著名人との交友録に紙幅が費やされ、一部の読者を困惑させた。

素朴なコックニーであることの誇りや幼少期を過ごしたロンドンへの感傷と、有名人との交友を楽しむ俗物根性は、相反するようでいて、やはり共にその生い立ちに起因しているように思われる。貧しくて学校に通えなかった劣等感を跳ね返すための知識欲や好奇心、そして「こんなに著名人とつきあえるようになりました」という無邪気な自慢というわけだ。

もちろん、各界の大物との交友の機会を多く持ったのは、ミーハー心からだけではない。彼は、世界恐慌後の政治経済の危機的な状況に心を痛めており、どうすればそれを解決できるかについて真剣に考えていた。そのために、第一線の政治家や経済学者、知識人たちと積極的に交わって、広く意見交換することを望んでいたのだ。

そんなわけで、ロンドンでは厳選していくつかのパーティーに出席して社交を楽しんだ。むろん、気分屋であることには変わりなく、気乗りしない時はいかなる権威からの招待も断った。

その日20日の午後は、サスーン邸でランチ会が催された。サスーンとチャップリンとのこぢんまりとした会のはずが、噂を聞きつけた貴族たちが「なんとかチャップリンに会わせてくれ」とサスーンに頼み込み、気がつけば20名ほどになっていた。参加者たちは蟹料理をほおばりながら、チャップリンとの芸術論・政治論を楽しんだ。サスーン邸では翌週から歴代の4代のジョージ国王のコレクションを集めたチャリティ展覧会を開催予定で、チャップリンはいち早く展示を見て感銘を受け、その後何度も通うことになる。

マクドナルド首相、ロイド・ジョージ元首相との会談

さて、時のイギリス首相は、これまでその名前に何度か触れてきたが、史上初めての労働党出身の首相となったラムゼイ・マクドナルドだった。2月21日の土曜日、チャップリンは首相の息子アリスターの運転する自動車でバーミンガムシャーにある首相の公式別邸「チェッカーズ」を訪れ、両者にとって念願の対面を果たした。

二人には、極貧から身を立てたという共通点があった。チャップリンはこの時こそ政治について話を聞く好機だと思い、寒風吹くなか二人で散歩をしながら、前回1921年の訪問の時にテムズ川岸に大勢いた浮浪者たちが、今回はほとんどいないことに感銘を受けたことを話し、また賛否両

論あった失業救済金についてもそのおかげでイギリスの産業が回復すると評価し、弱者を救済した首相の経済政策を称えた。しかし、マクドナルドは口数の少ないスコットランド人で、それ以上議論が続かずチャップリンはいささかがっかりしたようだ。

　首相は政治の話には応じなかったが、時折ぼそっと冗談を言うのがチャップリンの印象に残った。書斎の本棚に感動していると、首相が「その本を読んでもいいですよ」と言ったので、チャップリンは背伸びをして本に触れると背表紙だけのダミー本だったことや、首相が「英国の歴史でもっとも美しい若い女性です」と肖像画を見せて、「本当にお綺麗ですね」と言うと、その絵の説明書き「十歳の頃のオリヴァー・クロムウェル（清教徒革命を起こしてのちに独裁政治をした男性）」を見せる、などといった妙なギャグだ。彼のコレクションにはなぜかクロムウェル関連のものがたくさんあり、デスマスクまであった。「では、オリヴァー・トゥイストのデスマスクをお見せしましょう」と、「オリヴァー違い」のこれまた突拍子もないギャグを首相が言った時には、さすがの喜劇王も笑ってしまった。首相はチャップリンの映画の中では『キッド』が好きとのことだった。[*48]

マクドナルド首相と

　チェッカーズでは、招待客がチャップリンに殺到するのを避けるため、首相はなぜか喜劇王を調理場に連れて行った。調理人たちと長い間話し込んで、そのうちの一人がマンチェスター出身とのことで、チャップリンも巡業でそこを訪れた話題で盛り上がり、調理人全員にサインを書いた。

その日の晩餐の主賓は元首相H・H・アスクィスの娘で作家でもあるプリンセス・エリザベス・ビベスコで、愉快な食事会になった。エリザベスの弟はイギリスでのちに著名な映画監督になるアンソニー・アスクィス。彼は一時期チャップリン撮影所で映画製作を学んでいたという縁もある。夕方6時半にはロンドンに戻るつもりが、会話が盛り上がり、カールトンに着いた頃には真夜中を過ぎていた。

その後も友人たちと朝まで語り明かしたので、翌日22日の日曜日は遅くまで寝室から出てこなかった。午後になって、再度ケニントンを車で回りながらバートンに思い出の場所を案内した後、サスーン邸でテニス。夜にはホテルで過去の作品の上映会をした。興味深いことに、その上映会には、映画デビュー前のフレッド・アステアが同じくダンサーで姉のアデールと共に出席していた。のちにハリウッド・ミュージカルの全盛を担うダンサーとの意外な接点である。

週が明けて翌23日の月曜日も遅くまで寝てから、またまたサスーン邸に行って昼食をともにした。よほど気の合う友人となったようだ。正式に開幕したばかりの4代のジョージ国王のコレクション展覧会を改めて見学した後、ピカデリーにある王立美術院でペルシア美術展に赴き、居合わせた学生たちとの交流を楽しんだ。

チャップリンがサスーンに、マクドナルド首相が無口だったことに当惑したと述べると、サスーンは、「もちろん、彼は最近の諸問題の心配事で頭がいっぱいだったんだよ」と言って、彼がかつて秘書を務めていたロイド・ジョージ元首相に会うことを勧めた。

そんなわけで、サスーンはチャップリンを議会下院へと案内した。普段は侃々諤々《かんかんがくがく》の議論をしている議員たちも、チャップリンの姿を見て驚いて言葉を失ってしまい、新聞はその様子を「イギリスで一番やかましいトーキースタジオ（議会のこと）が、チャップリンが登場したことでサイレントになった」と書いて茶化した。[*49] チャップリンは一通り議会の内部を見学した後、下院での討論を傍聴し（退屈な議論だったので彼はがっかりした）、その感想を記者たちに話した。討論を終えた議員たちが、チャップリンにサインを求める様子も広く報道された。

さて、チャップリンはマクドナルド首相とはあまり気が合わなかったのだが、対してロイド・ジョージ元首相とは意気投合する。彼の執務室でお茶をいただきながら、チャップリンは貧民街を改造して近代的な商業センターにすることを提唱した。現代で言うところの「ジェントリフィケーション（低所得者層の住む地区を再開発して人気エリアへとすること）」にも通じる考えで興味深い。ロイド・ジョージは、チャップリンが貧民街に多額の寄付をするとナイトに叙されるだろうとほのめかしたが、チャップリンは肩書きには興味を示さなかった。

作品としての「旅行記」

ところで、「旅行記」には、ハイドパークやトラファルガー広場、清教徒革命に敗れて処刑されたチャールズ一世の刑場の跡などを巡ったことに紙幅が多く割かれている。高野によると、10年前の凱旋旅行の時、大勢の文化人の歓迎を受けたが、その際に文学や歴史について知識をつけなければならないと痛感したのだという。学校教育をほとんど受けられなかったチャップリンは、それゆえに貪欲な知識欲を持っていた。昔の国王の刑場跡を訪ねたのも、母国の歴史を深く知りたいという思いからであった。

そんな故国の歴史巡りもさることながら、やはりみずからの歴史、ルーツを巡る文章には、ひときわ熱がこもる。

本書のプロローグで、この世界旅行の意義について述べたが、実は「旅行記」の執筆そのものも喜劇王の生涯において重要なポイントとなっている。というのも、「旅行記」は結局生前に一冊の本としては刊行されなかったのだが、もともと出版を前提として書かれ、彼の初めての著作になるはずのものだったからだ（1921年の最初の里帰りを書いた"*My Trip Abroad*"は、のちに映画監督になる編集者モンタ・ベルによる代筆だ）。出版の契約は、この後ヨーロッパに渡った時、1931年3月25日にパリのオテル・ド・クリヨンで締結している。「5万語、5万ドル。ハリウッドに戻った時に前金1万ドルを払い、残金は原稿を書いた段階で支払う」という内容だった。

この時期に「書くこと」への興味が高まりまとまった執筆を経験したことは、後々、トーキー作品の脚本執筆へとつながっていくだろう。その意味で、「旅行記」は、チャップリンのサイレント映画時代とトーキー映画製作との間をつなぐミッシングリンクであり、映画と同じぐらい重要な「作品」だったのだ。

少年期の思い出に多くのページを割いているのも、初の著作としてそれまでの人生を記しておきたかったからだろう。「旅行記」が連載された雑誌"*Woman's Home Companion*"の編集長ウィラ・

ロバーツも、原稿が一冊の本として出版されたあかつきには、それは「厳密には自伝ではありませんが、チャップリンのキャリアのハイライトの概略になります」と言っている。[*50] その意味で、これは単なる旅行記ではなく、幼少期の思い出に始まるそれまでの人生や、社会や時代に対しての考え、芸術についての自分の思いを書きつけた自伝的著作になるはずのものだった。

そんなわけで、チャップリンは幼いころ街角で聞いて今も忘れられない手回しオルガンの古風な調べ、兄シドニーがコインを飲み込んで鼻から出すという手品を自分もできると思って本当に飲み込んでしまい大騒ぎになった出来事など、小さい頃の思い出をこの機会に書いている。いずれのちに出版する『チャップリン自伝』において再び記すことになる。

「名士の間」

24日は、午前はショッピングを楽しみ、紳士の社交場として人気のあった高級カフェ「クアグリーノズ」にて、ウィンストン・チャーチルの息子で著名なジャーナリストだったランドルフやバーケンヘッド伯爵（インド大臣になった著名な政治家である初代バーケンヘッド伯爵の息子）と昼食。

その後、トラファルガースクエアからコヴェントガーデンまで散策したのだが、やはり群衆に気づかれて囲まれてしまう。手を振って歓声に応えつつも大勢の熱狂に身の危険を感じたチャップリンはタクシーを拾って退散。一時、サヴォイホテルに身を隠す。ほとぼりが覚めたと思った頃に、懲りもせずタワーブリッジ見たさに乗合バスの2階に乗ったところ（彼は、タクシーではなく昔と同じようにバスに乗ると言って聞かなかった）、またもやたちまち乗客たちに気づかれて騒ぎになり、サイン攻めにあった末にバスを降りる羽目となった。[*51] ホテルに戻ってからは、『キスメット』などの戯曲で名高い作家のエドワード・ノブロックや、名優ヘンリー・アーヴィングの孫のローレンスと面会した。

25日水曜日は、アスター子爵夫人主催の昼食会に招待された。英国初の女性下院議員で、男女同権論者の先駆けでもあるナンシー・アスターも、フィリップ・サスーンが下院での昼食の際に紹介してくれたのだった。二人はたちまち親しい友人となり、その後も交友を深めることになる。ところで、政治的にはリベラルな考え方の持ち主だったチャップリンだが、意気投合した友人にはアスター子爵夫人やチャーチルをはじめ、保守派の大物が多い点も興味深い。むろん、SF文学の第一人者H・G・ウェルズのような社会主義者や共産主義に共鳴していた音楽家のハンス・アイスラーらとも親友関係だったので、その交友関係は思想信条に関係なくあくまで人物本位だったようだ。

セント・ジェイムズ・スクエア4番地のアスター子爵邸は、各界の大物が集うロンドン一の社交場だった。「応接間に入ったときには、まるで（著名人の蠟《ろう》人形で有名な）マダム・タッソー館の『名士の間』に足を踏み入れた」[*52] かのように感じた。

そこで、まず小説家・劇作家のジョージ・バーナード・ショーを紹介された。すでに6年前にノーベル文学賞を受賞していたショーは、イギリス（彼は連合王国から独立前のアイルランドのダブリンの出身）を代表する知性と誰もが見なす存在だった。実は、チャップリンは前回の母国訪問時に、ショーの家の玄関前まで行ったのだが、「バーナード・ショー」と名前の書かれた銘板を見て、怖気付いて逃げ帰ったことがあった。[*53] いよいよ念願の対面となった今回だったが、慣れない雰囲気に気圧《けお》されたこともあり、聞き役に徹することにした。チャップリンは、一座を笑わせるショーの話術や、アスター夫人の物真似芸に感心した。ショーの顔色のみずみずしさ、若者のような青い瞳が印象的で、しばしば「皮肉屋」と呼ばれる彼だったが、その声は聖職者のようで、知性という鎧の下に深い情を隠しているようにチャップリンには思えた。

チャップリンは、ショーの持論である「すべての芸術はプロパガンダであるべきだ」という考えに対して、別の考えを持っていた。「そんな前提は芸術を限定する。私は芸術の目的は――もし目的があるとすれば――感情、色や音を深めることにある。というのも、これこそが、道徳的側面にかかわらず、人生を表現する芸術家にさらに広い視野を与えるからだ」と芸術論を闘わせたかったが、この時は切り出せなかった。

その会には、20世紀を代表する経済学者であるジョン・メイナード・ケインズもいた。ケインズの著書を繰り返し読んでいたチャップリンは、思い切ってイングランド銀行の信用取引の仕組みについて質問した。この5年後に『雇用・利子および貨幣の一般理論』を発表し、フランクリン・ローズヴェルト大統領のニュー・ディール政策をはじめ20世紀における主要国の経済政策に強い影響を与えた理論家は、喜劇王の話に興味深く耳を傾けた。

チャップリンは最後まで残り議論を楽しんだ後、その晩は旧知の仲であるウィンストン・チャーチルと食事をした。

カールトン・ホテルでの様子

チャップリンが気の向くままに飛び回っている間、カールトン・ホテルでは——。

あるじのいないロイヤル・スイートで、ロビンソンの指揮のもと、現地で雇われた三人の秘書が大量の手紙・電報・電話と格闘していた。その三人のうちの一人、メイ・シェパードは、ダグラス・フェアバンクス、メアリー・ピックフォードなどがロンドンを訪れた際にも当地で秘書を務めた、「映画スター御用達」の秘書として業界ではちょっとした有名人だった。

ジャーナリストのR・J・ミニーは、チャップリンのロイヤル・スイートで密着取材を許された数少ない記者の一人だった。ミニーがカールトンに着いて最初に見た光景は、ロビーからチャップリンが滞在している2階の部屋まで、トレイに手紙や電報の山を乗せて駆け上がり、空のトレイを持って戻ってくるベルボーイの姿だった。1階の受付から聴こえてくる言葉は「チャップリン」という一語だけ。チャップリン宛の手紙類がひっきりなしに届いているのだ。

部屋に入ると、暖炉のそばのテーブルに手紙の山が置かれて、ロビンソンがせっせと整理をしている。なり続ける電話のベル、「もしもし、こちらミスター・チャップリンのアパートメントです……」と応対する秘書の声、封書を開く音……。

おびただしいファンレターから、金の無心や売り込み、はたまた「私はチャップリンさんの子供です」。「親戚です。財産を分けてください」などといったたかりに至るまで、シェパードによるとその数は1万通以上。「その内容が本当だとしたら、チャップリンは人類の中で最も親戚の多い人になります」と彼女は笑った。[*54] そして、おそらくイギリス中の物書きが、自分の本を献本してきている。そんな中から、ロビンソンが「cc（チャーリー・チャップリン）」と記したものが本人に手渡される。

「cc」マークの多くは、舞台時代からの仲間達からのものだ。チャップリンがアメリカに渡る2日前にロンドンの街を一緒に歩いた思い出を書いた手紙や、一緒に舞台に出た時の写真などを同封したものなど。ミュージック・ホールの芸人たちは、仲間から世界のスターが生まれたことを誇りに思っていた。

ミュージック・ホールの伝説的な名優で、若き日のチャップリンの憧れの対象でもあったダン・リーノの娘は、「25年間、我が家の宝物だったものをお贈りします。これを持つ人として、あなた以外にふさわしい方はいません。父はイギリスの笑いの王者でした。しかし、あなたは世界中を笑わせました」との感動的な手紙とともに、リーノが生前最後の舞台で使ったダンス・シューズを送ってきた。

と、他の記者が部屋に入って来る。手紙の整理をする秘書に取材を試みるが、彼女たちは何も知らない。高野に質問をしても、静かに笑うだけ。ミニーは高野の賢さを見てとった。ロビンソンは、「コーノは、チャーリーが作った全ての映画に小さな役で出ているんだよ。『担《にな》へ銃《つつ》』では運転手役[*55]。『街の灯』にも出ていたんだけど、目立ちすぎたのでカットしたよ」と日本人秘書をからかう。高野もからかわれているのを楽しんでいる。それにしても、みんな「ミスター・ロビンソン」「ミスター・コーノ」と言うのに、チャップリンのことだけは「チャーリー」と親しみを込めてファーストネームで呼んでいるのがおかしい。

その時、ドアの音がした。その音だけで、高野にはわかったようで、急いで走り回る。チャップリンが帰還したのだ。しばらくして、白髪まじりなのに若々しい、少年のような輝く笑顔の喜劇王が入ってきた。早速、記者たちが雷雨のように質問を浴びせる。チャップリンはにこやかに、一問一問に違った笑顔を作りながら答えていく。ちょび髭、ステッキ、山高帽がないだけで、その表情は映画のチャーリーそのままに感じられた。「今日、貴族院の議場に入ったんだ。誰もいないことを確認してから、議長の席に座ったよ。子供が大きくなったら、僕は貴族院の議長の席に座ったと自慢できる」と茶目っ気たっぷりに話す。

ミニーは、「もし俳優じゃなかったとしたら、何をしていましたか?」と尋ねた。チャップリンは真剣に考えるが思いつかない。ミニーもいろんな職業を挙げるがどれも違うと言う。「いや、思い出した。もし俳優じゃなかったら、やりたいことは一つ。ジャーナリストだ!」その答えは、きっと、質問をしてくれた記者に対する敬意を込めたものだろう。そう言う彼の瞳は、学生のように輝いていた。[*56]

ホテルの外には常に大勢のファンが集まっている。ある時、チャップリンがホテルに戻ると、玄関でサイン帳を手に喜劇王の帰りを待っている二人の女性がいた。聞けば遠方からやって来たという。彼女らは大ファンなのだが、映画の中のチャーリーの扮装しか知らず、目の前に本人がいるとは気づいていない。チャップリンは「私は彼の秘書です」と答えてしまった。秘書に会えただけでも興奮した二人は、たくさんの質問を浴びせる。チャップリンは、「彼はとても面白いやつでね」と15分ほど立ち話をした。[*57] チャップリンは日常の出来事にもギャグをめざとく見つけて、笑いに変える。ロンドンでの滞在を心から楽しんでいるようだった。

ロンドン・プレミア

かくして、2月27日、『街の灯』ロンドン・プレミアの日を迎えた。

ドミニオン劇場の周囲には、土砂降りの雨にもかかわらず数千人の群衆が集まり、声を嗄《か》らして歓声をあげていた。ある記者は、「35年間、映画の初日に通い続けているが、これほど熱狂的なプレミア上映は記憶にない」と語り、「第一次世界大戦の休戦以来の喜び」と表現するほどに、ロンドン中が興奮していた。[*58]

上映開始時刻である8時30分の数分前に1台のタクシーが劇場前に止まった。中からきつい上着にダブダブのズボン、山高帽にステッキ、そしてちょび髭を生やした小男が登場する。突然のことに驚いたドアマンは、彼に傘を差し出した。

「チャーリー!」と群衆の叫び声が轟音に変わった。小男は帽子をあげて丁寧に挨拶をしながら、警察官たちが厳重に警戒する劇場入り口に入っていった。

と、その時、小さな子供が叫んだ。

「あの人、本物のチャップリン?」

警察官がよく見ると、なんと偽物のモノマネ師だったのだ! 小男はつまみ出され、群衆から別の意味の喝采を受けた。[*59]

赤の他人がチャップリンになりすました笑い話だが、実は、本物のチャップリンの方もその日の昼間に別の職業の人に間違われていた。友人と三人でウェストミンスター・ブリッジ・ロードを歩いていると、群衆が彼を追ってきた。危険を感じたチャップリンたちは近くのキャンディー店に駆け込んだ。その店を営んでいたのはパウエルさんという年配の女性。奥の部屋でお茶を飲んでくつろいでいた彼女は、血相を変えて飛び込んできた三人組を強盗だと思い込んで、ヒステリックに叫びそうになったが、意外なことに男はキャンディーが買いたいと言って1シリングを差し出した。パウエルがキャンディーを包んで渡すと、男はそそくさと店を出て行った。店の外の群衆から、今のはチャップリンだったと聞いて、彼女はぞんざいな対応を詫びる手紙を書いたという。*60

こんな風に、滞在中は至る所で大騒動を巻き起こしていたので、プレミアの日のチャップリンは混乱を避けるために、定刻の45分前に裏口から劇場に入って楽屋でイヴニング服に着替えていた。主賓のバーナード・ショーと一緒に客席に姿を見せると、ドミニオンを埋め尽くした2800人の紳士淑女は10分間もの拍手で出迎えた。

この晩も大成功だった。

チャップリンは、となりに座ったバーナード・ショーがどんな反応を示すか気になっていたが、ショーは上映のあいだずっと笑うか泣くかをし続けて、映画の途中に4、5回ほど良い評価を与えてくれた。

ショーは、「チャップリンは、これまで誰も正当に賞賛できたことがないほどの、天才だ」と手放しで称えた。チャップリンがハムレットを演じるとしたらどうかと記者に問われて、ショーは、「いいじゃないか」と即答し、まだ大スターになる前のドタバタ喜劇で、チャップリンが見せたなんとも言えぬ物悲しい表情が、かつての伝説的舞台俳優ヘンリー・アーヴィングにそっくりだったと述べ、喜劇を通して悲劇も表現するチャップリンの名優ぶりを語った。[*61]

上映が終わった後、ラストシーンの直後で客席はまだ涙を流している時に、チャップリンが再度空っぽの舞台に登場し、万雷の拍手が沸き起こった。彼は、「感激でどれだけ胸がいっぱいになっているかを言い表そうとするのは愚かなことです」と話し始めた。「こんな風に母国に戻って来られるなんて。このたびは私にとって素晴らしい勝利になりました。いつか、もっと白髪が増えた時、心静かに座って、自叙伝に今の気持ちを書けるかもしれません」。[*62]

上映後は、カールトン・ホテルでパーティーが開催された。当初は仲間内の小さなパーティーを計画していたのだが、気が付くと招待客は200名にも膨れ上がりロンドン社交界のその年一番のイベントになってしまった。本物のタンゴが演奏できるバンドを手配して、[*63]5000ポンドをかけた大パーティーとして話題になった。

チャーチルが、「テムズ川の対岸に住んでいた貧しい少年から身を起こし、今や全世界の愛情を手にした男、チャーリー・チャップリンに乾杯したい！」[*64]とスピーチをする。

チャップリンはフォーマルな雰囲気に気圧されて、スピーチの中で、チャーチルについて「前の大蔵大臣（エクス・チャンセラー・オヴ・エクスチェッカー）」と言うべきところを、短い間に2回「エクス」と発音するので混乱して、「故大蔵大臣（レイト・チャンセラー・オヴ・エクスチェッカー）」と間違えてしまった。会場は爆笑に包まれ、チャーチルも「気に入ったぞ！〝死んだ〟大臣か！故人か！」と笑いながら叫んだ。この憎めない失敗で、場が一気に和む。

チャップリンは続けて、「他のどんなことよりも私を感動させてくれるのは、自分が成し遂げたことではなく、皆さんが示してくれる愛情です」[*65]と感謝の気持ちを述べ喝采を受けた。

パーティーは、テーブルごとに予備の椅子が一つずつ置いていて、そこにチャップリンが巡回して座ってもてなすという趣向だった。豪勢なパーティーを催したということだけでなく、彼はサービス精神旺盛な「完璧なパーティーのホスト」だと称えられた。[*66]

出席者のなかで、ヴィヴィアン・ゲイ（後にエルンスト・ルビッチ夫人となる）の友人であるシャーリ・マリーツァという女優がいた。それまで数本のイギリス映画に出演していたという彼女のダンスの巧みさに感心し、チャップリンは夜通し二人でタンゴを披露して喝采を浴びた。ロビンソンは、「そろそろ他の女性と踊ってください。明日の新聞には婚約したと書かれますよ」と耳打ちしたが、「今夜は誰がなんと言おうと構わない。本当の自分になって夜を楽しむんだ」と朝5時まで踊り続けた。

チャップリンは映画製作の準備に入ると仕事に没頭し、ゴシップ記者たちが四六時中張り込んでも、まったく女性の影は見当たらない。しかし、ひとたび映画製作が終わるとその反動で様々な出会いを楽しむのが常だった。『街の灯』がアメリカに続き、ロンドンでも大成功を収めたことで安堵したのだろう。この夜をきっかけに、チャップリンはヨーロッパ滞在中、いろんな女性との恋を奔放に楽しんだ。「抑え係」のロビンソンは、「シャーリは自分の恋人だ」と嘘をついてマスコミの目をくらまそうとしたが、なんの効果もなかった。案の定、イギリスの新聞は「チャップリン映画の次のヒロインはシャーリだ」と書き立てた。旅行中の最初の恋人となったシャーリは有名人になり、ウィーン生まれの母を持つエキゾチックな風貌を売りに、その後も何本かの映画に出演した。

チャップリンの経済論

ロンドン・プレミアも大成功に終わり一息ついたのだろう。28日は休息にあてて、その後はプライベートな滞在を楽しんだ。3月1日の日曜は、ラルフ・バートンと一緒に彼の娘が入っていた修道院の寄宿舎「ノートルダム・ド・シオン・コヴェント・アンド・スクール」を訪ね、2日の月曜はホルボーン・エンパイア劇場でミュージック・ホールの大先輩であるジョージ・ロービーの公演を観劇。ロービーは、「今夜はもう一人の、イギリスの素晴らしいコメディアンがいます」と4列目に座っていたチャップリンを紹介し、観客は大きな拍手を送った。その後、楽屋で二人は1時間ほど昔の舞台の思い出話に花を咲かせた。[*67]

すでにアスター子爵夫人とは仲の良い友人になっており、頻繁に会っていたのだが、中でも3月3日に彼女が主催したパーティーはマスコミでも大きな話題となった。

この日も、顔の広い彼女らしく文化人に財界の大物、政治家も右から左まで代表的な人物が一同に集った。自由党の重鎮であるロイド・ジョージ元首相に対面して、共産主義者のデイヴィッド・カークウッドが座っている、といった具合だ。

その席上で、レディ・アスターは面白いことを言い出す。

「みなさん、ご自分にもしムッソリーニのような独裁権力があれば、どんな政治をしますか?」

ベニート・ムッソリーニは、イタリアで国家ファシスト党を率いて首相にまで上り詰め、192

5年には独裁を宣言していた。ドイツでアドルフ・ヒトラーが政権の座に着くより前は、「独裁者」と言えばムッソリーニのことだった。

遠慮がちな客たちを横目に、チャップリンは立ち上がってスピーチを始めた。

「政府の規模を小さくして、貿易においては国際主義を取り、貿易の世界的協調、金本位制の廃止、それからインフレーション政策をとります。生活水準の向上のために、労働時間を短縮して、最低賃金をあげます」

これは決して思いつきの理想主義ではなかった。実のところ、チャップリンは世界旅行中に独自の経済論文をしたためていたのである。チャップリン家に残された未完の原稿を読むと、ヨーロッパの通貨統合の必要性を唱えて、その通貨を「リーグ」と名付けている。その後、ユーロが実現したことを思うと、なかなかの先見の明というべきだろう（彼の「経済論文」については、第5章で詳述する）。

チャップリンは、「まだまだ株は上がる。今売るなんて馬鹿だ」と反対する友達の説得を振り切って、世界恐慌の大暴落前に株をすべて売り抜けて、安全なカナダ金貨に変えていた。また、50年にわたるキャリアの80本を超える作品のなかで、公開時に損失を出したのは『殺人狂時代』1本だけだ（もちろん、その後再公開やソフト化で利益をあげている）。いわば天才的な経済センスの持ち主だったわけだが、大暴落前に株を売り抜けた理由はただ一つ。投資家たちが株価の動きを見ていた時に、チャップリンはアメリカの失業者数の増加を見ていた。労働者の幸せがない限り、経済指標など実態のない空疎なものであり、株の暴落も近いと予想したわけだ。常に弱者の視点で映画を作り続けた彼らしい経済観である。

チャップリンの発言をきっかけに侃々諤々の議論になった。労働党のエレン・ウィルキンソンは不況の解決には製品の生産と市場とのバランスが重要だと説き、ロイド・ジョージは国際会議での対話の必要性を訴えた。

そんな中、銀行家のジェイムズ・ロスチャイルドは、他の出席者の意見を「ギャアギャアうるさい鳴き声」と一蹴。不況は一時的なもので、すぐに繁栄は戻ると言い放った。むろん、冷笑的な資産家と弱者の視点を持つ映画人と、どちらの考えが現実を見ていたかはのちに歴史が証明することになる。

パーティーの最後にさまざまな意見をまとめあげたロイド・ジョージの巧みさにチャップリンは感心した。

ロンドンでも刑務所に

3月5日、皇太子（のちの国王エドワード八世）の弟で、兄の「王冠を賭けた恋」の後に、ジョージ六世として即位することになるヨーク公爵夫妻（すなわち、エリザベス二世の両親）と第一六代エルフィンストン男爵が、チャップリンを昼食会に招待した。[*68] この時、ヨーク公爵夫人（のちの「クイーン・マザー」）の弟を、フィリップ・サスーンとともにイートン校に送り届ける役を仰せつかり、名門校の厳粛な雰囲気を興味深く味わった。

校内の施設でお茶を飲んでいると、500人の生徒に取り囲まれたので、バルコニーに上がって挨拶をした。「お一人ずつと握手したいけど、無理だから」と手をあげて握手のパントマイムをすると学生たちはまた歓声をあげた。[*69]

それにしても、子供から老人まで、労働者もエリート学生たちも、果てには議員も貴族たちもチャップリンに熱狂しているわけだが、階級社会のイギリスでのちの国王までが一介のコメディアンに熱をあげるのは他に例がなかった。この頃、新聞では「チャップリンの魔法」という見出しで、あらゆる人を虜にする彼の魅力が論じられた。とりわけ高級な芸術である文学界の大御所バーナード・ショーが喜劇王に夢中になったことが話題となり、そのことで大衆の中でのショーの人気も上昇した。[*70]

ところで、チャップリンの刑務所好きは相変わらずで、ようやく3月6日に念願のロンドンでの刑務所訪問が叶った。正午に中央刑事裁判所である「オールド・ベイリー」に赴き、恋人に硫酸をかけようとして罪に問われた女性の裁判を興味深く傍聴した。その後の昼食会では、イギリスの裁判官たちの芝居っ気を見て、「ここは（ロンドンの名門大劇場である）ドゥルリーレイン劇場の楽屋か」と思うほどだった。

オールド・ベイリーの判事の関係者として、のちに著名な演劇プロデューサーになるモーリス・ブラウンがいた。1955年に出した自伝 *"Too Late to Lament: An Autobiography"* のなかで、ブラウンはその時のチャップリンの印象を、「魅力的で、上品で、温かい声の、広い人気を誇るチャップリンは、俊敏な知性と社会正義への情熱を持っていた。そして、おそらく、歴史上存在した誰よりも他の人に楽しみを与えている人物であるにもかかわらず、まったく自惚れのかけらもないのだ」と記している。

イギリスを代表する劇作家・小説家のオスカー・ワイルドが収容されていたことで有名なワンズワース刑務所は、その頃囚人が喋ることを禁止していた。チャップリンはショックを受け、「人間から人類社会の最も文明的要素である言語を拒むのは非科学的である」と鋭く批判している。当時から進歩的な人権感覚の持ち主であったことがうかがえる。

最後に死刑囚の独房と死刑執行室を見せてもらった。その前に執行された死刑囚の立っていた場所に白いチョークで書かれた印の跡が残っていた。わざわざそこまで見に行かなくてもいいと思うのだが、チャップリンは薄気味悪いことが大好きだった。

『街の灯』の反響

かくしてロンドン・プレミア上映も大成功に終わった。ロス・アンジェルス、ニューヨークに続いて、ロンドンでも大ヒットとなり、ドミニオン劇場一ヶ所だけで、57万5000人の動員を記録した。

新聞は『街の灯』への絶賛の言葉で埋め尽くされた。いちいち引用しているとキリがないのだが、まずはニューヨーク公開の翌日2月7日の各紙から引用すると、

「冒頭から、映画はスターの魅惑のユーモアによって浮き立つ――ショーとはチャップリンのことだ。――そして、チャップリンとはショーなのだ。」（『アメリカン』紙）

「この映画を見ると、あなたは10年ほど前にチャップリンを見た時と全く同じ反応をするだろう。今も、彼は人を完全に笑顔にさせ、切なくて、いたずらっぽくて、狂っていて、知的な道化だ。彼は自然だ。彼はフレッシュだ。彼は――そう、徹底的に人間的だ。」（『デイリー・ニューズ』紙）

「とても素晴らしい映画にして、正真正銘の爆笑の喜劇だ。それは、チャップリンの最も幸福で独特なやり方で、〈映画の最も偉大な人物〉を見せてくれる。」（『ニューヨーク・ヘラルド・トリビューン』紙）

「もしボクシングのシークエンスよりも面白いものを見せてくれると言うなら、どこにそんなものがあるのか知りたいほどだ。」（『ニューヨーク・タイムズ』紙）

イギリスでの評論はさらに熱狂的で、

「『街の灯』は、チャップリンと同じぐらい素晴らしい人物は、チャップリン以外に存在しないということを証明した。」（『ハリファックス・イヴニング・クーリエ』紙、1931年2月28日）

「結局のところチャップリンは、たとえ彼の最も悪い映画だったとしても――そうでは無いのだが――他のほとんどのコメディアンたちの最も良いものよりも、ずっと良いのである。（中略）『街の灯』の見どころ：見どころは、チャップリンだ。他に何か言うことができるだろうか。」（『キネマトグラフ・ウィークリー』誌、1931年3月5日）

「3年前のものは古くさい。しかし、30年、300年、3000年残っているものは、古びないし、死なない。チャップリンのユーモアがそれだ。（中略）この映画は偉大な映画だ。なぜならそこには、すべての人々、お金持ちや貧乏な人、太陽の下にいるすべての人種に対してアピールする、シンプルな楽しみがあり、シンプルなペーソスがあるからだ。笑いは決して涙から遠く離れているものではなく、涙もまた笑いから遠く離れているものではない。」（『レイノルズ・ニューズペイパー』、1931年3月1日）

とりわけ、最後の評言は21世紀の今の時代に誰かが言ったとしてもおかしくない言葉で、当時からチャップリンは時代を超える存在であると見なされていたことがわかる。

ともあれ、もはやサイレント映画は観客には受け入れられない、という映画業界の予測は見事に外れた。サイレントであれ、トーキーであれ、人は面白いものを見に来る。『街の灯』は人を楽しませる。そして、人を楽しませるものは何か一つのメディアに限定されるものではない。それゆえに、この映画においてセリフがないことは、『セリフvsサイレント』という話題についての論争を引き起こすこともない」（『ニューヨーク・ジャーナル』紙）。批評家のジェイムズ・ガウは、「映画の間ずっと笑うのに忙しすぎて、『街の灯』にセリフがないことについて考える暇がなかった[*71]」と、サイレントかどうかは問題ではないと評する。「チャップリンのサイレント映画には、宇宙全体に通用する正しさがある。創意工夫に富んだギャグに大笑いしていると、言葉など必要としないと感じられるのだ。チャップリン映画は映画的な構造を持つ作品として完璧なのだ」。

「『街の灯』は、サイレント映画が未だ輝ける素晴らしいものであることを証明した」[*72]と、無声映画であることの価値を称えるものも多い。UAのアーサー・ケリーに至っては、元々『街の灯』のヒットに懐疑的でほとんど宣伝をしていなかったにもかかわらず、大ヒットが確実になると、「トーキー映画はサイレント映画ほどの価値を持たない」と言い出した。

ただし、ケリーのような意見は稀で、ほとんどの新聞の論調は、『街の灯』を絶賛しつつ、しかしそれが大ヒットしたのはひとえにチャップリンの天才ゆえであり、サイレント映画が復活することはない、というものだった。サイレント映画には「たった一人、チャップリンだけが存在している」状態であり、「チャップリンは今や世界中にアピールできる唯一の俳優だ。彼のパントマイムとセリフがないことによって、彼は今も国際的に訴えることができるのだ」[*73]。

ジャーナリストのルウェリン・ミラーは、「チャーリー・チャップリン以外は誰も成し遂げられなかっただろう」と題して、次のように書いた。

『街の灯』は、人々の心からの喜びによって絶賛され、観客のものすごい拍手の爆発に何度もさらされた。だが、それはトーキー映画への脅威にはならない。本作は、莫大な興行収入を記録するだろうが、それはチャップリンが特別だからだ。彼は世界中が見たいものを作り上げた。しかし、世界の人々は、明日の夜にはトーキーを見ることになるだろう。[*74]

チャップリンは『街の灯』をサイレント映画で作るという賭けに大勝利を収めた。その記録的なヒットは、彼が世界中に訴えかけることができる唯一の俳優であることを証明した。だが、彼のフィールドであるサイレント映画が、否応なしに終焉を迎えつつあることは明らかだった。チャップリンが〈次にどんな映画を作ればいいのか〉という大きな課題は、未解決のまま残った。

大陸へ

大いなる成功に酔いしれることもなく、次なる作品をどうするかで頭を悩まし、目下の「世界の危機」に心を痛めていたチャップリン。そんな彼の憂鬱をよそに、チャップリン熱はますます高まっていた。一例として、「チャーリー・チャップリン――万人に恩恵を施すもの」と題された記事を紹介する。

ギリシア劇はもはや何百万の人々の心を打つことはない。書かれた言葉が過去のものであるからだ。多かれ少なかれ、シェイクスピアにも同じことが言える。しかし、チャップリンの喜劇の表現が人々を笑わせることがなくなってしまう世の中など想像ができない。それだけでなく、その笑いの中には、一人一人が身近に感じる感情がある。（中略）チャップリンは現在生きているイギリス人の中で最も偉大な人物だ。[*75]

この文章だけでも、喜劇王への熱狂的な尊崇ぶりが十分にうかがえる。他にも、「あなたは神だ。あなたは世界と世界に住む命を笑わせる。あなたなら苦しむ人の重荷を背負うことができる」[*76]と神格化する文章も多く見られる。あらゆる記事で、枕詞のように「最も偉大なコメディアン」「映画の王様」と称号がつく。「首相かチャップリンか、国のリーダーとしてふさわしい人物として投票すれば、確実にチャップリンが勝利するだろう」と政治家待望論まである。[*77] 実際、筆者が当時の新聞を読んでいて思うのは、これだけの称賛と群衆からの喝采を浴び続けて、どうやって彼が正気を保つことができたのだろうかということだ。

労働党の下院議員ジョゼフ・トゥールが、チャップリンに叙勲するよう首相に手紙を書いたと報じられるなど、[*78] ナイトへ推す声が広範囲に沸き上がっていた。そんな世論に刺激されたのか、チャップリンとの政治議論には興味を示さなかったマクドナルド首相が、ここに来て政財界の大物を集めて「チャップリン歓迎パーティー」を計画した。『街の灯』が記録的なヒットを飛ばしているなか、自分の宣伝に利用できると思ったのだろう。

3月2日に首相の秘書から届いたレターがチャップリン家の資料庫に残っている。

> これは今朝方あなたの秘書に電話で話した内容を確認するためのメモです。首相は、来週月曜日、3月9日にあなたとディナーでご一緒することを心待ちにしています。首相の部屋に午後7時15分に来てくれますか？　なお、首相はショート・コートのジャケットとブラック・タイを着用するものと理解しています。

このような「上から目線」の招待状に、権威嫌いのチャップリンが心を動かされると首相サイドは思ったのだろうか。首相は『街の灯』のプレミアを見に来なかったのに、「チャップリンにイギリスの歴史を題材とした映画製作を依頼したい」などとムシのいい願望を持っているとの報道もされていた。[*79] チャップリンはあからさまな政治利用目的の歓迎会への出席を渋った。

首相による歓迎パーティーに行きたくないもう一つの理由としては、下院でマクドナルド首相の演説を楽しみに傍聴したのだが、初の労働党首相らしい弱者の立場に立った政策が聞けず大いに落胆した、ということもあった。

ただ、歓迎パーティーを欠席するとマスコミからバッシングを受け、人気にも差し障る。サスーンもやってきて、「首相からの招待を断ることは、王室からの誘いを断ることと同じですよ」とまで言ったが、チャップリンは「行きたくない」の一点張り。もっとも、サスーンは大いに困りながらも、この頃にはチャップリンの気まぐれを楽しんでいるようだった。

仕方なく、側近たちは一計を案じ、「海外での予定がある」という理由で欠席することにした。しかし、一行の出発の日が歓迎パーティー予定日の前日3月8日だったことで、マクドナルド首相は気を悪くしたに違いない。しかも、その日は天気が悪く、チャップリンと少しでも長い時間を共にしたいシャーリが「もうしばらくロンドンに滞在したほうがいい」と言い出したりして高野たちは肝を冷やした。結局、一行は出発ぎりぎりにチャップリンを列車に乗せた。そんなこともあろうかと、ロビンソンはリヴァプール・ストリート駅長に電話をして、列車の出発を15分間遅らせておいた。

かくして、3月8日午後8時15分にロンドンのリヴァプール・ストリート駅から列車に乗り、9

時50分にパークストーン埠頭着。わずか10分の乗り換え時間で、S・S・プラーグ号に乗船し、慌ただしく出港して行った。[*80] 旅のメンバーは、チャップリン、ロビンソン、高野に加えて、ドイツ系アメリカ人の映画プロデューサー、カート・メルリッツも同行した。先にチャップリンへの叙勲が計画されていたものの見送られたと書いたが、その理由としてこの時に気を悪くしたマクドナルド首相が反対したという説もある。[*81]

10年ぶりの里帰りで経験した、未曽有の歓迎、かつて過ごした貧民学校への再訪、各界の人物たちとの交友——いつのまにか「無感動になっていた」チャップリンは、求めていた「感情の刺激」をふるさとで得て、大陸へと旅立って行った。

第2章

ドイツ
ナチスとの「前哨戦」

行程 1931年3月9日オランダ経由でベルリンへ～
16日ウィーン～19日ヴェネツィア～21日夜にパリへ出発

チャップリンを一目見ようと駅に集まった群衆

オランダを抜けてベルリンへ

ヨーロッパ大陸への旅には、ラルフ・バートンは同行しなかった。チャップリンは、友人であるバートンが鬱病で苦しんでいたため、気分転換になればと連れてきたわけだが、イギリス滞在中もバートンの症状が好転することはなかった。しまいには「部屋の時計の音がうるさい」と言って電気コードを切るなどの奇行が目立つようになり、また彼が拳銃の手入れをしていたと聞いて、チャップリンは巻き添えをくらうのではないかと内心おびえていた。やがて彼は一人でアメリカに帰ると言い出したので、一行に安堵の気持ちが広がった。チャップリンは当座の生活費を与えて送り出すことにした。

前章で3月1日に、チャップリンとバートンが、バートンの娘がいる修道院の寄宿舎を訪ねたことに触れたが、それが娘との今生の別れだった。和やかだがどこか憂いを帯びた会話の後、美しく成長した娘と父はしばらく手を握りしめた。バートンが拳銃自殺をしたのは、ニューヨークに戻って数週間後のことだった。

チャップリン一行を乗せた船は、3月9日の午前5時30分にオランダのフク・ファン・ホラントの港に到着。船ではたまたまベルリン・フィルハーモニー管弦楽団の常任指揮者ヴィルヘルム・フルトヴェングラーと一緒で、チャップリンは偉大なマエストロと一晩音楽談義に花を咲かせた。港で6時13分発の列車に乗り換えてドイツを目指す。*1 車窓に流れる、「運河や風車、枝を上に向けて刈り込まれた低い木々」、そして「どこまでも続く平地を走り回る自転車」といったオランダの特徴的な風景が心地よい。停車駅で、木靴の入れ物にチョコレートを詰め合わせたオランダ土産を買って友人たちに送った。

チャップリンがオランダを通過中であることを嗅ぎつけた記者たちが、なんとか接触しようと途中の停車駅で大勢乗車してきたので、車内で臨時の記者会見と相なった。記者の一人から、「ロッテルダムであなたの胸像つきの橋が建設中ですが感想を」との質問が飛んだ。そんな話は初耳だったのだが、オランダでも人気が沸騰していることを知らされて悪い気はしない。しかし、照れがあったのか、喜びを押し殺して「そうですか。ステキですね」とあえてそっけなく答えた。平静を装いながらも、次の駅に着くや否や停車時間に電信室に走って、兄シドニーに嬉しい報告の電報を打ったというから憎めない。

その頃、ベルリンでは世界的スターの突然の来訪を新聞報道で知った関係者たちが受け入れ態勢を整えるのに大わらわだった。すでに『街の灯』の上映権を得ていたシュートフィルム社は、ドイツ映画界を代表して華やかなレセプションを行なうと発表。「ドイツ映画界は、芸術家チャップリンの映画芸術を、国境を越えた全人類のものとして尊重する方法を知っている。そのことを、この喜ばしいレセプションを通して国際映画界に示すだろう[*2]」と宣言した。しかし、あまりに突然のことで、『街の灯』のベルリン・プレミアの準備は間に合いそうにもなかった。

もっと大変だったのは、ベルリン警察だった。前日の日曜日の新聞でチャップリンのドイツ訪問を知った当局は、10時45分にベルリン市警本部長代理のゲンツ大佐が各部署に号令をかけて情報収集に努めた。当日も午前から25回の命令を出して、300人体制で警戒にあたることなどが決められた。[*3]

噂を聞きつけた群衆が駅に集まり始めた。のちに『カリガリからヒトラーへ』を著して、映画社会学のパイオニアの一人となるジークフリート・クラカウアーは、記者としてその場にいた。彼はその時の様子を、「長距離ホームは誰も自由に動けないほど混雑している。一つのホームだけでなく、他も大勢の人々でごった返している。ホームのみならず、1階の入り口や前庭もそうだ。鉄格子に押し付けられながら、彼らは待っている——子供連れの母親、労働者、若い少年少女たち。駅全体が活気づき、人であふれかえっていた」と描写している。[*4]

チャップリンが群衆を避けて、終着駅より手前のベルリン西部にあるツォー駅で降りるのではないかという噂も流れた。それを信じて駅に駆けつけた人も少なくなかったようで、夕方5時6分に列車がツォー駅に滑り込んでくると、ホームにはチャップリンと同じ山高帽をかぶった男性陣とすみれの花を持った少女たちが緊張した面持ちで並んでいた。その年のベルリンは雪が多かった。チャップリンが乗っている真っ赤なサロンカーの前は、踏み固められていない新雪に覆われていた。

列車がベルリンのフリードリヒ・シュトラーセ駅に到着したのは、3月9日の午後5時17分のこと。「すべての奇跡がそうであるように、早すぎた。時刻の2分前、力強い機関車がゆっくりとターミナル駅に入ってくる。食堂車の前の赤い客車——彼だけがその客車に乗れるのだ」。[*5]混雑緩和のために、すでに午後4時から長距離Aホームへの入場券販売が中止されていたのだが、まったくもって焼け石に水だった。駅にはロンドンを凌ぐほどの大群衆が詰めかけていた。ロビンソンに続いて、チャップリンがサロンカーから姿を現して、白髪だが日に焼けて若々しく、少年のような笑顔で帽子を振ると歓声が沸き起こった。「一瞬にして、予定されていた秩序はすべて窓から放り出された。誰もが走り、暴れ、突き進む。歓声が轟き、帽子や腕が乱暴に振られる。世界の寵児チャーリーが先頭車両の窓辺に立っているのが見えたからだ」[*6]。前年に『嘆きの天使』（ジョゼフ・フォン・スタンバーグ監督）の世界的ヒットで、「100万ドルの脚線美」としてスターの座に駆け上がった、女優で歌手のマレーネ・ディートリヒがドイツ映画界を代表して出迎えにきていたのだが、状況に圧倒されて立ち尽くしたまま駅では彼に会えなかった。

ベルリンでのチャップリン

ベルリンの若者代表による花束贈呈などの歓迎式典は、群衆で大混乱してそれどころではなくなってしまった[*7]。ラジオ局はマイクを突き出して何か喋らせようとしたが、サイレントの王様はもちろん何も喋らない[*8]。ベルリン警察は、子供のようにロビンソンに手を引かれたチャップリンの身を守りながら、やっとのことで自動車に乗せたと思ったら、間違って関係ない車に乗せてしまったというコメディのような一幕もあった[*9]。

「前回、1921年にベルリンを初めて訪れた時は、私は少しも知られていなかった」とチャップリンは「旅行記」に書いているが、それは前回の来訪時に女優のポーラ・ネグリに気づかれるまでダンスホールの最低の席に座らされた思い出があるからだろう。実際のところ、デビューしてしばらく後の段階で、ドイツでもすでに「チャーリー・カップリン」なるモノマネ俳優が現れるほどの人気者だった。

それから10年を経て人気はさらに爆発的になっていて、この日は小雪にもかかわらず駅から滞在先のホテル・アドロンまでのあいだにロンドン以上の人垣ができて、用意された車での移動も困難なほどだった。警察は交差点の全ての信号を消して、この一台のオープンカーのために交通整理をした。歓声をよく聞くと、口々に「『黄金狂時代』のチャーリー！」「『サーカス』のチャーリー！」と片言の英語で叫んでいることに気づいて、大衆の心からの歓待にチャップリンは喜んだ。結局、ホテル・アドロンまでの800メートルを進むのに1時間かかり、到着する頃には6時半になっていた。[*10]この日の出来事は、ホテル側の記録にも詳細に記されている。

チャップリンが来るという知らせが広まると、ウンター・デン・リンデンの舗道は密集した大勢の人々で埋め尽くされ、チャップリンは、握手や写真へのサインをし、あちこちに笑顔を振りまき挨拶をしながら、踏み潰されないように必死で人々の間をもがいて、車からホテルのドアまでの道を闘わなければならなかった。人々の高潮に揉まれていた彼にとっての誘導灯は、ホテルのポーターの薄青色のキャップだった。ポーターはなんとか彼を救い出して回転扉に押し込んだ。しかし、全てがうまく行ったように見えたその時、チャップリンはロビーの真ん中で立ち止まり、滑稽で困惑させる状況に自分がいることに気づいた。彼のズボンがずり落ちていたのだ！　土産物が欲しいファンたちは、ボタンを全部取ってしまっていた。彼はズボンを持ち上げて、エレベーターに向かうより他はなかった。全世界が知っているあのよちよち歩きで。[*11]

ホテル・アドロンは、今も「ここがチャップリンのズボンがずり落ちたロビーです」と誇らしく宣伝している。

やっとのことでホテルについた喜劇王がバルコニーから手を振ると、大群衆から再び歓声が起こった。ホテルは最高級の部屋である101〜114号室を、ホテルの価値を上げてくれるこの英国人に対して、245マルクという格安の料金で提供した。部屋のあちこちに花が飾られ、手紙や電報が届き、巨大な花束が運ばれ続けた。その後、ロンドンのカールトン・ホテルのモノグラム入りの大きなスーツケースが15個届いた。部屋に着いてまずシャワーで長旅の疲れを流した。

ロビーでは30人の報道陣に囲まれて、記者会見が始まった。彼は、1週間ほど滞在予定であることと、ベルリンでも刑務所訪問を希望していると述べ、たくさんのドイツの劇を見て、貧民街を歩きたいと話した。ベルリン到着の日の新聞紙面はチャップリンについての記事の方が政治面よりも大きく、ドイツでは異例のことだと報道された。[*12] 会見にはオーストリア出身の映画プロデューサー、イシドール・ゴルトシュミットも駆けつけた。

現地では、ロンドンから同行していたカート・メルリッツに加えて、劇作家のカール・フォルメラーとルート・ランツホフが、チャップリンに付き添った。ハリウッドで出会って以来旧知の仲だったフォルメラーは、マックス・ラインハルトが演出を手がけた、芝居・ダンス・音楽を融合させた壮大なステージ『奇跡』の脚本や『嘆きの天使』の共同脚本家として名を馳せていた。[*13] ルートは当時ヨーク伯爵夫人であったが、フォルメラーと恋人関係にあった。「ベルリンの隅々まで知り尽くしていた」と「旅行記」で描写されているこの聡明な女性は、一行の良き随行員となった。

かねがね「ドイツの演劇を勉強したい」と公言していたチャップリンは、着いてすぐにベルリン大劇場に向かった。ドイツのみならず20世紀の舞台演出に多大な影響を与えた名演出家マックス・ラインハルトのために建てられた、表現主義を代表する建築で名高い劇場だ。そこで、オーストリアの作曲家ラルフ・ベナツキーが手がけた『白馬亭にて』を観劇。[*14] 楽しいジングシュピール（大衆歌劇）で、ミュージック・ホール出身のチャップリンは「ただただ素晴らしい」と堪能した。[*15] 客席にいたチャップリンに気づいた俳優たちが、終演後に幕の前に出て彼を紹介すると、4000人の観客が10分間のスタンディング・オヴェイションを送った。[*16]

続いて、夜遅くには、「ベルリン北部のチャップリン」と称された当地随一の人気コメディアン、エーリヒ・カーロウの舞台「Lachbühne（笑いのステージ）」を訪れた。歌劇の最中に到着したので、最初は誰にも気づかれなかったのだが、客席を見ていたカーロウが彼の到着に気づき、嬉しさで言葉を失ってしまった。彼が演奏を中止させると観客も喜劇王に気づいた。その時、「悲鳴がヴァインベルク通りの地下室に響き渡った。チャップリンが庶民と、そしてベルリン最初の夜に、限りない熱狂を引き起こしたのだ」。カーロウは涙を浮かべて、「私の人生で最も幸せな日は、妻のリュシーと出会った日です。二番目に幸せな日は、今日、世界で最も偉大な俳優が私の小さな劇場に来てくれたことです」とチャップリンの元にひざまずいた。[*17] 喜劇王の物真似をしたかと思えば突然チャップリンにキスをして、またチャップリンも英語とドイツ語でスピーチをするなど、二人の即興のパフォーマンスは大いに客を沸かせた。

実は、カーロウについては、ヒトラーとも接点がある。ある時、カーロウがヒトラーについて平凡なジョークを言ったところ、ヒトラーは「戦略的」に愛想笑いをしたとのこと[*18]。庶民のユーモアを分かち合うチャップリンと心からは楽しめないヒトラー。二人の違いがカーロウを通して浮かび上がる。

狂気の「散歩」

ベルリン2日目の3月10日。

早朝からホテルの周りを大勢が取り囲み、チャップリンが姿を現すのを待ち構えていた。チャーリーの格好をして会いに来たファンはホテルマンにつまみ出された。放浪紳士の扮装で舞台に立っていた芸人が、「他人の栄誉で金を稼いだ」という理由で詐欺罪に問われ、デュッセルドルフ市裁判所から罰金1000マルクの刑に処されたことが話題になっていた[*19]。

ロンドンの時と同じく、ホテルには、各界からの会合やパーティーへの招待状が山のように届いていた。「放浪者のメイクで5分間舞台に登場してくれたら、大金を支払います」と言ってきた劇場から、「宣伝のために商品を持って写真を撮らせてください。ギャラは50万マルクで！」と手紙を送ってきたタバコ会社まで、破格のオファーが次々と舞い込んでくる。

もちろんチャップリンはいずれにも興味を示さず、また上流階級との社交よりも、まずは普通の市民の暮らしを知りたがった。高野は、チャップリンがベルリンで人目を忍んで長い散歩に出たことを覚えている。二日目の午前の消息が記録には残っていないので、その時だったのかもしれない。高野も「一緒に散歩に行こう」と誘われたが、彼は丁重に断った。というのも、チャップリンの散歩は常軌を逸しているからである。

チャップリンは大変な散歩魔だった。それまでも高野は、ハリウッドでアイディアを練りながら歩き続けたチャップリンから、「どこにいるかわからなくなった。車で迎えに来てくれ」と電話で呼び出されるなど、ボスの散歩には悩まされていたのだが（それにしても、高野は場所が分からないのにどのようにして迎えに行ったのだろうか）、なかでも最大の惨事は1928年のニューヨーク滞在時に起きた。

ある日、チャップリンは、マンハッタン北部の96丁目にあった顧問弁護士ネイサン・バーカンの家から高野を連れて歩き始めた。80丁目、70丁目と歩き続けて、まさかここまで来るとは思っていなかったブロードウェイの劇場街も過ぎてしまい、30丁目、20丁目とそのままダウンタウンを縦貫して、マンハッタン島の先端についた。そこまで、直線距離にして約10キロメートルの道のりである。高野は長いハイキングの後の達成感で一杯だった。

さて、バーカンの家に戻ろうとタクシーを探し始めた時、高野は信じ難い光景を目にする。なんと、チャップリンは1分もたたないうちに元の方向に向かって歩き始めたのだ。高野はあっけに取られたまま彼の後を追った。

途中、ミッドタウンでチャップリンは好物のパンケーキの店を探し始めた。早く店に入って休みたい高野は、日本の八百万《やおよろず》の神に「パンケーキの店が見つかりますように」と祈ったが、夕方のニューヨークで空いている飲食店はない。この頃になると高野の足はもはや体の一部ではなく、自動的に動いていた。限界をとうに越して、もはや感覚を失っていたのだ。驚くべきことに、チャップリンはまったく疲れている様子もなく歩き続けていた。

とうとう、目的地まであと2ブロックに迫った94丁目で、高野は崩れ落ちた。歩きながらずっと考え事をしていたチャップリンは、背後で倒れ込んだ秘書に気づいて、申し訳なさそうに、

「タクシーを呼ぼうか」

と言った。

タクシー？　どうして今頃？　高野はヒステリックに笑った。

「あと2ブロックで？」高野はまくしたてた。「一人でどこか行ってください。僕のことは放っておいて。明日までに僕が戻らなかったら霊柩車でも呼んでください」。

高野はその場で30分休んでから、バーカンの家に戻った。翌日は一日中寝込んだ。

一方、チャップリンは、高野に言われた通りすぐに一人で歩き始め、42丁目まで5キロメートルほど戻って、念願のパンケーキを食べてから、また歩いて96丁目まで戻った。

その日、チャップリンが歩いた距離は約30キロメートル。高野はボスの「散歩」について、「あれは、彼が〝散歩〟と間違って名付けた耐久コンテストだ」としている。[*20]

その一件以来、高野はチャップリンとだけは散歩に行くまいと心に決めていた。というわけで、チャップリンはその日の犠牲者であるロビンソンを連れて、ベルリンの街を長いこと散歩した後ホ

テルに戻ってきた。

労働者街の探訪　ドイツの芸術家との交遊　そして、新たな恋

正午に『街の灯』のドイツでの配給権を獲得していたシュートフィルムの経営陣と打ち合わせをした。ベルリン・プレミアは3月26日に決まった。ホテルには多くのマスコミが訪ねてきたが、静かにベルリンを楽しみたいチャップリンは部屋に閉じこもったまま出てこなかったので、代わりにロビンソンが取材に応じた。

午後は、ルートの案内で、労働者階級が多く住む地区を車で回った。労働者政党は、弱者の味方であるチャップリンの人気にあやかろうと、労働運動にとって象徴的な工場や広場での集会に来てもらうように誘致したが、チャップリンはそれらを賢明に避けた。その代わりに、彼は旧市街の路地を約束なしで訪れては地元の子供たちと交流した。映画界のアイドルを発見した子供たちは、大喜びで話しかけた。

夕方の6時半までたっぷりと街をまわった後、夜7時には迎えの車が来て、イギリス大使サー・ホレイス・ランボルド邸での晩餐へと出かけた。イギリス大使館はチャップリンのために、メトロポール劇場で上演中の、ハンガリー出身の作曲家エメリヒ・カールマンによるオペレッタ『モンマルトルのスミレ（*Das Veilchen vom Montmartre*）』のボックス席を予約していた。[*21] 噂を聞きつけた何百人もの観客が、チャップリンを見るためだけにチケットを買って、公演を見ずにホワイエで待ち構えていた。ここでも幕間に、出演者に対してよりも大きな拍手を受けた。[*22]

その後夜遅くに、マックス・ラインハルトの主催で、ドイツの映画・演劇関係者によるチャップリン歓迎パーティーが行われた。会場となったフォルメラーのアパートでは、『嘆きの天使』の音楽をはじめ、のちにハリウッドに渡りアカデミー音楽賞に4回ノミネートされた作曲家のフリードリヒ・ホレンダーがピアノで喜劇王をもてなし、歌手たちが美声を競った。チャップリンはお返しに闘牛のパントマイムなどをやって見せた。パーティーのゲストたちは彼のパフォーマンスに感嘆し、誰もが彼の後に踊る勇気を失ってしまったので、チャップリンが率先してタンゴを踊り始め、場は大いに盛り上がった。そこには著名な舞踊家のラ・ジャーナもいて、美しい踊りを披露した。

ラ・ジャーナとの出会いについては、高野の回想では大きく異なっている。ベルリン二日目の、例の長い散歩の間、高野が部屋に留まっていると、二人の女性がチャップリンを訪ねてきたので、ボスが戻ってきたら驚かせてやろうとルームサービスで二人にディナーを注文し、そのまま部屋で待たせていた。しばらくしてチャップリンが戻ってきた。当時彼はロビンソンと不仲になっており、大声でロビンソンの悪口を言いながら部屋に入ってきたが、女性たちを見ると機嫌が直った。やがて、チャップリンから高野への「眉の動きによる電報」で、ラ・ジャーナと二人きりになりたいというボスの希望を受信した高野は、もう一人の北欧美人を連れ出して一夜を共にした。翌日、チャップリンはラ・ジャーナをフォルメラーのアパートに連れて行った、という顛末だ。

高野も話を面白おかしく脚色する男なので、信憑性について判断はできないが、いずれにせよ、素晴らしいダンサーであったラ・ジャーナとはすぐに意気投合し、二人は深い関係になる。

国会議員たちとの対話　刑務所見学

翌11日の午後に、数名の国会議員たちから招待されたお茶の席で、チャップリンは第一次世界大戦後のドイツの窮状を知ることになる。

議員たちは国の経済の将来について一様に悲観的で、「もう一年、このまま続けていくのは不可能だ」と口を揃えて言った。このまま続けていくのは不可能だ、とは何を意味するのだろうか。そう思ってチャップリンが尋ねると、「破産です」という答えが返ってきた。国が破産状態になり、軍人や役人も給料をもらえなくなる。すなわち、ドイツは早晩無政府状態に陥る、と議員たちは予測していた。「青年たちが立派な教授のもとで学問をおさめ、大学を出たとしても、失業者の仲間に入って、パンのために苦労する」と生々しい現状が彼らの口から繰り返された。

第一次世界大戦で敗戦国となったドイツは、戦争の反省を踏まえて民主国家として生まれ変わった。だが、ヴェルサイユ条約によって軍備は制限され、多額の賠償金の支払いに苦しみ、国民は未曽有のインフレに喘いでいた。1930年から1931年にかけて、ドイツの失業率は22・7%から34・7%に上昇していた。当時第一党だったドイツ社会民主党が提唱する弱者救済政策の物足りなさを、共産党は痛烈に批判して支持を伸ばしていた。

そんな二つの労働者政党間の対立を尻目に、ナチ党が急速に勢力を広げていた。少なからぬ人々が味気ない近代よりも過去への郷愁にかられた。清く正しい民主主義よりも、暮らし向きが良かったかつての大国ドイツの誇りを取り戻したかった。そして、ユダヤ人が大会社や銀行を牛耳って富を独占しているとして、「パンのために苦労する」大衆の間で反ユダヤ主義が広まっていた。鬱屈する国民感情はファシズムにはけ口を求めたのだ。

何もないところにヒトラーなる怪物が登場したわけではない。この時、ファシズムが伸長する絶望的な土壌を皮膚で感じた経験は、のちの『独裁者』の構想に大きな影響を与えることになる。

夕方5時15分になって、ホテル・アドロンを自動車で出発した。行き先は、彼の趣味とも言える刑務所見学だ。アレクサンダープラッツにある刑務所は、鉄格子もない普通の建物で、カードで遊んだり本を読んだりしている囚人たちの様子にチャップリンは驚いた。アルベルト・グシェジンスキー署長によると、経済的な事情で獄中にいることを望むものと、政治犯が多いとのことだった。この時足を伸ばした警察博物館での、殺人の被害者、変質者などのゾッとするような写真展示の数々は忘れたくても忘れられない記憶となって長く残った。

ホテルに戻ってディートリヒとお茶を飲んだ後、夜は「スカラ座」へと繰り出した。ここは名称こそイタリアはミラノのオペラハウスに因んだものだが、中身はヴァラエティ劇場で、ヴォードヴィル出身のチャップリンは大いに楽しんだ。

また、別の機会にはベルリン名物のキャバレーにも足を運んだ。チャップリンの回想によると、ショーの内容は二人の女装した男性が踊るもので、「口には出せないような見せ物」も特別に見せてもらったとのこと。しかし彼は、そこにある種の観光客向けの演出を感じ取り、あまり感心しなかったようだ。

むろん、チャップリンが「男性・女性」の枠組みを逸脱する性のあり方に偏見を持っていたわけではない。彼は異性愛者であったが、「彼は、何世紀にもわたって芸術を支配してきたのは、同性愛者の優れた芸術家たちであるということを知っていた」と高野も証言している。[*23] メジャーな映画の中で初めてそれとわかるように同性愛のモチーフを描いたのも、『舞台裏』（1916年）における チャップリンだった。多様で自然な性の形を、子供も含めて世界中の人が笑えるコメディで描いていたチャップリンにとって、「口には出せないような見せ物」は合わなかったのだろう。

チャップリンが、映画監督フリードリヒ・ヴィルヘルム・ムルナウの訃報を受けたのは、「スカラ座」での公演が終わろうとしていた時だった。長年アメリカで活躍した監督であり、チャップリンの友人でもあった。「彼はドイツがハリウッドに送り込んだ最高の人物の一人だった」とチャップリンはその死を悼んだ。[*24] 彼は一人になりたかった。迎えの車を追い払い、夜の雪道を長い時間かけて歩いてホテルに戻った。

「やっと休息を取ることができた」？

その年のベルリンは数十年ぶりの大雪に見舞われていた。「ここ数日、ドイツ全土に降り積もり、現在もいたるところで降り続いている大雪は、ベルリンも冬のマントで覆った。短い中断を挟んで24時間雪が降り続いている。積雪の深さは15～20センチだ。この時期、ベルリンでは何十年も見られなかった珍しいことだ」。[*25] 前夜に極寒のなか長時間歩いたチャップリンは、すっかり風邪をひいてしまい、12日に訪れるはずだった国会議事堂、ホームレス保護施設、そして喜劇『ケーペニックの笛吹き男』観劇などの予定をすべてキャンセルした。新聞には、大歓迎の熱狂から逃れて「やっと休息を取ることができた」[*26] と書かれた。

しかしながら、これがまさに束の間の休息に過ぎなかったことがのちに明らかになる。

新たな騒動の発端は、翌13日の金曜日の午前に出た新聞記事だった。

1918年に自由社会主義青年団により発刊された新聞『ディー・ユンゲ・ガルデ』は、この頃にはドイツ共産党青年組織の中央機関紙となっていた。同紙によると、11日の水曜日の朝に、記者が電話でチャップリンにインタビューを申し込んだところ、案の定カーライル・ロビンソンから「申し訳ございませんが、チャップリン氏は取材には応じられません」と返答があった。しかし、記者は、以前の記事で「チャップリンさんは労働者階級の報道機関のインタビューだけは応じたい」と言っていたと食い下がった。「でも、彼は疲労困憊で報道陣に会うどころではありません」。その時、ロビンソンの声が明るくなった。「もしもし？ チャップリン氏は取材への準備ができたようで、電話で少しだけ話すかもしれません。ちょっとお待ちください」。記者は期待に満ちた沈黙の時間を過ごした。そして、思いがけないことに、チャップリン本人の、疲れ切ってはいたが緊張した声が記者の耳に届いた。「ドイツの共産主義者の若者たちへ、私の心からのご挨拶とお見舞いを申し上げます」。そこで電話は切れた。*27

……そんな内容の記事が掲載されたのは、13日の午前のこと。チャップリンが、突如電話を代わって見ず知らずの人に「心からのご挨拶とお見舞い」を表明したとは思えないし、そもそも「抑え係」のロビンソンが単一の政党からの電話取材のためにボスを電話口に呼ぶはずもない。後から問題に巻き込まれるに決まっているからだ。

この記事が明白な捏造記事であるのは、紙面での出方でもわかる。もし本当にチャップリンがそのように言ったのなら、大スクープとして一面を飾り、共産党は党勢拡大に利用するはずだ。しかし、同紙はいささか慎ましやかに掲載し、4日後には「チャーリー・チャップリンが共産主義者でないことはよく承知している」が、「映画会社や秘書の囚人」であるブルジョアの映画スターたるチャップリンは、「プロレタリアートとともに考え、感じている」のだ、などと実際に発言があったのかどうかには触れなくなり、実質上元の記事を取り消している。要するに、「発言」の記事は、チャップリンに労働者の味方であってほしいという願望の表明だった。

記事が出た13日の午後1時に、チャップリンがヨーゼフ・ヴィルト内務大臣を表敬訪問した時、すでに記事を読んでいた大臣は不快感と困惑を隠さなかった。

ヴィルトは、カトリック系中道政党である中央党の出身で、1921年にはドイツ史上最年少の首相に就任している。左右双方の急進派に厳しく対応し、バランスを取ることに腐心していたが、チャップリンとの面会の七ヶ月後にはナチスに対して他の閣僚よりも厳しい考えを表明したためにヒンデンブルク大統領の不興を買い辞職に追い込まれることになる。バランスを重視するヴィルトが記事に不快感を覚えたのは、その内容云々よりも（彼は3月26日の『街の灯』ベルリン・プレミアに出席しており、チャップリンへの関心を失ったわけではなかった）、記事がきっかけで各党派が騒ぎ始めることを心配していたのかもしれない。

この日の夕方、チャップリンはヒンデンブルク大統領と食事をするはずだった。しかし、元帥は土壇場で体調を崩したとのことで、夕食会はキャンセルとなった。のちにヒトラーを首相に据えることになる人物は、その朝の新聞記事にいらだったのかもしれない。そもそも彼は以前、チャップリンの『担へ銃』でチャーリーの捕虜になったことがあるのだから無理もない。

ともあれ、予定のなくなったチャップリンは夕方ホテルに滞在していたわけだが、折良くというべきか折悪しくというべきか、そこにドイツの映画界・演劇界・音楽界の失業中の労働者代表と自称する男たちが押しかけてきて、[28] そのうち4人が部屋に通された。

各国の失業問題に心を痛めていたチャップリンは、彼らの主張に丁寧に耳を傾けた（多くの人の証言によると、チャップリンは素晴らしく聞き上手だった）。そして、彼らの苦境は心から気の毒に思うが、アメリカの映画界の状況はもっとひどく、ハリウッドに7万5000人もの失業者がいることについて話した上で、労働時間を短縮して1日6時間労働、週休2日にすれば、ワークシェアリングが進んで失業問題も解決すると持論を展開した。

彼らは熱心な討論し、チャップリンはじっと考え込んでいる様子だった。両者の面会を早く切り上げてほしいロビンソンは、何度も退席を促したが、失業問題の解決を真剣に考えていたチャップリンは長時間にわたり若者たちと語り合った。

マスコミからの攻撃

果たして、事態はロビンソンが心配していた通りになった。14日の朝、新聞各紙を開いた時には頭を抱えたに違いない。

保守系の新聞「ベルリナー・ベルゼン・ツァイトゥンク」が、ドイツ共産党青年組織の機関紙に載った小さな捏造記事に噛み付いて、「チャップリンが共産主義青年への同情を示した」と1面で取り上げた。それだけでなく、かつて1918年に公開された『担へ銃』について、「あの戦争映画で演じた役柄についても、非難されなければならないだろう」と論じた。[*29]

第一次大戦の戦場を描いた『担へ銃』は、史上初めて戦争を題材にした喜劇にして、塹壕での兵士の悲哀を描いた初の厭戦映画として名高い。しかし、夢の中で兵士チャーリーがドイツ皇帝とヒンデンブルク大統領らを捕らえるシーンには、当然ながらドイツ国民は複雑な感情を持っていた。むろん、チャップリンは、アメリカ政府の要請で製作した戦時公債宣伝のための短編『公債』（1918年）でも、ドイツ表現主義を模した背景セットを採用するなど、皇帝による戦争に反対すると同時に、ドイツ人が生み出した芸術へのリスペクトを表明している。そのことは、ベルリン滞在中に当地の芸術鑑賞に足繁く通ったことでも明らかだ。

だが、同紙は、ドイツ人があえて触れてこなかった『担へ銃』をわざわざ蒸し返して、反チャップリン感情に火をつけようとした。

さらに翌日には、ドイツ共産党の機関紙『ディー・ローテ・ファーネ（赤旗）』が、前日にアドロンの部屋で行なわれたチャップリンと映画・演劇・音楽業界の失業者代表との会談の様子を、詳しく報道した。その中で、失業者代表たちは、ドイツでは政権与党の社会民主党によって労働者たちが裏切られたことを非難し、共産主義社会の実現を訴えていた。記事ではその主張にチャップリンも共感しているように書かれていた。[*30]むろん、これもチャップリンの名声を利用した宣伝記事だった。彼は弱者の視線で映画を作り続け、人間の平等を希求していたが、生涯を通して共産主義を含めて単一の政党を支持したことは一度もなく、個人の自由が何より大事であると考えていた。

しかし、この記事に、ナチ党ベルリン支部の機関紙『デア・アングリフ』が噛みついた。それまでも、ことあるごとに『デア・アングリフ』紙は、チャップリンを執拗に攻撃していた。この章の初めで大陸に渡る際にフルトヴェングラーと同船したことを書いたが、そのせいで「チャップリンばかり注目されドイツの偉大な指揮者の帰還が話題にならなかった」という言いがかりのような非難に始まり、ベルリン来訪も「アメリカ映画のユダヤ人の財源は干からびてしまった。それでチャップリンは少し旅に出ることになった[*31]」とまったく事実と反することを書いていた。チャップリンがベルリン到着した際の大群衆の歓迎については、「熱狂的に彼を歓迎し、喝采し、ヒステリックな女性のようにこのユダヤ人の車の周りに群がり、彼の足元に身を投げ出すほど哀れで人々は愚かであった[*32]」とその人気への嫉妬を隠そうともしなかった。

そして、15日に共産党機関紙にチャップリンが共産主義に共感したとされる「発言」が載ったことで、ナチスは激高し、「チャップリンは間違いを犯した。そのような共産主義的な考えと縁を切らない限り、我々はホテル・アドロン前でデモを行なう[*33]」と脅迫した。

チャップリンは、「私は、ドイツの政治、あるいはイングランドやアメリカの政治について、何も知りません。私は政治を気にしているわけではありません。私はただ映画を作る人間であり、政治が私に影響を及ぼしたことはありません[*34]」と記事を否定する声明を出したが、ナチスの攻撃は止まなかった[*35]。

では、ドイツ政府・与党との関係は良好だったかと言うと、ここに来てそれも怪しくなってきた。と言うのも、政府は貧者へのチャリティキャンペーンである「ベルリン冬季救済」のマスコットとしてチャップリンに稼働するよう依頼したのだが、当然ながらチャップリンは断ったからだ。むろん、どこにいっても大群衆に取り囲まれ、著名な文筆家クルト・トゥホルスキーやエーリヒ・ケストナーが来訪を歓迎する詩を発表するなど、大多数はチャップリンを支持していた。しかし、いかなる政治的立場にも与せず、あくまで個人の自由を貫いたチャップリンは、政情不安にあるドイツでマスコミからの集中砲火を浴びていた。

サンスーシ宮殿訪問

そんな混乱の中、その日14日の夕方に、[*36] チャップリンはプロイセン王家のハインリヒ王子の案内で、ポツダムのサンスーシ宮殿を訪れた。「旅行記」には、サンスーシ宮殿訪問に「フィリップ・サスーンがイギリスからやってきて同行することになっていた」とだけ書かれており、どうやらサスーンがベルリンまで来た本当の理由をチャップリンは知らなかったようだ。

前章の最後で、マクドナルド首相からの歓迎パーティーへの招待を断って大陸に出発したと書いたが、当然ながらそのことで首相周辺とは気まずい雰囲気になっていた。双方の関係者たちで話し合い、「チャップリンは、ドイツから急用で呼び出され、出発しなければならなかった」という話をでっち上げて、チャップリンから首相へ詫びの手紙を出すことで丸くおさめようということになった。しかしながら、極端な筆不精の彼がそんなことをするはずもない。仕方なくサスーンはわざわざベルリンまでやってきて、「詫び状」の手配を整えた、というのがことの真相だった。チャップリンがサスーンの来訪の真の目的に気づいていた形跡はないので、おそらくはサスーンが詫び状を用意して、喜劇王の機嫌のいい時にうまいことを言ってサインでもさせたのだろうか。いずれにしても、名門サスーン家の準男爵がわざわざベルリンまで来なければならなかったとは、天才の気まぐれの後始末は大変である。

チャップリンはどこであれ宮殿を「贅沢を見せびらかすため」に「度を越えて尊大な慢心が築き上げた」[*37]ものとして毛嫌いしていた。ただ、サンスーシについては面白い逸話を高野が覚えている。宮殿嫌いを正直に告白したチャップリンに、ハインリヒ王子は「でも、サンスーシは趣味の良いものですよ」と案内した。その後、実際にサンスーシに入ると、チャップリンは特にヴォルテールが滞在していた部屋を見て感嘆の表情を浮かべ、庭の美しさには圧倒されていたという。――おそらく、その反応はチャップリンの演技であり、自分をもてなしてくれたハインリヒ王子を不快な気持ちにさせないためのエレガントな気遣いだろう。筆者が、1961年にチャップリンが最後の来日を果たした時の通訳である与倉正明氏から聞いた話だが、伝統文化が大好きだった喜劇王は高度経済成長を遂げた戦後の「近代的な」日本の姿にはあまり感心していない様子だったという。ただし、与倉氏にも周囲にも、チャップリンは「がっかりした」などとは絶対に言わなかったとのこと。「チャップリンさんは、常に周りを気遣う人でした」と氏は教えてくれた。

ということで、実際のところは、サンスーシも「化粧箱のよう」[*38]と、あまり楽しめなかったようだ。それよりも、彼はむしろ貧民街を歩くことを好んだ。ベルリンの「綺麗に磨かれた通り、心地よい建物、そして輝くドアの表札」[*39]が好きだったのだ。

その晩は、フォルメラーの案内で、「労働者劇場」に赴き、そこで見たモルナール・フェレンツ作の『リリオム』の演出、特に回転舞台と幻灯機を使って背景に場面を写す装置の巧みさに感銘を受けた。主演をしていた俳優ハンス・アルバースの才能を高く評価し、二人で朝まで演技について語り合った。

アインシュタイン博士との再会　二人の天才の対話

14日の朝、ホテル・アドロンの電話がなった。声の主はその日52歳の誕生日を迎えたアインシュタイン博士だ。ちょうど前日にアメリカから客船ドイチュラント号で戻ってきていたのだった。荒天に見舞われて18時間遅れでハンブルクに到着した博士が、すぐに電話をしたことからも、二人の友情がうかがえる。そんなわけで、翌15日午後、チャップリンはアインシュタイン博士邸を訪れた。

前章で述べた通り、チャップリンはアインシュタインを『街の灯』のワールド・プレミア上映に招待し、その折に自宅でもてなしていた。チャップリンは、ご馳走の後の余興として、幼い日本の子供達による踊りをアレンジした。踊り手の少女のうちの一人がサインを求めてきた。チャップリンはドタ靴の絵を描いて、アインシュタインは相対性理論の方程式を書いた。博士は二つの「絵」を見比べて、「でも、君の絵の方が面白いね」と言った。喜劇王は「この子にとっては私の絵の方がわかりやすいでしょうね。私にとっても。他の大勢の人にとっても」と笑って返した。喜劇王は、博士の飾り気のない親しみやすさと、「極めてうまいユーモア」に惚れ込んでいた。

ベルリン郊外の博士宅まで行くと、それが世界的な物理学者にしては非常につつましやかな住居だったことに、チャップリンは驚いた。

チャップリンによるアインシュタインの印象を引用しよう。

その目はすべてのものの単純さをはっきりと見ているかのように思える。額に皺はない。私たちの視界を曇らせる思考の表面にある複雑さはすべて彼によって払い除けられ、彼はただ根本だけを見ているのだ、と感じられる。彼の会話の声は霊感を得たささやきのようだ。彼の人間性には温かみがある。[*40]

アインシュタインの妻エルザは、手作りのドイツ菓子をふるまいながら、夫について面白おかしく話し始めた。普段は怠惰な夫だが、急に何日も自室に籠ったかと思うと、憔悴《しょうすい》しきって部屋から出てくる。そんな時、妻は何も話しかけないし、コーヒーすら出さない。博士はピアノの鍵盤に指を走らせていたかと思うと、ふいに「ママ！ すごいアイディアを思いついたよ」と叫んで部屋に戻って何かを書き上げた――一般相対性理論はそんなふうに出来上がったとのこと。

娘マルゴット（妻と先夫との次女）はひとかどの彫刻家だった。チャップリンが作品の一つを指して、「美しいですね」と言うと、博士は「良かったらお持ち帰りください」と言い出したので、懸命に辞退する羽目になった。

この面会の時に、博士の息子エドゥアルトはチャップリンを評して、

「あなたは、大衆に理解されるから人気があります。反対に、私の父は、大衆に理解されないから人気なのです」と奇妙な逆説を説いた。

チャップリンが「人々は理解できないことがあると非難するでしょう」と問いかえすと、「科学は素人にとっては巨大な謎です。人々は、ほとんど知らない分野における、ちまたで宣伝されている私の父の偉大さをそのまま全部鵜呑《うの》みにしているのです」とエドゥアルトは返した。——この発言は、現代のメディア社会の真実を突いているようにも思える。巨大な謎であっても、宣伝の力で鵜呑みにさせる。「宣伝、宣伝だ。それが信仰となり、なにが想像でなにが現実かわからなくなるまで宣伝することだ[*41]」と言ったヒトラーが政権の座に着くまで、あと2年弱にまで迫っていた。

そんな世相を映して、やはりここでも世界の危機について討議することになった。彼は、この問題についての自分の考えがどう受け入れられるかを、各界の偉人たちに試していたのだ。

チャップリンは話を切り出した。——歴史上、何度も深刻な経済危機は繰り返されてきたが、その都度新しい産業が起こったりして、それを乗り越えてきた。しかし、今回は恐慌を乗り越えるような革新は見当たらず、機械化が進んで人力の必要性が減るばかりで、日用品の価格は安くなったが仕事が減り暮らしが苦しくなる人も増えた。「人間は、機械で生産するものを消費するために存在する手段にすぎなくなっています」とチャップリンは憂えた。

対して、「人を飢えさせないための、抜本的な変化が必要です」とアインシュタインも応じた。そのために、どうするべきか。チャップリンは持論である、労働時間の短縮、紙幣の増発、物価の統制を唱えた。アインシュタインは「君はコメディアンじゃない。経済学者だね」と微笑んで、「チャーリー・チャップリン、航海中の経済学者へ」とサインをした。

お返しに、チャップリンもアインシュタインにサインをすることになったのだが、果たしてどんな言葉を添えればいいか。博士が、「ブルータスよ、お前もか？」にすればどうでしょうかと微笑んだので、チャップリンはそうしたためた。

ベルリンを離れて

アインシュタインとも再会できたことで、いよいよベルリンで思い残すことはなくなった。新博物館でネフェルティティ像を見た途端その美に魅せられ、ベルリンのお土産として彫刻師に複製を注文した。その胸像はチャップリンが亡くなるまで自宅に飾られることになる。

最後の晩はラ・ジャーナとホテル・アドロンで食事をした後、二人で名残のタンゴを踊り続けた。チャップリンは、彼女のダンスの魅力をなんとか言い表そうと努めた。

「あなたは、ダンスのなかで異国的な寂しさを表現しているようだ——なにか見知らぬ美を追い求めながら。そんなダンスのクオリティこそ、あなたの本当のパーソナリティを作っているんだね」

ラ・ジャーナはためらうような声で、

「チャーリー、あなたを愛してる。鋭い感性を持つあなたを。二度と会えないかもしれないけど、後悔はしない。だって、私たちはお互いの巡礼の途中で出会ったのだから。あなたがこの世界にいて、この世界の一部であるということをわかっただけでよかったのです」[*42]

旅行記のベルリンのページは、こんな情熱的な別れの言葉で締め括られている。ナチスからの絶えざる攻撃に共産党青年組織の「架空電話」に端を発する騒動など多くのトラブルは、「旅行記」にも『自伝』にも記さなかった。

チャップリンはベルリンから出発することを誰にも告げず、マスコミに嗅ぎつけられないように腐心した。到着した時とは対照的にひっそりとした駅は、チャップリンがそう望んだとは言え寂しい旅立ちだった。どこから聞きつけたのか、フォルメラー邸でのパーティーに来ていた魅惑的な女優ベティ・アマンが見送りに来ていた。二人は抱きしめ合い、4回キスをした。客車に乗り込んだチャップリンは突然大声で歌い始め、ホームで見送るベティへの愛を告げた。

前夜にラ・ジャーナと情熱的にタンゴを踊ったはずなのに、今日の別れ際にはベティに愛を歌う。これも自由人チャップリンのなせる技か。群衆から大喝采を受け、文化人から歓迎攻めに会い、政治闘争に巻き込まれ、絶賛とバッシングにもみくちゃにされながらも、芸術と奔放な恋愛を楽しむ。どんな状況でも変わらぬ放浪者は、10時50分発の夜行列車でウィーンへと向かった。

ナチスとチャップリン

ここでチャップリンとナチスについて触れておこう。

今回のベルリン訪問の9年後に、チャップリンは『独裁者』を公開し、第二次世界大戦において破竹の勢いで進撃するヒトラーに真っ向から闘いを挑むことになる。

実は、両者の最初の直接対決は、このベルリン来訪時のフリードリヒ・シュトラーセ駅で行なわれていた。

ナチ党の幹部で、のちにナチ政権下では国民啓蒙・宣伝大臣を務めることになるヨーゼフ・ゲッベルスは、駅に100人ほどの工作員を配置して、チャップリンの到着とともに罵声を浴びせて騒ぎ立て、歓迎を妨害しようとした。しかし、駅にはそれをはるかに上回るファンの大群衆が詰めかけて大歓声をあげた。チャップリン人気の前になす術もなく、ゲッベルスの工作員の声はかき消されてしまった。というわけで、チャップリン対ナチスの初の直接対決は、本人の知らないうちに喜劇王に軍配が上がっていた。

ゲッベルスは来訪翌日の『デア・アングリフ』紙でチャップリンを激しく攻撃したが、大群衆が訪れたことは認めざるを得なかった。ゲッベルスは、のちに、映画『さまよえるユダヤ人』（1940年）を製作し、駅でチャップリンを迎える大群衆の映像に、「ユダヤ人の軽業師チャップリンに対して、無垢なドイツ人たちが、死に追いやる敵とは知らずに拍手喝采しています」と悔し紛れのナレーションをつけた。

後に公開となる『独裁者』

それにしても、なぜナチスがそこまでして、ドイツでのチャップリン・ブームに水を差したかったのだろうか？――その答えとは、むろん彼が「退廃的」なアメリカ文化を象徴するものであったという点も大きいが、「チャップリンはユダヤ人である」とナチスが思い込んでいたからである。

ドイツの民衆に大きな影響力のあった彼が「ユダヤ人」であることは、ナチスにとって都合が悪かった。しかも、よりによって、その「ユダヤ人の人気道化師」がヒトラーと同じ髭をつけているとなれば、イメージ戦略を最重要視するナチスにとって大きな障害だった。

ヒトラー研究家のヨアヒム・フェストによると、ヒトラーが発明した最大の政治手法とは、敵を一つに定めたこと、すなわち社会の不安の元凶はユダヤ人であると限定したことだ。[*43] そして、敵に対する憎悪をメディアで増幅させて民衆を煽動した。

ところで、チャップリンはユダヤ人ではない。父方も母方も四代遡ってもユダヤの血は流れていない。「ユダヤ人かどうかについて答えることは反ユダヤの術中にはまる」というのが彼の持論だった。同時に、ユダヤ人かと問われた時の答えは、極めて洗練されている。1921年にイギリスに向かう船上で、ある少女に「おじさんは、ユダヤ人なの?」問われた時は、「私はユダヤ人じゃないよ。でも私の中のどこかにユダヤ人の血が混じってるんじゃないか、とこれは希望なんだが、そう思いたいね」[*44] と答えている。これは現代人も見習うべき人権感覚と言えるだろう。いまだに、「チャップリン=ユダヤ人説」が根強いのは、反ユダヤ主義に抗した彼の沈黙のたまものでもある。

実は、ナチスも当初はチャップリンを意識していなかった。『キッド』がドイツで「世界的映画《ヴェルトフィルム》」と銘打って大ヒットを記録した1920年代前半も機関紙では一言も触れられていないし、兄シドニーの主演作『チャーリーの伯母さん』が、1925年11月に公開された時は、ナチスの機関紙『フェルキッシャー・ベオバハター』は映画を絶賛し、シドニーを「かの有名なチャーリー・チャップリンの兄です」と好意的に紹介している。[*45] ちなみに、チャールズと兄シドニーとは父親が異なり、チャップリン兄弟は兄シドニーの父はユダヤ人だと信じていた。

対して、1925年秋に、『キッド』の名子役ジャッキー・クーガンがヨーロッパ漫遊の一環でドイツに立ち寄った際、ゲッベルスが、なにを勘違いしたのかユダヤ人ではないクーガン少年のことを「ちびのユダヤ少年」と罵る文章を発表した。それがきっかけになり、ナチス支持者たちはクーガン出演作のボイコットを呼びかけた。*46

ナチスは、ユダヤの血を受け継ぐ（とチャップリン兄弟は信じていた）兄シドニーの映画を絶賛し、ユダヤ人ではないクーガン少年の作品を排除した――つまり、事実はどうでも良く、自分たちが監督や出演者のことをユダヤ人だと「認定」すればバッシングしたのである。

さて、ナチスのチャップリン攻撃は1926年に突然始まった。

チャップリンの代表作の一本『黄金狂時代』は、同年2月18日にベルリンのカピトール劇場でドイツ・プレミア上映が行なわれた。ドイツの有力映画雑誌『イルストリールター・フィルム・クーリエ』は、それにあわせて『黄金狂時代』特集号を組み、ラインハルトをはじめドイツの著名映画・演劇人たちがコメントを寄せた。観客は熱狂し、ロールパンのダンスのシーンでは、アンコールの声が上がって、映写技師はフィルムを巻き戻して同じシーンをもう一度上映したほどだった。

ところが、この時ナチスが噛み付いた。映画の内容に対してではない。『黄金狂時代』特集号にコメントを寄せたラインハルトら芸術家三人が、すべてユダヤ人だ」というのが攻撃の理由である。「ユダヤ人が褒めた映画を作った」ということは、「チャップリンもユダヤ人に違いない」ということになり、ナチスの冊子では「チャールズ・チャップリン　ユダヤ人の軽業師。本名はイズラエル・ゾーンシュタイン」と勝手に名前まで捏造されてしまった。

かくしてチャップリンはナチスにより「ユダヤ人認定」され、『黄金狂時代』のベルリン・プレミアから約1ヶ月後の3月24日付の『ベオバハター』紙は、チャップリンをユダヤ人だとして激しく攻撃し、「この映画は周知のごとく安易な模倣である」と(どこにも「周知」されていないのだが)酷評した。

ファシストたちのチャップリン攻撃は勢いを増し、反ユダヤ雑誌『ヴェルトカンプ』では、保守派の聖職者ルドルフ・ヨルダンが、チャップリンを平和主義者と呼んだ映画評論家のヴァルター・ハーゼンクレーヴァーを批判し、さらには著名なジャーナリストのハンス・ジームゼンがチャップリンを絶賛したことで、ジームゼンのこともユダヤ人だとして攻撃した。もはや映画の批判でもなんでもない。

こうなると、次に来るのはフェイクニュースだ。1926年10月に、『ベオバハター』紙は、チャップリンが脱税をしたと捏造記事を掲載。また、彼の次回作はイエス・キリストについての作品だと根も葉もないことを書いた上で、自分でキリストを演じるという「夢想家ぶり」を批判した。

むろんこれらの攻撃は、チャップリン人気にはなんの影響も及ぼさず、『黄金狂時代』は大ヒットし、ドイツで「事実上、ほとんどすべての人が見た」とまで言われた。だが、この時すでに、チャップリンとヒトラーとのメディアにおける闘いの前哨戦は始まっていたのだ。

それにしても、第一次大戦敗戦後から続く社会への不満と生活苦のなか、何かを変えてくれそうな煽動政治に期待し、敵を一つに定めて叩き、個人の出自を勝手に「認定」して、フェイクニュースに喝采する——これらはまさに、現代社会で行なわれていることではないか。少しでもリベラルなことを発言すると、「ネトウヨ」に「在日認定」され、「本名」までもでっちあげられるような我が国の現状は、約90年前のドイツですでにあったわけだ。
喜劇王がドイツを去った後、3月26日に『街の灯』がベルリン・プレミア上映され、大ヒットを記録した。ナチス系の『アングリフ』紙は、悔しさを押し殺したかのように一言も報道しなかった。

ところで、当のゲッベルスはチャップリン映画のことを本当はどう思っていたのだろうか？

驚くべきことに、ゲッベルスは『サーカス』を1928年の封切り時に見ている。ナチスのプロパガンダ・ポスターを多く手がけたことで悪名高い風刺画家のハンス・シュヴァイツァーと一緒に映画館に出かけたようだ。その時の感想を、彼は次のように日記に記した。「時々、死ぬほど面白いところがあった。とても滑稽なシーンでいっぱいだ。しかしながら、最後の結論が欠けている。ユダヤ人はクリエイティブではない」。

作品を見て大いに笑ってしまったと正直に告白しているのだが、とにかく最後にはケチをつけたい。そして、なんの根拠もなくユダヤ人を罵る。ゲッベルスがチャップリンについて感想を述べた唯一の文章には、喜劇王への歪んだ憎悪がありありと刻まれている。

「旅行記」では、ナチスの印象について特に触れられてはいない。しかし、現地の議員やアインシュタインとの対話を通して、彼は世界の危機が、とりわけドイツに大きな影響を及ぼしていることを肌身に感じていた。

加えて、到着の日にチャップリンをもてなしたイギリス大使サー・ホレース・ランボルドがもっとも早くナチスの危険性をイギリス政府に報告した人物の一人であることを思えば、チャップリンは彼からもファシズムの実相について多くのことを教わったに違いない。

このタイミングでベルリンを訪れたチャップリンは、最初期に恐怖の萌芽を目の当たりにした数少ないハリウッド映画人の一人となった。その経験はのちの『独裁者』製作へと繋がっていくことになる。

ウィーン、ヴェネツィア紀行

次の目的地ウィーンには、3月16日の午後1時に到着した。予定を発表していなかったので、チャップリンのウィーン来訪が報じられたのは到着の40分前だったにもかかわらず、「私は、また新しい大歓迎に遇った。歓迎は毎回、前よりも大きく、より情熱的になっているように思える」。実際、ウィーンでの歓迎は研究家のデイヴィッド・ロビンソンによると、「おそらくチャップリンの二度のヨーロッパ旅行を通じて最大」規模のものだった。[*47]
現存するニュース映画には、駅からインペリアル・ホテルまで群衆の上を肩車で移動して行く様子が映っている（彼は駅からホテルまで一度も地面に足をつけることがなかった）。このニュース映画で、チャップリンは初めてトーキー・キャメラの前で喋った。[*48]この時、大群衆に気圧されて不安げに微笑みながら「グーテン・ターク（こんにちは）」と繰り返したのだが、サイレント映画の王様が初めてトーキー・キャメラの前で発した言葉がドイツ語だったという事実は、のちに『独裁者』でデタラメドイツ語芸を発揮することを思うとなんとも皮肉な話でもある。
チャップリンは、「文才があれば、ウィーンの美を称えて、何ページも美文を躍らせるだろう」

とウィーンの街に魅せられたが、同時に盛りを過ぎた「昨日の街」であることの寂しさも感じた。それは、踊り手のいなくなったダンスルームの廃墟にも例えるべき侘しさだった。

またもや宮殿のような豪華な部屋をあてがわれても虚しく、ロビンソンや高野が一緒だとかえって目を引くということで、一人で街を歩き、ドナウ川の橋の上で第一次大戦前の繁栄に思いを馳せた。

だが、そんな郷愁に浸る間もなく、たちまち情熱的なウィーン娘たちに取り囲まれ急いでタクシーを探す羽目になる。そして、この日も午後に政府が建てた労働者用のアパートの視察、博物館と先帝の宮殿への来訪の後は、会食、オペレッタ、キャバレーとおもてなしのコースが決められていた。わずかに、現地で出会ったピアニストのイェニー・ロートシュタインの音色が、チャップリンの心を癒した。

翌日、チャップリンは、『チョコレート兵隊』で著名な作曲家オスカー・シュトラウスらとの芸術談義を楽しんだ。その夜に出席したイギリス領事館でのパーティーは、300人ものウィーンの旧家の紳士淑女が集う大規模な催しだったが、その雰囲気は過ぎ去った華やかさを取り戻そうとしているウィーンの寂しさを一層感じさせた。キャバレーでタンゴを踊って楽しんでいると、滞在二日目に見たオペレッタ『ジムとジル』のスター女優イレーネ・パラスティーが情熱的にアプローチしてきたが、その時は新しい恋を楽しみたい気分ではなかったようだ。3月18日にはヴェネツィア行きの列車に乗った。チャップリンの特別車両には、ウィーンで出会ったピアニストのロートシュタインからの愛の手紙が届いていた。まったく罪な男である。

次に、3月19日にヴェネツィアに到着した時も大群衆に囲まれた。その日は、イタリアでは聖ヨセフの祝祭日だったのだが、「チャップリンが大きな注目を集めたので、かわいそうに聖ヨセフは目立たなくなってしまった」[*49]と新聞に書かれるほどだった。

前回、ウィーンでファンがチャップリンを肩に乗せたことが世界中で報道され、そのことに影響されたのか、駅に降り立つと青年たち四人がチャップリンを肩に高く乗せて、群衆の中を歩き出した。しかし、汗をかき息を切らしている若者に申し訳ないし、またバランスが悪く、若者の肩の骨が尖っていて痛い。そこで、チャップリンは降ろしてくれと頼んだのだが、若者は自分に担がせてくれと主張するばかりで、聞いてくれない。何度か懇願すると、もう疲れ果てたのか投げ飛ばすようにチャップリンを降ろして「さよなら」も言わずに去っていったというから、熱狂的なファン心理とは身勝手なものだ。

ここでも記者に取り囲まれる。「休暇のためにイタリアに来ました」と、騒がれたくない気持ちをやんわりと表現しているのだが、記者たちには通じない。それでも、チャップリンはいつも通り丁寧に一問ずつ質問に答えていく。「ハリウッドの女性とイタリアの女性とどちらが好きですか?」と下世話な質問にも、「私はすべての女性のことが好きです。もちろんイタリアの女性も」とリップサービスを忘れない。[*50]

その晩、運河に囲まれた街の入り組んだ路地の散策を楽しんだ。翌日はやはり刑務所の訪問。有名な水牢を見て、ロンドン塔の土牢よりも陰惨ではないと感じた。音に聞くヴェネツィアの美しい街に魅了され、街の若者が「芸術は労働だ。しかも目的のない仕事なんだ」と議論しているのを聞いて、イタリア人の情熱に励まされる気持ちになった。しかし、ムッソリーニの命令によって夜のまだ早いうちに音楽演奏やダンスが禁止されるので、夕方の観劇の後の音楽演奏とダンスパーティーはこっそりとするしかなかった。チャップリンは、早々にパリへと旅立つことにした。

当初はイタリア周遊を計画していたチャップリンが、ここで急いでパリ行きを決めた理由はいくつかある。

もともと、世界旅行に出た理由の一つとして、チャップリンへの愛情を募らせる女優のマリオン・デイヴィスと距離を置きたかったということもあったのだが、そのマリオンが程なくしてヴェネツィアを訪ねるかもしれないという話があり、彼は当地で彼女に出会ってしまうことを恐れていた。

また、1931年3月24日付の新聞（紙名不明）には、チャップリンはハンガリーに行きたかったのだが取りやめたとして、その理由が説明されている。「チャップリンはユダヤ人か否か、ということが、彼のブダペスト訪問取りやめの原因となった」と題された記事によると、さるハンガリーのユダヤ系新聞が、「チャップリンは東欧出身のユダヤ人で、本名はゾーンシュタインである」というナチスによるフェイクニュースを信じ込んだ上で、彼こそユダヤ人が成し遂げた素晴らしい芸術の代表であると褒め称えた。しかし、その記事を読んだ反ユダヤ勢力が激昂し、ブダペストのマスコミは大混乱に陥り、チャップリンはハンガリー行きを諦めた、という内容である。[*51]

私的な理由でイタリアに長居したくない時に、ハンガリーへの道も塞がれてしまった。そこで、ウィーンでの英国領事館主催のパーティーの席上でフランス領事館員から、「アリスティード・ブリアン元首相が会いたがっていますよ」と聞かされたのを思い出し、パリに向かうことにしたようだ。

この頃のチャップリンは、行く先々での熱狂的な大歓迎に、そろそろ疲れてきていたのかもしれない。ヴェネツィアのホテルの自室で、見知らぬ街にいる自分に対して、「僕は何のためにここに来たのだろう」と独り言を言って、ハリウッドに戻って仕事がしたいと思った。「人間とは何たる惨めな動物だろう。山ほどの仕事を抱えていない限り、人は絶対に幸せにはなれないように思える」。部屋のカーテンを閉じると、チャップリンを一眼見たいと外に集まっていた群衆たちの落胆したため息が聞こえてきた。

私の神経は昂っていた。これらの大歓迎は大いなる賛辞であることは知っていたが、人にはひとりになりたい時があるのだ。私はよく自分の人気について考えることがある。自分の人気の巨大さに心を動かされたことはなかった。私は、大規模に行き渡っているメディアにおいて仕事をするという幸運をたまたま得ている。しかし、仕事のクオリティにこそ、私は心を動かされるのだ。クオリティこそ、賛辞ではなく愛情を鼓舞するものだ。[*52]

そして、いつか誰かに言われたこんな言葉を思い出していた。
「チャーリー、君はそんなにもたくさんの笑顔に出会って、どんなふうに感じているんだ？　悲しい顔にほとんど出会ったことがない君は[*53]」

第3章

フランス、北アフリカ
恋人が見たチャップリンの素顔

行程　3月22日パリ～3月31日南フランス～
4月14日アルジェリアへ～4月26日南フランス

南フランスでのチャップリン

第一次大戦後の世界で三番目の資産家であると言われていたウェストミンスター公爵夫妻──現在の当主も北西部イングランドに敷地面積44平方キロメートルという広大な屋敷を構える──は、[*1]二人とも熱狂的なチャップリンのファンだった。公爵夫人のローリアは、1961年に発表した回想録でこんな風に記している。

当時、人々は映画スターに対して無感動ではいられなかった。──つまり、スターとは比較的新しい現象だったのだ。最初によく耳にする名前になった一人は、メアリー・ピックフォードで、私はグリーンストリートにサザーランド家とお茶をするために彼女がやって来た時のことを覚えている。サザーランド家の従兄弟の一人が、私を庭に隠してくれて、私たちはフランス式の開き窓ごしにお茶会を覗き見た。チャーリー・チャップリンも非常に崇拝されていたが、その二人には差があった。すなわち、洗練され教養のある人々はピックフォードの名前を冗談のように見なしていたのだが、チャップリンは高尚なインテリにとってさえ非常に真面目に受け取られていた。彼は人間以上の何かとして尊敬され、ほとんど批評の及ばぬところにいた──そのポジションを、それから40年も50年も経ったこんにちまで多かれ少なかれ保ち続けているのである。[*2]

公爵夫妻はヴェネツィア滞在中に、広場やゴンドラでチャップリンを見かけた人がいると聞いて、自分たちも一目見たいと思い、出没しそうなカフェをうろつき、すべてのゴンドラを探し回り、バルコニーに出ていないかといろんなホテルを見上げたが、見つからなかった。

夫妻はがっかりしながら街を離れ、パリに向かう列車に乗った。すると、なんと思いがけないことにチャップリンが同じ列車に乗っているというではないか。夫妻は熱烈なファンレターを書いて車掌に託した。しばらく返事がなく、恐れ多いことをしたとくよくよしたりして、気が気でなかったのだが、やがて係員があらわれ公爵の手を摑んで「チャップリンさんも会いたいそうです」と伝えた時、公爵は喜びで気を失うほどだった。

かくして、喜劇王は公爵夫妻のコンパートメントにやってきた。チャップリンの方も母国の公爵に挨拶をするわけだから、かしこまっていた。「公爵によって最大限の敬意をささげられている弱者の味方と、偉大な俳優によって最大限の敬意をささげられている公爵」の様子は、喜劇映画の1シーンのようにも思えた（その後も、どれだけ親しくなっても、公爵夫妻は彼をチャーリーとは呼べず、「ミスター・チャップリン」と呼び続けた）。公爵がチャップリンをノルマンディーでの猪狩に招待したところ、彼は喜んで応じてくれたので、信じられない思いだった。[*3] そして、それはのちにチャップリンに喜劇的な体験をもたらすことになる。

フランスとの国境に近いスイスのヴァロルブ駅に着いたのは、日が明けて3月22日の朝7時ごろだった。[*4] そこから列車は一路パリを目指してゆるやかな丘陵地帯を走り抜ける。午後になって、もうすぐパリというタイミングで、公爵夫妻との会話を楽しむチャップリンのコンパートメントに、フランスの警察官がずかずかと乗り込んできた。曰く、終着のリヨン駅は大勢の群衆で混乱しているので、手前の駅で降りてくれとのこと。リヨン駅には友人も来ているはずだし、急に言われても予定は変えられない。おまけに、当局はチャップリンが予約していたホテルを勝手にキャンセルして、オテル・ド・クリヨンに変更していた。当然ながら彼は大いに憤慨し、ホテルの変更は受け入れたが手前の駅で降りることには同意せず、大勢のファンの待つ終着駅まで行った。

午後2時25分、[*5] セーヌ川の右岸にあるリヨン駅に列車が滑り込んできた。待ち構えていた群衆にとって、チャップリンの登場が「アクション」の合図だった。その瞬間、大歓声が沸き起こり、たくさんの帽子が飛んだ。その様子は「映画の1シーンのよう」だった。[*6]

警察当局がチャップリンを強引に手前の駅で降ろそうとしたのは、彼らの計画ミスによりリヨン駅での警備態勢が十分には整っていないからだった。各国で大群衆の歓迎を経験してきたチャップリンの目には、フランス警察の警備態勢は際立って杜撰《ずさん》に映ったことだろう。

この時、警察の不備が引き起こした混乱のせいで、ある友人関係に亀裂が入ってしまう。

チャップリンと長年の友人であるユーモア作家にして風刺画家のカミも、その時駅に駆けつけていた一人だった。彼は、2週間前に一行がロンドンを出発する前もわざわざカールトンホテルまで来てアイドルとの再会を喜んでいたところだった。カミはもみくちゃにされながらも喜劇王と抱擁した。が、その時に、手薄な警備をついてフランスの放送局がチャップリンに強引にマイクを突きつけたことを、チャップリンはカミが手引きしたと勘違いしてしまった。今回のパリ訪問は、レジオン・ドヌール勲章を受けるためのものだったが、それはチャップリンに勲章を与えるようにとファンが熱心に陳情したからだった。その中心メンバーであるカミが放送局の手引きなどするはずもない。

愛するアイドルに誤解されたことに悲しんだカミからチャップリンへの、痛ましいまでの思いを綴った手紙が今も資料庫に残っている。「私のあなたへの友情は人生の最大の財産であり続けています。私の最も大切な宝を、あなたは冷たく壊そうとしています。(中略)もうあなたから愛されないとしても、私はあなたを愛しています。(中略)チャーリー、手紙をください。そして、あなたはまだ私の唯一の最高の友人だと言ってください」。[*7]カミにとって、それは駅での混乱が引き起こした悲劇だった。幸いなことに、のちに誤解は解かれ、1952年の『ライムライト』のパリ・プレミアの時に二人は再会する。

子役時代の恩人との再会

元々はルイ一五世によって建築された宮殿の一つだったオテル・ド・クリヨンは、昔も今も各国の要人が宿泊する最高級ホテルとして知られている。着いてすぐに、チャップリンはいつものようにバルコニーに出て、眼下の群衆に手を振った。コンコルド広場に面したバルコニーに立ったその姿を、同じようにウィーンからパリに来てパリジャンに挨拶をしたマリー・アントワネットに喩《たと》えるものもいた。[*8]

しかし、チャップリンは、アメリカのウッドロウ・ウィルソン大統領がヨーロッパ訪問の時に泊まったという最高級のスイートで一息つくこともなく、こっそり一人でパリの街へと繰り出した。行き先は、画家のエドゥアール・マネやアンリ・ド・トゥールーズ＝ロートレックも描いたことで名高いミュージック・ホール「フォリー・ベルジェール」だ。その昔、チャップリンも舞台に立ったことのあるその劇場で、子役時代に所属していたダンスグループの座長だったジャクソンとその息子が働いていて、その日にレヴューのリハーサルがあると聞いてやって来たのだ。

チャップリンは5歳の時に、舞台上で突然声の出なくなった母ハンナに代わってステージに飛び出し、伝説的な初舞台を踏んだ。その後、9歳の時に父チャールズの紹介で「エイト・ランカシャー・ラッズ」という木靴の子供ダンスグループに加入して、本格的な舞台デビューを果たす。ジャクソンはグループの座長で、その息子アルフレッドとは子役仲間だった。

チャップリンとジャクソン父子は、およそ30年ぶりの再会を喜んだ。

「お前がお客さんを初めて笑わせた時のことを覚えているよ」と父ジャクソンはチャップリンに言った。

ロンドンでの公演で、9歳のチャップリンは犬の役で出演した。子供なりに工夫をしてリアルな犬を演じながら、他の犬のお尻のにおいをくんくん嗅いでその表情を客に見せるアドリブをしたところ、客がドッと沸いたのだった。それにしても、「お尻のにおいをかぐ動作」は検閲スレスレの下品なギャグで、劇場主たちは（劇場にまつわる検閲と認可をつかさどる）宮内長官から上演許可を取り消されるのではないかとヒヤヒヤしていた。

「お前はあの時から変わった子供だったね。お前は、自分の中に何かを持っていると、いつも思っていたよ」

「僕は悪い子供だったのでしょうね」

「いや、まったく」とジャクソンは答えた。「お前は、女の子のように優しい子だった」。

恩師との感動の再会を、「旅行記」では次のように締めくくっている。

「私の成功をもたらした源は、彼の教えにある。彼はいい先生だった。公平で、優しい人だった」[*9]

劇場を出た後、チャップリンはかつてカーノー劇団のパリ巡業の際に泊まっていた安ホテルを訪れて、よく通っていた慎ましやかなレストランで食事をとり、一人で追憶に耽った。クリヨンに戻った時には、午前1時を過ぎていた。[*10]

ノルマンディーの猪狩

翌3月23日、オルセーにある首相官邸でチャップリンのための午餐会が開かれ、パリの名士たちが勢揃いした。「小柄でデリケートな」アリスティード・ブリアン元首相は少し遅れてやってきた。出席者には、政治家や貴族以外に、芸術の国らしく文人も多い。フランスを代表する劇作家ジャン・ジロドゥやブロードウェイでも上演された『ジジ』で名高い作家のコレット、多くの歴史書を残したマリー・ド・ロアン＝シャボらが、チャップリンの言葉を興味深く聞いて熱心にノートに書き留めた。

詩人・小説家で、フランスで最も権威ある文学賞であるフェミナ賞の創設者でもあるアンナ・ド・ノアイユ伯爵夫人は喜劇王に、

「チャップリン、あなたは詩人です」と語りかけた。
「詩を持たない詩人ですよ」とチャップリンが笑いながら答えると、
「いえ、むしろ、あなたの詩は動いています」と夫人は静かに言った。

誰かが、「あなたの映画のストーリーは、どうして悲劇ばかりなのですか。コメディアンはみんな悲劇が好きなようですね」と尋ねると、チャップリンは、
「そんなことはありません。実のところ、悲劇は嫌いです。人生は十分に悲しいものです。私はただ美をもたらす手段としてペーソスを使います。というのも、悲劇の多くの部分はもっぱら美の中に存在するからです」と持論を展開した。[*11]

芸術の国フランスで、文人や政治家や貴族たちと美について語り合う昼食会――しかし、そんな優雅な催しとは正反対の喜劇的なイヴェントが、翌々日に待ち構えていた。

この章の初めに、ヴェネツィアからパリに向かう途中にウェストミンスター公爵から猪狩に誘われたと書いたが、その約束の日である3月25日が迫ってきた。彼は乗馬にはいささか自信もあったので、その技術を見せるチャンスだと思い楽しみにしていた。高野は猟の成功には懐疑的で、ボスが「猪肉のステーキを食べるぞ!」と張り切っても、「猪がチャップリン肉のステーキを食べるってことですか?」と冷たく返しただけだった。[*12]

出発の前日、たまたま著名な漫画家であるセムに会った時、彼も公爵とは知り合いで猪狩に行ったことがあると言ったので、では一緒に行かないかと誘ったところ、小柄な漫画家は慌てて首を振って断った。のちに、チャップリンはセムの必死の拒絶の意味を知ることになる。

3月24日の夕方、チャップリンはパリを発って、猪狩の舞台となるノルマンディーのサン・サンスに列車で向かった。「公爵の招待で、必要な休息を得るために赴く」[*13]とのチャップリンの談話が発表されたが、これがとんだ「休息」になるとはこの時は思いもよらなかった。

サン・サンスにある公爵の別荘は、部屋数が16ほどもある、シンプルで古風な気持ちの良い造りだった。和やかな食事の際に、猪狩の方法を教わった。それによると、まず別の人が猪の足跡を探しに行き、足跡が見つかれば猟犬を放ち、馬に乗って猟犬と共に猪を追い詰めてナイフで仕留めるというものだった。猪は凶暴で人や馬に飛びかかってくると聞いて、チャップリンは心配になりその晩は一睡もできなかった。

翌日、猪の足跡が見つかったという知らせを受けて、猟師服に着替えることになった。チャップリンは中のチョッキを公爵から借り、その上からその日来なかったセムのピンクの上着を着ることになった。ところが、身長190センチを超える大柄で肥満体の公爵のチョッキはチャップリンの膝まで垂れ下がり(カーライル・ロビンソン曰く、公爵の服のサイズはチャップリンの2倍はあった)、その上に小柄なセムの上着を息苦しそうに羽織ったので、しっかりと腰を絞めた上着の下からスカートのようにチョッキが出ていて、バレエを踊る時のひらひらのチュチュのようになっていた。公爵から借りた巨大な帽子は彼にとってはテントのように大きく、あわてて購入した大きなブーツの中の隙間には大量の紙を詰めた。そんなチンドン屋のような格好が不覚にもマスコミに撮られてしまい、翌日のすべての新聞に掲載されることになる。

狩に出る前に顔じゅう傷だらけの男がいたので、どうしたのかと思っていると「馬に踏まれた」

と聞いていよいよチャップリンは不安になってきた。公爵がチャップリンに「おとなしいメスの小さな馬に乗せてあげよう」と言った瞬間、その「おとなしいメスの小さな馬」は後ろ足で立ち上がり暴れ始めたので、チャップリンはもう何も信じられなくなっていた。侯爵は彼を安心させるために、その馬より「少しいい馬」を手配すると言った。

いよいよ「少しいい馬」にまたがって出発とあいなった。公爵から借りた巨大な手袋に指がおさまらず、手綱を取るのも一苦労だ。一行は最初から飛ばし、チャップリンもなんとかついていく。が、それは序の口で、笛が鳴って狩が始まると馬は猛スピードで駆け回った。チャップリンは帽子も鞭も落としたが、もはやそんなことを気にしている暇はなかった。とにかく、自分だけは落ちないように馬の首につかまり森の道を飛ぶように走った。[*14]

このチャップリンの回想は、決して誇張ではない。当時のスポーツ雑誌でもこの話題が取り上げられているのだが、それによるとこの時全長36キロメートルの行程を、3時間半で駆け抜けたというので、チャップリンの乗馬技術も大したものである。[*15]ただし、半日のあいだ馬に振り回され続けて、結局獲物はとれずじまいだった。公爵から「疲れたでしょう。やりすぎない方がいいですよ」と言われたのを幸いに、チャップリンは車で戻ることにした。

馬から降りる場所もマスコミが待ち構えていたので、なんとかチャップリンは姿勢を正して、颯爽と馬上からの着地を試みたが、どうしても真っ直ぐ立てずよろめき足を引きずりながら車に戻った。その様子を見て、公爵夫人は映画の中のチャーリーの歩き方を思い出した。体がボロボロになりながらも記者の質問には気丈に答える。「素晴らしい一日でしたよ。もう動けません。背骨がふたつに折れているに違いないです。人生でここまで疲れた日はありません」。猪を見たかとの質問には、「いいえ、そんな暇はありませんでした。自分の馬を扱うので必死で。狩をしたことはなかったのですが、猪を一頭捕まえるのに、こんな複雑な方法でやるのですね。今度は、肉屋さんでいただくことにします」と笑わせた。[*16]

夕方になって、公爵はチャップリンに、「お風呂でゆっくり疲れをとってください、何かあればベルをならしてください」と言ったのだが、食事の時間になっても降りてこない。心配になって見にいくと、チャップリンはバスタブに浸かったもののあまりに体が痛くて、そこから出られず、ベルも押せなかったのだという。公爵の召使いたちは彼になんとか服を着せてダイニングルームまで運んだ。疲労困憊の中でもチャップリンは場を盛り上げるために食事中ずっと面白い話をし続けて、『黄金狂時代』のパンのダンスまで披露した。[*17]

その晩パリに戻り、体に激痛が走っているはずなのに、シャンゼリゼのダンス・カフェに繰り出して踊っているところが目撃されている[*18]ので、乗馬とダンスとでは使う筋肉が別なのだろうか。ロビンソンはチャップリンをリドに連れていき、何人ものマッサージ師がシフト制で朝方の4時まで順番に彼の体を揉んだ。それから2日間は座って食事もできないほどで、その後数日間ベッドの上でマッサージを受け続けた。——むろん、これだけの体験を、喜劇王が映画に生かさないはずもなかった。乗馬のチグハグな衣裳は、この20年後に『ライムライト』のカルヴェロの「ノミのサーカス」の衣裳のヒントとなる。

ベルギー国王との面会

翌26日、チャップリンは、猪狩に続いてまたもや生涯忘れられない体験をする。チャップリンのパリ滞在中にベルギーで『街の灯』の当地初上映があり、映画を気に入ったアルベール国王が、チャップリンにぜひ会いたいとわざわざ飛行機でパリまでやって来た。チャップリンはベルギー大使館に招かれた。

いざ面会の段になると、国王は高い椅子に座り、チャップリンには低い椅子が用意されていた。「私の椅子は極端に低かった。高い椅子に座った国王は、私の近くまで椅子を近づけたので、私たちの高さの違いが際立った。二人が座ると、私の鼻の先はちょうど国王の膝あたりになった」[*19]。やたら高い椅子に座り人を見下ろしたがるという権力者の心理。この滑稽な状況は、のちの『独裁者』で、そっくりそのまま演じられることになる。[*20]

またある時には、ロイヤル・ダッチ石油のトップを長年務めた石油王アンリ・デタディング卿夫妻のクリヨンでの晩餐会に招かれた。デタディング卿は『街の灯』撮影中にハリウッドを訪れており、何度か撮影シーンも見学していたほどの仲だった。今回、たまたま同じクリヨンに滞在中だったこともあり、チャップリンを主賓に迎えてパーティーを催したのだ。それは、その年のパリ社交界の一大イベントとなった。

デタディング卿夫妻は、ロシア音楽とキャビアとシャンパンで客人たちをもてなした。パーティーが進むにつれ、ロシアの音楽家たちが客の一人一人の健康を祝して演奏し、その度にシャンパンをなみなみと注いで客はそれを飲み干すという趣向が始まった。

その時、同席していた二人の紳士が悪ふざけを思いついた。彼らは音楽家たちを買収して、チャップリンの前で音楽を繰り返し演奏させ、何杯も飲ませて酔いつぶしてやろうと企んだ。買収された音楽家たちは紳士たちの命令通りに、「ミスター・チャップリンの健康を祝して！」と何度も演奏をした。その都度彼は注がれたシャンパンを飲み干し、お返しにどうぞと二人の紳士にもシャンパンを注いだ。こうして、チャップリンと紳士たちは飲み比べることになり、互いに大きなグラスに9杯飲んだところで、紳士たちが酔い潰れてしまった。誰もがチャップリンの酒の強さに驚いたが、なんのことはない、彼らの企みを察知したチャップリンは、給仕を買収し、自分にはジンジャーエールを注ぐように手配していたのだった。

――と、他愛ないエピソードだが、この話に登場する「ロシアの音楽家」に注目すると別の面も見えてくる。実は、デタディング卿は、ロシア革命で祖国から逃れたロシア人たちを熱心に支援していたことで有名だった。このパーティーで演奏していた音楽家たちも、革命前は祖国の豊かな文化を支えた芸術家で、今はパリで活動することを余儀なくされている人たちなのだ。そう思うと、ロシア革命からまだ15年も経っていなかったパリの、時代の匂いが生々しく感じられる挿話ではあるまいか。

レジオン・ドヌール勲章の授与をめぐって

3月27日、チャップリンにレジオン・ドヌール勲章が授与された。史上初となる、映画人に対しての叙勲。チャップリンはパリのデパートに駆け込んで、勲章にふさわしいアクセサリーを整えた。

国家的な慶事として盛り上がる一方で、1802年にナポレオンが創設した勲章が、映画俳優、しかも外国人のコメディアンに授与されたことで、新聞紙上ではその是非について論争が巻き起こった。ちょうどその直前に、母がアフリカ系であるアメリカ人（のちにフランスに国籍を変更）のジャズ歌手、ジョゼフィン・ベーカーへの授与も検討されていると報道されていたところだった。両者とも政治家や軍人ではなく、下層階級出身の外国人のエンターテイナーだ。世界の人々に貢献したのはわかるが、彼らが一体フランスという国家のためにどう尽くしたのかという議論だった。

あるいは、弱者の代表である「シャルロ」（彼はフランスではこう呼ばれていた）が、勲章をもらうことへの違和感もあった。映画雑誌 *"Ciné-Journal"* には、勲章をつけたチャップリンが凱旋門の上に乗って、「俺にふさわしい場所？　ここさ！　地面は？　バカらしい！　そこは無名の奴らにいいだろう」とふんぞりかえっている風刺画が掲載された。放浪者が偉人になってしまうことへの反発の表れだった。チャップリンの思惑とは関係のないところでの議論に、彼は大いに困惑した。

もちろん、かようなマスコミ報道は彼の人気にはなんの影響も及ぼさず、駅での大歓迎に見られる大衆的な人気に加えて、インテリの間でも、例えばソルボンヌ大学では大御所の学者たちによるチャップリンをめぐっての特別セミナーに大教室に入りきれないほどの聴衆が集まった。

このように、アメリカ、イギリスだけでなく、フランスでも、チャップリンは大衆だけでなく知識人たちをも魅了していた。一つだけ、知識人からの熱烈な賛辞を訳出しておこう。フランス文壇を代表する批評家だったアンリ・ビドゥが『街の灯』を見た後に書いたものだ。彼がこの文章の最後に発した問いは、今も大いなる謎のままである。

モーリス・シュヴァリエは、「パリよ、愛してる（*"Paris' Je T'Aime D'Amour"*）」と歌った。しかし、愛されているのはチャップリンだった。全ての記者や思想家がこの尋常でない愛情への理由について意見を述べている。だが、愛の理由などときほぐすことができようか？

事実、世界中がシャルロを愛している。私たちはこれまで他にも多くの輝かしい偉業を見てきたが、それらは普遍的で優美なものではなかった。ボクサーやサーカスの演技者は街のアイドルにはなれる。だが、シャルロは世界の喜びだ。（中略）しかし、彼の普遍性の理由は、それゆえに、解決のできない問題の裏返しだ。私たちはチャップリンが普遍的に認められたことの原因を探さなくてはならない。その栄光が容易く国境を越えるだろう音楽家でさえ、ある境い目を越えれば愛着の声が聞かれなくなる。しかし、チャップリンの映画には世界中の人が反応する。（中略）彼はあの人物造形をとても個性的に作り上げたので、瞬く間にそれが人気者になったことは事実だ。（中略）しかし、結局のところ、そのコスチュームはサーカス団でよく見る登場人物のものと大幅に異なっているというわけではない。彼らは同じだけ素敵だけれども、有名にはならない。なぜチャップリンのキャラクターだけが忘れられないものになるのだろうか？[*21]

その後、チャップリンは念願のナポレオンの墓を訪れ、長いあいだ墓石の前でたたずんだ。「旅行記」には、「この大理石の棺の中に、かつて生を受けたなかでもっとも劇的な魂が横たわっている。真のドラマということになると、まずナポレオンが思い浮かぶ」[*22]と、その時の感激を熱烈に記している。前述の通り、チャップリンはその頃、ナポレオンを題材にした映画製作について真剣に考えていた。

勲章授与の後ホテルに戻ると、匿名の手紙が届いていた。ある老人が第一次大戦の時にもらった自分の勲章をチャップリンに受け取って欲しいと送って来たのだ。「人々のために貢献されたあなたへの感謝の気持ちとしてお受けください」と添えられていた。

今回の勲章授与に際してのマスコミによる心ないバッシングに傷ついていたチャップリンは、この手紙に心を動かされたに違いない。とりわけ退役軍人からのものであることが嬉しかった。というのも、第一次大戦中にアメリカに住んでいた彼は、イギリス政府からの召集がなかったため、戦場に行かなかったわけだが、その時もマスコミは彼を「非愛国者」「臆病者」となじり、そのキャンペーンに煽られた人々による誹謗中傷に悩まされたからだ。むろん、現場の兵士たちからはそのような非難の声は上がらなかった。彼らは休暇にチャップリンの喜劇を見ることを楽しみに戦場で戦っていた。野戦病院では負傷者のためにチャップリン映画が上映されていた。映画を見て笑っている間は傷の痛みも忘れるのだ。チャップリンは常に困難にある人々の励みになった。そして反対に、チャップリンに励まされたという人々からの感謝の気持ちも、大いに彼を励ましたのだった。

南フランスへ

さて、前章まで主にヨーロッパ旅行でチャップリンが目の当たりにした「世界の危機」について書いてきたが、もちろん彼は始終難しい顔で政治・経済について考えていたわけではない。この旅は、あくまで『街の灯』を製作し終えたあとの休暇であり、そのロンドン・プレミアが終わると、第1章で触れた通りシャーリと親密な関係になったのを皮切りに突然プレイボーイを演じ始めた。世界一有名で金持ちの独身映画スターのまわりには多くの女性が群がってきた。そして、このあと南フランスにおいて、旅行中でもっとも深い関係になったメイ・リーヴズと出会うことになる。

パリ滞在の後、3月30日に、チャップリンは夜行列車でニースに向かった。

ここでも鉄道会社は最後尾にチャップリン専用車両を用意した。ただし、食堂車が先頭車両にあったので、チャップリンはディナーを食べるために列車1編成を往復しなくてはならなかった。その間、すべての車両で、乗客全員が通路に立って待ち構えており、一人一人と握手をしサインをしながら自分の個室に戻ってきた時には真夜中を過ぎていた。

疲労困憊でようやく眠りにつくと、ほどなくして無数のゲンコツが窓ガラスを叩くドラム演奏が始まり、チャップリンは飛び起きた。列車がマルセイユ駅に着いて、現地で待っていたファンたちが興奮して彼の客車の窓を叩いていたのだ。列車が出発して静かになったと思いきや、次のカンヌ駅ではホームに引っ張り出され、地元を代表して二人の少女から大きな花束をもらう式典が催された。[*23]

というわけで、いつもながら休む間もなかったわけだが、ともあれニース駅にたどり着いた。列車は1時間半遅延し、その間群衆が駅を埋め尽くして待ち続けていたので交通機能は完全に麻痺していた。

今回のニース行きは、当地に住む兄シドニーを訪ねるためだった。

4歳上の兄シドニーはチャップリンよりも先にカーノー劇団で活躍し、スケッチ（寸劇）の脚本執筆もする才人だった。彼は弟チャーリーを劇団に引き入れ、その後劇団の花形役者になった弟がアメリカで映画に転身し大スターになると、後を追うように兄もアメリカ映画界に移り、「ガッスル」というキャラクターのシリーズで人気を博した。同時に彼はすぐれたビジネスマンでもあり、一時は弟のマネージャー役に徹して、1916年にミューチュアル社との間で年間67万ドル（現在の価値で言えば、およそ32億円）という破格の契約をまとめあげた。また、弟のグッズ販売を軌道に乗せた「キャラクター・ビジネスの始祖」であり、アメリカで初めての定期航空路線会社「シドニー・エアライン」を手がけたベンチャー起業家でもある。1920年代に俳優・監督に復帰し、イギリスに戻っていくつかのヒット作を作っていたが、アメリカ当局との納税にまつわる争いや、イギリスでの女優とのトラブルもあり、その頃は引退してニースに落ち着き悠々自適の生活を送っていた。

チャップリン兄弟は、アメリカ人の百万長者フランク・ジェイ・グールドがニースに所有するマジェスティック・ホテルに招かれて、そこでしばらく滞在することになった。グールドとは会ったことはなかったのだが、彼はチャップリンの初恋の人ヘティ・ケリーの姉妹であるイーディス・ケリーの元夫であり、イーディスがチャップリンのニース行きをアレンジした。そんな縁もあり軽い気持ちで数日間滞在するつもりでチャップリンは招待に応じた。

ところが、ビジネスマンたるグールドの目的はあくまでビジネスだった。まず、着いたばかりのチャップリンをオープンカーに乗せて、目抜き通りをパレードして自分のホテルの宣伝に利用した。

その晩、チャップリンは彼からパレ・ド・ラ・メディテラネ（ここもグールド所有だった）での食事に招待されたので、個人的な友好の会だと思って出席すると、レストランに着くや否や大勢の客からの拍手の嵐が待っていた。なんとグールドはその日のディナー席を販売しており、チャップリンの近くの席からは法外な値段を徴収し、200〜300人いるホテルの宿泊客は遠くに座らせてそこでも一人1ドルを取っていたのだ。人のいいチャップリンもさすがに商売目的であることに気づき、その後のグールドの提案はことごとく断った。

メイ・リーヴズ　新しいロマンス

ニースに着いた最初の週末のこと。ロビンソンは各国からチャップリン宛に届いた手紙の処理に頭を抱えていた。数が膨大であるのはいつものことだが、ドイツ、オーストリア、イタリア、フランスと周遊してきたので手紙は数ヶ国語で書かれおり、外国語のできないロビンソンにはなす術がなかった。

ロビンソンは、シドニーに相談した。当時のニースは高級保養地ゆえにいろんな国の人が集う多国籍都市だった。そこにしばらく住んでいるシドニーなら誰かふさわしい人を知っているかもしれないと思ったわけだ。シドニーは、グールドのホテルでダンサーとして働く、6ヶ国語に堪能だというメイ・リーヴズを紹介した。ただし、シドニーもカジノで働くダンサーであるメイが有能な秘書になりうるとは思っていなかったようで、「彼女が秘書でないのは、僕が大公爵でないのと同じだけどね」とロビンソンに耳打ちした。

ところが、ロビンソンの驚いたことに、彼女は翌朝9時から献身的に働き、テキパキと手紙を整理して、必要なものを翻訳し返信も書いた。未読の手紙の山はあっという間になくなった。彼は、思いがけず有能な秘書を手に入れたと喜んだ。

メイ・リーヴス

その日、チャップリンはプロ選手とテニスをする約束をしていた。彼がテニス・ラケットを買いに行こうと外に出ただけで群衆が集まり、交通が止まってしまった。グールドと一緒にスポーツ用品店に着いた時には、二人とも試合後のフットボール選手のようにへとへとになっていた。最初は「みんなから愛されて嬉しいでしょう」と言っていたグールドも、この頃には「国全体の財産をくれると言っても、あなたのような人気者にはなりたくありません」と言うようになっていた。

さて、その後チャップリンが部屋に戻ってメイを見た瞬間、チェコで九つの美人コンテストに優勝したという美貌が、喜劇王の動きを止めてしまった。「彼女は誰？　タンゴは踊れる？」メイはタンゴの名手だった。二人は別室でレコードをかけてタンゴを踊った。――こうして、ロビンソンは素晴らしく有能な秘書を得て、その3時間後には失った。そして、夕方の6時には、メイはイヴニング・ドレスを着て、チャップリンのディナーに同伴していた。さっきまで部下だった女性が、今やボスの恋人に収まっている。しかも、自分の立場の急激な変化に、彼女は少しも驚いている様子がなかった。「彼女は泳ぎ方を知っていた」とロビンソンは回想する。メイは「6ヶ国語に加えて、七つ目の言葉——愛という言語も操る人」だった。[*24]

以上はロビンソンの回想によるメイとチャップリンとの出会いである。ロビンソンはメイを毛嫌いしていたので、「美貌を武器に著名人に近づいた計算高い女」と言わんばかりの意地悪な描写だ。3時間で秘書を失ったというのも、面白おかしく書いた誇張であろう。

高野の回想では二人の出会いは、もう少し穏やかである。チャップリンがニースでの滞在に飽き始めていた頃、シドニーは知り合いのメイをチャップリンに紹介することになった。メイはグールドの元でダンサーとして働いていたので、雇用者であるグールドに遠慮しながら、ある日の昼食前にシドニーとロビンソンがメイを連れてきた。チャップリンは、彼女の語学力や表現力、素朴さやシャイなところ、なによりそのダンスの才能に魅了された。やがて毎朝一緒にテニスをする仲間になり、恋に落ちた、というものだ。[*25]

メイ自身の回想では、シドニーからロビンソンを紹介され、マジェスティック・ホテルの部屋に呼ばれた時にチャップリンに出会い、その時からタンゴやルンバとあらゆるダンスをチャップリンと踊った。彼のダンスは見事なもので、彼もメイのことを褒め称えた。チャップリンは彼女に激しく迫り、しばらくして交際し始めた、ということになっている。しかし、彼女は、なぜか自分がグールドの元で働いていたことや、少しの間でも秘書の仕事をしたことを隠しており、チャップリンが突如一方的に求愛したことになっていて、不自然な感じもする。

『自伝』でのチャップリンの回想は高野の証言に近い。ニース滞在に飽き始めていた頃、チャーミングな女性メイを紹介された。彼女はエジプト人の彼氏との失恋から立ち直ったばかりだった。退屈しのぎにテニスやパーティー、そしてタンゴを踊っている間に情が芽生えた。

四人の回想を総合すると、シドニーがロビンソンにメイのことを紹介して、しばらくは有能な秘書として業務をしていたが、ある時にチャップリンと出会い、お互いの心の隙間を埋める仲間になっていき、やがて恋人同士になった、ということになるだろう。そして、四人の話に共通するのは、タンゴが二人を結びつけたという点だ。

このメイ・リーヴズという名前で働いていた25歳のダンサーは、本名がミッツィ・ミュラーというオーストリア系で、チェコスロヴァキアの美人コンテストで優勝し、南仏コート・ダジュールでもダンス大会で優勝していた。彼女は、1931年4月から約11ヶ月にわたって、チャップリンと親密な関係になる。

メイとの交際で明らかにされるチャップリンの素顔

メイとの交際は、チャップリン研究において、非常に重要な情報をもたらしてくれる。と言うのも、メイ・リーヴズはチャップリンとの別れから3年後に、その時の個人的な体験を一冊の本 "*Charlie Chaplin intime*" として出版しているからだ。

チャップリンについては、1914年にデビューしてすぐにスターになってから、1977年に亡くなるまで、60年以上にわたって新聞や雑誌の記事が彼の動静を伝え、1918年に撮影所ができるとその閉鎖まで34年のあいだ毎日つけられた撮影日誌が今もアーカイブに残っている。脚本や手書きの草稿、手紙や電報類など膨大な資料も残存しており、研究者によってこれまで知られていなかった彼の仕事法が明らかにされつつある。

しかし、仕事中ではない〈彼の素顔〉が知りたい、となると話は違ってくる。彼と親交があった多くの人がその印象を書き残しているが、身近にいた人による回想は限られているからだ。

チャップリンの息子チャールズ・ジュニアの手記「わが父チャップリン」は父の素顔を生き生きと伝える好著だが、一緒に住んだ期間が短く、また子供時代の思い出に基づき書かれているので、大人同士の付き合いから見えてくる側面が弱い。三男のマイケルの回想は、ゴーストライターがわざと「反抗的な若者」らしい汚い言葉で綴って、「父への反発」を演出した代物で、マイケルの意図と離れた部分も多い。

配偶者で唯一回想を残しているのは、2番目の妻リタ・グレイだが、一冊目の"*My Life with Chaplin*"はセンセーショナルな反響を当て込んだ暴露本の類で、金目当ての親族の意向をくんでモートン・クーパーというライターが書いた作文だ。リタの死去直前に出版された2冊目の"*Wife of the Life of the Party*"も、当時のリタの健康状態を考えると彼女が書いたものとは思えない。

恋人たちの中では、ポーレット・ゴダードとエリッヒ・レマルクの伝記"*Opposite Attraction*"の中のポーレットの証言に基づいたチャップリンに関する記述が、公平に書かれていて資料価値も高いのだが、分量としては少ない。『黄金狂時代』のヒロイン、ジョージア・ヘイルの回想本は、誰もが二人は一時期恋人関係にあったと知っているのに、あくまで「プラトニックな関係だった」と主張している時点で信憑性に欠ける。

対して、メイ・リーヴズの回想は、仕事中ではない、完全にプライベートな時間をチャップリンとともに11ヶ月過ごして、そこから時間をおかずに本にしたという意味では、他にはない回想だ。

もちろん彼女の回想録にも欠点は多い。その本は小説家のクレア・ゴルとの共著という形になっており、リーヴズの語りをゴルがまとめたものなのだが、クレア・ゴルはサディスティックな男性のために犠牲にされた女性のメロドラマを好んで書いた作家だった。ゴルは、メイがグールドのカジノでダンサーとして働いていたことや、チャップリンと深い関係になる前にエジプト人の彼氏がいて、チャップリンが不在の時はおそらくその元彼氏と会っていること（彼のことは当時の新聞でも報道されている）などは書かずに、メイをあくまで純朴な少女として描いている。ゴルの創作では、メイは、嫉妬深く理不尽なチャップリンの態度に苦しむ健気な女性という役回りであり、さらには旅の後半に妊娠して彼に捨てられるというチープなメロドラマが待っている。念のため詳細を記しておくと、回想録には、1931年12月に妊娠発覚し――それが本当だとすれば、その時点で妊娠3ヶ月ほどか――子供が欲しくなかったチャップリンはスイスの雪山で彼女に激しい運動をさせて、その影響もあり、チャップリンと別れた後、翌年4月に流産した、と荒唐無稽なことが書かれている。実際はその時期も彼女はスキーを楽しんでいたのだが、妊娠5ヶ月の体で雪山での激しい運動やスキーはできないし、その影響が2ヶ月後に出て7ヶ月で流産とは医学的にあり得ない。そもそも、他に「彼女は妊娠していた」という証言はないし、四六時中マスコミがついて回り写真を撮っていたが、彼女のお腹が大きくなった写真は存在しない[*26]（実際は、二人が別れた1ヶ月半後の1932年4月14日ごろにメイはパリで別の病気の手術を2回受けていて[*27]、チャップリンからの手紙を待っている間に病気になってしまった、とマスコミに吹聴している。[*28] それがゴルの手によって妊娠の話に変わったようだ）。

しかし、そのような明らかに突飛な話を差し引いて読むと、恋人にしか見せたことのない大スターの素顔を知ることができる。しかも、この時期は、メイの他に高野、ロビンソン、兄シドニーがずっと一緒にいて、前者二人は回想録を残し、また兄シドニーが妻ミニーや従兄弟のオーブリーらに宛てた手紙も多く残っており、その中には弟の近況が詳しく書かれている。もちろん、チャップリン自身は、「旅行記」と、32年後に書かれた『自伝』にその時の気持ちを率直に書いている。

すなわち、仕事から離れたプライベートなチャップリンについて、本人の回想（当時書かれたものと時間をおいて書いたもの）だけでなく、恋人、兄、スタッフ、秘書——しかも、ロビンソンはのちに解雇されたので、必ずしもチャップリンに好意的な気持ちを持っていなかった——による記録が残っているのがこの時期なのだ。立場も気持ちも異なる人たちが異なる角度から見たものを、当時の新聞報道などとも照らし合わせながら、慎重に分析していくことによって、これまで誰も見たことのない、チャップリンの素顔が浮かび上がる。チャップリンの世界旅行の研究は、喜劇王その人のパーソナリティを教えてくれるのである。

チャップリンの好みの女性

さて、チャップリンの素顔の中で真っ先に明らかになるのは、——下世話な話だが、彼の女性の好みである。

筆者はチャップリンの作品の研究者であって、彼の女性の趣味についてはさほど興味はないのだが、この際少しだけ触れることにしよう。

チャップリンは年の離れた若い女性を好んだとの世評がある。確かに事実婚も含めて結婚した妻のうち三人は結婚時に十代だった。チャップリンは最愛の女性である母ハンナや初恋のヘティの面影をいつまでも追い求めた。『ライムライト』のヒロイン、クレア・ブルームによると、彼女の衣裳を選んでいた時に、当時62歳のチャップリンは「母はこんな服を着ていた。ヘティはこんな格好だった」と言いながら選んでいたという。チャップリンは、母が貧困のあまり精神に異常をきたしてしまったのは自分のせいだと、生涯にわたって自分を責め続けた。最愛の女性を助けられなかった悔恨もあり、面影が似ている女性に尽くしたいと思っていたのだ。

そのことで、彼はいわゆるロリコンだったと一部から非難されたのだが、そのバッシングは2番目の妻リタ・グレイが離婚裁判を起こした際に始まった。これはいわば最初から仕組まれたものだった。リタの母親は娘がチャップリンと関係を持つように仕向け、二人が交際するようになると、表沙汰にすると脅して結婚させた。母親はチャップリンの家に住み、親族一同も近くに引っ越してきて、連日連夜パーティーを繰り広げた。財産目当ての親族は、当然のように離婚裁判を起こし、親戚の弁護士は通常3ページほどの離婚申立書に、52ページにわたって悪口雑言の限りを書き、それを冊子にして売りさばいた。これらのことはリタが主導したわけではなく、金目当ての親族が筋書きを書いたものだった。リタは、愛する夫が全身全霊で打ち込む「仕事」に嫉妬して、それと絶望的に張り合って、夫の仕事を懸命に邪魔しようとしたに過ぎない。のちにＦＢＩが「チャップリンの悪口を言うように」とリタに要請した時、彼女は誇りを持って拒否した。別れた夫への愛を感じさせるエピソードではないか。

いずれにせよ、リタの親族の作文である離婚申立書を、ナチスやFBIがせっせと拡散して誹謗中傷につとめたことで、チャップリン＝ロリコン説が流布された。逆に言うと、それ以外の情報源は存在しない。もし彼がロリコンであるなら、近年の「#metoo」ではないが他にも何人かの証言が得られるはずだが、それがまったくない。

その代わり、チャップリンの歴代の恋人を挙げてみると、エドナ・パーヴァイアンスは別格として、妖艶な悪女役で国際的スターとなったポーラ・ネグリ、映画『市民ケーン』（1941年）に登場する女優スーザンのモデルとも言われるマリオン・デイヴィス、サイレント末期に一世を風靡したルイーズ・ブルックス、『巴里の女性』（1923年）のモデルであるペギー・ホプキンス・ジョイス、3番目の妻とされるポーレット・ゴダード、そして「旅行記」に出てくるロンドンのシャーリ、ベルリンのラ・ジャーナと、ほとんどが離婚歴のある大人の女性であり、全員に共通しているのは、エキゾチックな風貌の、英語以外の言語をも操る知性を持った、卓越したダンサーであったという点だ。その意味で、メイはまさに喜劇王の好みの女性だった。

ともあれ、彼の女性の好みの研究はこの辺にしておこう。最後の結婚は彼が54歳の時で、相手は18歳のウーナ・オニールだった。チャップリンは最愛の母を助けられなかった悔恨からその面影を追い、ウーナは幼い頃に酒乱の父（のちにノーベル文学賞を受賞するユージーン・オニール）が家を出て行ったため父的な存在を求めたのか？　筆者がそんなことを尋ねたときに、四男のユージーンは

ウーナ・オニール

笑いながら完全否定した。「まず、父の最愛の人はハンナでもヘティでもありませんよ。それは私の母ウーナです。そして、父が誰かの面影を求めて、あるいは母が年上の男性を求めて、というのは間違っています。私の父と母は愛し合っていた。ただそれだけです」。

メイが見た喜劇王の素顔

メイの回想では、初めてマジェスティック・ホテルで会ったその日から、二人は部屋でレコードをかけて踊り続けた。優れたダンサーであったメイの目から見ても、チャップリンは破格の踊り手であった。

そして、彼は時間を忘れ、ホテルの部屋であることも、彼のそばに若い女性がいることも忘れて、自身を音楽の中に没入させ、ダンスのステップを軽く始めた。彼は私だけのためにバレエを踊った。テーブルの周囲を回り、その場でクルクルと回り、バランセ（3拍子にのせて体を揺らす足の動き）をして、手と指で、しなやかにしてアクロバティックなパヴロワの動きを真似た。崇高で、夢中にさせてしまう雰囲気の中で、彼は菊を摘み取り、蝶のように舞った。この瞬間、彼の顔には不思議な、ほとんど霊的な表情が浮かんでいた。無言にしてリズミカルな告白は少し私を怯えさせた。

　彼はこの素晴らしいナンバーを私だけのために踊ってくれた。とるに足らない女である私のために。そして私は、この宙に羽ばたいているようにも見える何かに取り憑かれた存在に怖くなった。どんどん軽やかになり、より永遠へと近づき、重力から解放された存在に。彼のなかのすべてが踊り、飛翔し、波打ち、その優美な動きにおいて解放されていた。[29]

　チャップリンはタンゴを愛していた。「僕はどんなダンスよりもタンゴが好きだ。すべてのダンスの中でもっとも優美なダンスであり、スペインとアルゼンチンの音楽には、世界のすべてのジャズよりも多くの表現がある」[30]。彼はその後も、以前にメキシコ人の女性が踊っていたのを見た記憶に基づいて、見事にルンバを踊り、メイをますます感動させた。

　ダンスを通じて結びついた二人は、共に行動するようになる。高級保養地コート・ダジュールにはさまざまな国からのセレブたちが集い、連日社交を繰り広げていたのだが、そこにメイのような下層階級出身の女が入り込んできたことに彼らは眉をひそめた。だが、そのことで余計に二人の恋は燃え上がった。メイは初めて一緒に食事をした日から、多くの女性からの嫉妬と憎しみの視線を感じた。

　メイは、突然世界の喜劇王の恋人になった戸惑いと喜び、そして恋人の目から見たチャップリンの素顔を描いている。そして、彼の素顔とは、どれが本当の素顔なのかまったくわからないほどのつかみどころのない、その都度まったく異なり互いに矛盾した多種多様な〈素顔〉であった。

普段のチャップリンは気遣いの人で、また母親を助けられなかった記憶から、苦境にある女性を助けたいと常に思っていた。メイを経済的にも援助したし、彼女が落ち込んでいるときには、面白い話をして笑わせて勇気づけた。

ノルマンディーでの猪狩の話は、この頃には持ちネタになっていたようで、それを聞いて涙が出るまで笑ったメイを、「お茶目なかわいい顔だね、カナリアを捕まえたネコみたい！　今度はもっと激しく笑わせよう」と、その数日前にグールドの招待でモーターボートに乗船した際、激しい便意に襲われ、陸に上がった後、ファンからの声援に笑顔で答えながら必死でトイレを探していた話を、抱腹絶倒のパントマイム付きで披露した。メイは笑いすぎて死ぬかと思った。[*31]

チャップリンと初めて一緒にレストランに食事に行った時、突如オーケストラが荘厳な演奏をして彼を称え、他の客から拍手が送られた。チャップリンは立ち上がり笑顔で応える。しかし、席に戻った彼が「僕は他の人と同じように、すぐに食べることはできないんだね？」と嘆くのをメイは聞き逃さなかった。「スターという存在は人類の一員として認められているのではなく、プライベートな生活を持つことができないのだ」ということをメイは知った。

それでも、同席した客にはサービス精神旺盛で、フロアではメイと見事なタンゴを披露し、テーブルに戻るとナプキンをよだれかけのように巻いて、まだ食器の使い方のわからない幼児のパントマイムを演じて、周囲の人の笑い声が叫び声に変わるまで笑わせたこともあった。彼は常に演技をしていて、メイはそばにずっといるのに、どれが素顔なのかまったく区別がつかなかった。

あるパーティーでは、フランス人の夫と妻、そして妻の浮気相手が登場する寸劇を「ボンジュール」などのカタコトのフランス語とパントマイムで演じてみせた。妻と浮気相手がいい感じになっている。部屋の中で、服のボタンを一つずつ外していく細かい描写もマイムだけで伝わってくる。そこに突然、夫が帰宅。気が動転した妻は、浮気相手を大きなタンスの中に隠す。夫は疑って、部屋の中を捜索し始め、ついに鉢合わせになる。そんな他愛無いシーンだが、三人を見事に演じ分けて、またカタコトのフランス語の面白さも相まって、パーティー客は笑い通しだった。

次に、チャップリンは、彼がロス・アンジェルスで見たという日本人劇団の出し物を演じ始めた。メイは、「彼は常に日本の演者たちを称賛し、世界一の俳優たちであるとみなしていました」と証言する。その時、彼が演じた寸劇は次のようなものだ。侍がお尋ね者を探して、ある家にやってくる。侍らしい堂々たる重々しい足取りだ。お尋ね者は物陰にいて、彼の友達が扇子で隠している。侍が刀を抜いて、物陰をブスッと刺すが、刀には血がついていないので、ここにはいないと判断して去っていく。その後に、お尋ね者が物陰から出て来たが、彼は血まみれになっている。刺された時に、自分の着物で相手の刀についた血を拭いたので、バレなかったのだ。そこで歌舞伎でお馴染みの、壮絶に苦しんで絶命する演技をする。チャップリンは鼻にかかった発音で、日本人以外の誰もが日本語と信じるようなニセ日本語で全編を演じた。彼の「ニセ外国語」力は、『モダン・タイムス』の「ティティナ」歌唱シーンや、『独裁者』における独裁者ヒンケルのデタラメドイツ語演説のシーンに生かされている。

二人で海岸を歩き、ショッピングをして、車の中でお互いに歌を歌って、その歌詞で愛の気持ちを交わし合った。彼は手を彼女の腰に回して、『街の灯』のために作曲したメロディを歌った。メイが初めて耳にしたその曲を歌う声は、「甘くて、極端に魅惑的な声」だった。

そして、普段はそんな明るく楽しい気遣いの人なのに、突如塞ぎ込み、神経質で、過敏で怒りっぽい、もう一人のチャップリンに、あるいはアイディアを生み出すことに没頭し、メイの存在すら目に入らなくなる、また別のチャップリンになるところを、彼女は何度も目撃することになる。

『街の灯』南仏プレミアでの騒動

その頃のコート・ダジュールには多くのアメリカ人が住んでいた。いずれも、当時の禁酒法に代表されるアメリカのピューリタン的な厳格さを嫌って、南フランスの自由と享楽を愛する人々だった。チャップリンは、当初カジノ中心の生活は退屈で馬鹿げていると感じたが、テニスに汗を流し、保養地に集まる芸術家たちと交流するうちに、だんだんニースが好きになってきた。すっかり親しい友人となったフィリップ・サスーンはここにも来ていた。

グールドの午餐会で知り合ったのは、モーリス・メーテルリンクやジャン＝ガブリエル・ドマーグらだ。『青い鳥』の作者でノーベル文学賞を受賞したメーテルリンクは、「哲学者と幼な子を一緒にしたよう」な印象をチャップリンに与えた。美しい銀髪と輪郭のはっきりした顔立ちの、物静かな詩人は、やがてチャップリンと打ち解けて、メニューに奇妙な絵を描き始めた。チャップリンがそれにサインを頼むと、「人の一生のうちには、知的な美よりも道徳的な美の方が切実で鋭いと思われる瞬間が来るものだ」としたためた。[*32]

チャップリンは、この滞在中にも、トラブルに巻き込まれた――やはりマスコミによって捏造された騒動だった。

4月7日に、モナコ政府の主催で、『街の灯』の南仏プレミア上映がモンテ・カルロの劇場で行なわれることになり、モナコ公ルイ二世や、ヴィクトリア女王の三男、すなわち当時のイギリス国王ジョージ五世の叔父であるコノート＝ストラサーン公爵アーサー王子が列席することになった。指定された晩餐会場に行くと、モナコ公は急用があり後ほど劇場で合流するとのことだった。モナコ政府からは、10時まで待ってから劇場に来るように言われたので、その通りにすると、なんとモナコ公とその娘、そしてコノート公爵もすでに席についていた。なんらかの連絡ミスがあったわけだ。コノート公爵はたいそう映画を気に入って、祝福の言葉を述べてくれたので、チャップリンはホッとした。

しかし、後になって新聞は、チャップリンが定刻になっても現れず、翌月には81歳になる老齢のコノート公爵を1時間も待たせたのは王室への侮辱であり[33]、10時になるまで映写も始まらず観客は怒り出したなどと書き立てた[34]。

休暇で訪れたにもかかわらず、結局はどこに行っても群衆にもみくちゃにされ、マスコミには有る事無い事を書かれてしまう。チャップリンは、そろそろ別の場所に行くことを考え始めた。以前より訪れたかったアルジェリアのことが頭に浮かんだ。

彼を招待した側のグールドも、喜劇王の人気を利用した虫のいいビジネスができなくなった今、いつまでもいられても困る。――しかし、お互いに別れを切り出せずにいたのだが、グールド夫人が悩みを解決する見事な方法を思いついた。ある日彼女はチャップリンのスイートにやってきて、プラチナのカフスボタンをプレゼントしながら、「滞在してくれて本当に楽しかった」と礼を言ったのである。

対して、チャップリンも礼を言い、「これからアルジェリアに向かうつもりです」と答えた。

出発の前の晩、カンヌ沖合のイル・ド・レランスにグールドのモーターボートで行った。チャップリンとメイは椰子の木の茂る小道で他の人たちとはぐれた。チャップリンは彼女の手を取って、二人で子供のように走った。二人きりになると、彼は彼女を優しく抱きしめた。美しい島、中世の砦、柱廊。でも、二人にはお互いの存在以外なにも見えなかった。「ここに家を建てて、君と住みたい。もう映画は十分に作った！」チャップリンは情熱的に言った後、こう続けた。「一度でいいから、自分自身になりたいんだ」――果たしてこれが彼の本心だったのかはわからないが、こんなことを口走るほどに彼は未曽有の成功に疲れ、進むべき道を見失っていた。そんな喜劇王の姿は、「野心と、幸福に暮らしたいという欲望との間でしばしば引き裂かれていた」とメイには映った。[*35]

アルジェリアへ

この頃、ヨーロッパ各地では、チャップリンの行き当たりばったりの旅の、次の目的地はどこになるのかが大きな話題となっていた。4月初めに、チャップリンがイギリスに戻って首相と会談する予定であり、首相はまもなくあるはずのチャップリンからの電話を待っているとの報道が流れた。[*36]そのような予定は全くなく、首相サイドの願望が記事になったものだろう。4月中旬には、次はスペインに行くとの噂が流れ、選挙前だったので今来られては警備ができないと警察は頭を悩ました。

バルセロナの港に大勢の記者が詰め掛けては、「今日も来なかった」とがっかりしながら街に戻っていく光景が連日繰り返された。[37] 5月初旬には「ワルシャワにチャップリンが来る」という噂が広まり、それを信じて駅に市民が殺到したことで交通が麻痺するという騒ぎもあった。[38]

そんな狂騒をよそに、チャップリンはあくまで気ままな旅を続ける。一行は、アルジェに行くことに決めた。メンバーは、シドニー、ロビンソン、高野、そしてグールドの広報係だった白系ロシア人のボリス・エヴェリノフ。チャップリンはエヴェリノフの仕事ぶりを気に入り、のちに彼をパリでの自分の代理人に任命した。

チャップリンがメイもアルジェに連れていくと言い始めた時、ロビンソンと兄シドニーは反対した。マスコミは、チャップリンといつも一緒にいる「謎の女性メアリー（なぜかメイは新聞からそのように呼ばれていた）」が喜劇王の新しい恋人か、と書き立てていた。ロビンソンもシドニーも、メイの存在はチャップリンにとってマイナスでしかないと考えていた。彼らから滲み出るメイへの敵意が、ますますチャップリンの恋を燃え上がらせ、頑なにさせていた。結局、チャップリンは4月14日にニースを発って、マルセイユ経由でアルジェに渡り、メイは数日後の船で後を追うことにした。チャップリンを見送るためにメイが港にやってくるだろうと待ち構えていた記者たちは肩透かしを食わされた格好になった。

遠くハリウッドでも、撮影所主任のアルフレッド・リーヴズがアメリカのマスコミ対策に力を尽くしていた。リーヴズはメイとの噂を抑えるために、チャップリンは次回作をアルジェで撮影する予定であり、その映画の中では放浪者チャーリーが「流れるような長いローブを着たアラブの王族に変装する」というアイディアをマスコミに披露していた。

さて、大英帝国の生まれでありながら、生涯にわたって異文化を敬う心を持ち続けたチャップリンは、アルジェリア訪問をとても楽しみにしていた。

「アルジェリア」という名は、なにかしらロマンティックな響きがある。それは私の想像力を刺激する。流れるような色とりどりの衣服で飾られたサラセンの人々の姿が目に浮かんでくる。

私は彼らの生活様式に深い尊敬を払う。ウマル・ハイヤームの子孫である彼らは、人生の本当の意味を持っている。駱駝《らくだ》とナツメヤシを持った人生は、近代産業の犠牲者である私たちのものとはかけ離れている。[*39]

むろん、「白人によるアフリカ人の風俗へのエキゾチックな趣味」と批判するのは容易いが、これらの言葉は彼の率直な気持ちの吐露であろう。チャップリンはその後、バリや日本でも当地の風習を研究し、後述するが実際にバリを舞台にした映画脚本を執筆するほど異文化に敬愛の眼差しを向け続けた。この時も、アルジェに着くとすぐにアラビア人のガイドを雇って旧市街を歩き、何百年と変わらぬ方法で仕事をしている職人たちをはじめ現地の人々の生活を興味深く見学した。

アフリカでもチャップリン人気は沸騰していて、出歩くたびに群衆に囲まれ、ある店に入った時などは暴徒化した群衆が窓ガラスを割るといった騒ぎになったので、街を散策する時には変装しなければならない羽目になった。[*40] 現地にいた新聞記者はアフリカでのチャップリン人気についてこう記している。

ガソリンを入れようとして車を止めた時、大ニュースが爆発していた、爆弾のように！　物静かなアラブ人が日当たりのいい街角で明らかに「そのこと」について話していた……地元の人がリレー式に情報をつないだ……店の人も小さな家の住人も、話題の中心は「そのこと」だった……（中略）「チャーリー・チャップリンがアルジェにいるぞ！」

仮に万一フランス人が植民地を元の国に返したとしても……（フランス領モロッコ総監を務めた）ユベール・リヨテがイギリス国王になったとしても……モロッコがイスラム教を放棄したとしても……仮にこれらのとんでもない事態が起こったとしても、「チャップリンが来たこと」より多くの興奮を街に生み出すことはできないだろう。[*41]（括弧内筆者）

この頃になると、メイとの間を引き裂こうとしているロビンソンに対しての嫌悪感を、チャップリンは隠さなくなっていた。せっかくマスコミのいないアフリカに来たのに、ここでも群衆にもみくちゃにされて心が休まる暇もなく、チャップリンの心にいらいらが募っていた。

シドニーは、思い悩む弟を見てかつてマネージャーだった頃のように助けたいと思ったのか、あるいはこの機に乗じて数年間疎遠だった兄弟関係をやり直してもう一度弟の信頼を勝ち得たいと思ったのか（ロビンソンは後者だったと推測している）、兄弟二人きりでの話し合いの場を持ち、弟に『街の灯』の配給計画が不十分であると吹き込み、しっかり監修するように言った。

その効果はてきめんであった。気持ちが不安定だったところに、兄からの助言で煽られたチャップリンは、すぐにロビンソンに命じて、ユナイテッド・アーティスツのニューヨーク担当だったアーサー・ケリーを解雇した。第1章で述べた通り、『街の灯』のニューヨーク・プレミアの際にろくに宣伝もしていなかった張本人だ（ちなみに、アーサーは、チャップリンの初恋の人ヘティの兄なので、彼を解雇することはかつての思い出との痛みを伴う別れをも意味していた）。さらに、フランスの状況を調べるために、チャップリンは兄シドニーとロビンソンをパリへと遣わした（つまり、理由をつけて、ロビンソンを遠ざけた形となった）。

高野の回想によると、チャップリンの北アフリカ滞在中、ヴェネツィアにいるマリオン・デイヴィスからパーティーに来てくれと電報が来た。マリオンを避けてヴェネツィアを早々に発った彼の判断は正しかったわけだ。丁重に断りの電報を打って、アフリカ滞在を続けることにした。

やがて、メイが合流した。滞在先のホテル・アレッティでは、保養にやってきているヨーロッパの貴族によるチャップリンのためのパーティーが行われていた。〈帆船での海外旅行〉をテーマにした仮装パーティーを早々に抜けて、久々の二人きりの時間を楽しんだ。

翌朝はいつもの通り二人でタンゴを踊った。メイはエキゾチックな顔立ちをしているから、アラブ人の役ができる。君がアラブの少女を演じる映画を書くよ！　チャップリンはそう言って、ハリウッドでの夢の生活を語る。そうかと思えば、外出すると必ずミニチュアのおもちゃ細工の家を売る店の前で動かなくなり、「もしいつか全てを失って映画も作れなくなった時には、僕はおもちゃを作るよ。子供の頃、新聞紙で小さな船を作って、行き交う人に売って飢えをしのいだんだ」と言い始める。メイは、チャップリンの「もしいつか無一文になったら」という言葉を何度も聞いていた。[*42] 本当の極貧を経験したチャップリンの金銭感覚は、他の大金持ちのそれとは異なっていた。どの街を歩いても、メイはチャップリンが貧しい人々に小銭をあげているところを見たことがなかった。アラブの絨毯やアクセサリーの店に入っても、彼は基本的に見るだけであり安い商品であっても不要なものは購入しなかった。メイはそんな体験を回想録に繰り返し記して、かの億万長者のケチさを暗に非難している（旅費も生活費も出してもらっておいて、その書き方はどうかと思うが……）。メイは、チャップリンが幼少期に体験した極貧がいかなるものであったかを、実感を持って理解することはできなかったのだ。

郊外の砂漠に高野の車でドライブをした時、些細なことからチャップリンとメイは喧嘩した。メイの回想によると、それは、激昂するチャップリンを初めて見た経験だった。お互いにストレスが溜まりつつあったのだろう。彼らは早々にフランスに戻ることを決めた。苦労してマスコミを避けて船に乗り込み、船が沖に出た後はリラックスして二人の時間を楽しんだ。

『街の灯』配給問題

先に一行と別れたシドニーとロビンソンが、状況を調べたところ、フランスでもイギリスでも、劇場のブッキングがあまり進んでいないことがわかった。配給のUAは、業界で禁止されているブロックブッキング（抱き合わせ販売）を行なっており、劇場に対して、大ヒットが確実な『街の灯』を上映したければ、UAの他の作品も上映しろと迫っていたため、数本分の多額の契約金が払えない地方の映画館は『街の灯』の上映ができないでいた。

問題はそれだけではなかった。ロンドンでは3000人収容のドミニオン劇場と20週間上映するという大興行契約（最低4万ポンド保証で、UAの取り分は60％）を結んだため、その後に上映を希望している（ドミニオンと商圏が重なる）ロンドン近郊の映画館の需要が先食いされ、客足が鈍ることが予想された。しかも、ドミニオンでは1日3回まわしていたのだが、封切りから2ヶ月経っても客足が落ちず、4月20日には1日4回上映に増やした。[*43] 演劇の大劇場での大々的な上映は、映画館チェーンの反感を買った。

米英でのプレミア上映の成功を背景に、UAは『街の灯』の興行収入について配給と劇場の取り分の割合を「50対50」という強気の条件でセールスしていたのだが、イギリス最大の劇場チェーンであるゴーモン・ブリティッシュ社や業界2位のアソシエイテッド・ブリティッシュ・シネマズは、不況に苦しむ中、ヒットが確実視されている『街の灯』で儲けようと、興行収入の3分の2を劇場に寄越せと要求した。ある劇場関係者は、「『街の灯』に3年間かけたから、チャップリンは金を取り戻さなきゃいけないんだと？　でも、手早くやれば、6ヶ月で簡単に作れただろう。彼がハリウッドで30ヶ月もの休日に使った金を支払うために、イギリスの劇場が損をしろと言うのかい？」と、チャップリンの創作の苦闘も知らずに言い放った。[*44] UAのイギリス支社は、地方や時期によっては「40対60」の条件に譲歩することを表明したが、[*45] 交渉はまだ難航しそうだった。他方、末端の映画館は、どんな条件でもいいから『街の灯』を早く上映したいと願っていた。

このように、配給と劇場チェーンと映画館の思惑が複雑に絡み合い、こう着状態となった結果、

『街の灯』の上映は地方都市に広がっていなかった。そこで、シドニーとロンドン在住の従兄弟のオーブリーは一計を案じ、4月20日にイギリスの業界紙『デイリー・フィルム・レンタル』に、「『街の灯』のブッキングで困っている映画館は、チャップリンに直接手紙をください」と異例の声明文を掲出した。

その時イギリス中の映画館から殺到した手紙の数々は、今もチャップリン家の資料庫に残っており、「『街の灯』を上映したければ、他に八つのUAの作品も一緒に上映しろと言われましたので、諦めていました」などと、UAのブロックブッキングの手口が生々しく書かれている。対して、他の業界紙はUAよりの記事を載せて、業界のルールを無視して突如声明を出したチャップリンを非難した。[*46] 現代においても、映画製作者と配給と映画館は、利害が絡み合いしばしば緊張関係に陥るわけだが、『街の灯』をめぐる業界の騒動は1930年代の大ヒット作をめぐるケースとして興味深い。ともあれ、問題が明るみに出たことでチャップリン側は勢いづき、シドニーたちは映画館でのブッキングを次々と決めていった。

別れさせ工作

一方、パリに着いたシドニーとロビンソンは、配給の遅れよりももっと由々しき問題が持ち上がっていることに気付く。パリのオフィスには、彼らの不在中に届いていたシドニーの妻ミニーからの手紙の山があった。ミニーは、メイとチャップリンとの仲をマスコミが騒ぎ始めている、このまま放っておくとチャップリンは人気も財産も失ってしまうと、強い調子で警告していた。

シドニーはここでもまた一計を案じ、ロビンソンに、チャップリンとメイとを別れさせるように命じた。実のところシドニーは、弟チャーリーが出会う前のメイと関係を持っていた。別れさせるためならそのことをばらしてもいいとまでシドニーは言った。[*47]

気の進まない命令ながらも、ボスの「抑え係」であるロビンソンは（彼自身がメイを嫌っていることもあり）その役割を果たすために、二人の船が着くマルセイユへと急いだ。

4月26日に、約十日のアフリカ滞在を終えたチャップリンを乗せた船がマルセイユ港に到着すると、ロビンソンはマスコミよりも先に乗り込んで、新聞にメイと二人でいる写真を撮られないようにチャップリンを説得して先に一人で上陸させ、その後メイと二人で下船した。

マルセイユのオテル・ノアイユについた時、チャップリンは上機嫌だった。ロビンソンは「二人きりでお話しする必要があります」と別室に彼を連れていった。しばらくして、メイが控えていた別室に、チャップリンの怒鳴り声が漏れ聞こえてきた。「頼むから黙ってくれ！　僕が女性を愛するたびに、誰かが別れさせようとする。お前たちの陰謀で、僕の今まで一番の幸せを壊そうとしても無駄だ！」ロビンソンも「チャーリー、私はあなたのためにやっているのです。キャリアを考えてください。最初の二つの結婚の失敗で十分でしょう？　こんなことを永遠に続けるのですか？　人気を失いますよ。マスコミはあなたの一挙一動を見てるんですよ」と一歩も引かない。

しばらくしてメイの元に戻ってきたチャップリンは、明らかに動揺していた。メイとシドニーとの関係を聞いたのだ。メイはシドニーとの関係を否定し、チャップリンを必死で宥《なだ》めた。彼女の言うことを信じたチャップリンの怒りの矛先は、再度ロビンソンへと向かった。ロビンソンの方も、メイに「君はどうしたいんだ？　チャーリーと結婚したいのか？」と怒鳴り、対してメイも「あなたに何の権利があってそんなふうに私に言えるの？　チャーリー、あなたは彼がこんな喋り方を私にするのを許すの？」と反発する。[*48] こうなれば修羅場である。

しかし、こう言った場合の常であるが、恋人たちの関係は簡単には切れない。結局、割りを食ったのは忠実なロビンソンだった。彼はチャップリンの怒りを買い、またシドニーもまさか自分とメイとの関係を本当にばらすとは思っていなかったようでカンカンになって怒った。[*49] もうロビンソンとは一緒に旅行できないということで、彼はニューヨーク担当としてアメリカに戻されてしまった。[*50] 数ヶ月後、年が明けて『街の灯』の業務が終わった時に、チャップリン撮影所がロビンソンとの契約を更新しないと告げたことで、彼の16年にわたる喜劇王との関係に終止符が打たれることになる。

もちろん、チャップリンとメイとの関係も以前通りというわけにはいかなくなってしまった。チャップリンは、当時富裕層の間で大流行していた保養地であるジュアン・レ・パンに行くことになったのだが、メイはしばらく一人でパリに滞在することになった。マスコミの目を避けるためにロビンソンが手配したのだが、それは二人の恋の終わりを感じたチャップリンの希望でもあると、メイには思われた。あるいは高野の回想では、状況を理解し空気を読んだメイがその場にいづらくなり、しばらくパリに行くと自身で決めたらしい。いずれにせよ、長旅の中で人間関係も変わりつつあった。

愛国心は狂気だ

ロビンソンをアメリカに戻してしまったことは、チャップリンがマスコミに対して無防備になったことを意味した。その後、チャップリンがジュアン・レ・パンを訪れた時に、早速、「抑え係」を遠ざけた悪影響があらわれた。

その少し前に、ロンドンの大劇場であるロンドン・パレイディアムの劇場主ジョージ・ブラックからチャップリンに舞台への出演の依頼があった。その舞台とは、高齢者や障がいを持ったミュージック・ホール俳優たちのためのチャリティ公演で、王室のメンバーが列席する御前興行だった。報道によると、出演依頼が打電されたのは4月27日と29日のことで[*51]、舞台でのパフォーマンスが無理なら、幕前で挨拶だけでもしてほしいという内容だった[*52]。その時アフリカに滞在中ですぐにロンドンに行くことは難しいし、舞台のための十分な準備時間もなく、そもそも映画界入りしてから舞台出演を行なっていなかったので、その申し出を丁重に断り、代わりに200ポンドの小切手を寄付した。

しかし、マスコミはこの舞台を断ったのは、王室への侮辱だと書き立てた。「チャップリンが御前ショーを断る」と題された1931年5月9日付の「イヴニング・スタンダード」紙を引用する。

チャーリー・チャップリンは靴磨きのように最後まで銀幕にこだわり、イギリスの国王と王妃の招待、すなわち「勅命」すらも彼を舞台に呼び戻すことはない。(中略)

「僕はそんなふうに人前には出ない」というチャップリンの言葉を本紙は報じた。「僕が、世界中で最もやりたくないこととは、舞台に登場することだ。それは悪趣味だよ」

チャップリンは小切手を寄付し、それは王室の委員会によって高齢者や障がいを持つヴォードヴィル俳優たちに分配された。

ほとんどの俳優たちは御前興行への招待を、彼らの誇りとみなし、断るものはほとんどいない。[*53]

繰り返すが、この公演は単にブラックが企画したチャリティ興行に王室が列席しただけであり、王室主催の舞台ではないので彼らへの侮辱になるはずもない。実際、出演俳優たちからチャップリンへの非難の声はまったくなかった。例えば、その興行に出演したカナダ出身の名女優ベアトリス・リリーは、チャップリンを擁護し、多額の寄付をした彼を称賛した。[*54] しかし、「抑え係」がいないことで、マスコミはやりたい放題に攻撃をした。

その舞台がロンドンで行なわれる前の日の5月10日には、別のトラブルが勃発していた。彼がジュアン・レ・パンのテニスコートで友人を待っていると、一人の青年が話しかけてきた。チャップリンの友人の友人とのことだったので、社交的な挨拶をした。しばらく話すうちに、その人当たりのいい青年とすっかり意気投合して語り合った。

話題は世界情勢へと移った。チャップリンは、ヨーロッパでは次の戦争を招きかねない状況にあると悲観的に話した。青年は、「ぼくはどんなことをしても、次の戦争には行きませんよ」と言った。彼は青年の思いに理解を示し、「ぼくらを厄介なことに巻き込む連中には敬意など抱けないね。

誰々を殺せとか、これこれのために死ね、などと命令されるのはまっぴらだ。しかも、そうしたものがみな、愛国心のもとに行われるのだからね」。

彼は思いの丈を喋り、翌日の晩に食事をする約束をして別れた。だが、次の晩、約束の時間になっても青年はあらわれない。仕方なくホテルに戻ると、驚いたことに、前日に青年に喋った内容が世界中に配信されているではないか。そう、彼は特ダネを追う新聞記者だったのだ。新聞には、「チャップリンはイギリス人に世界一の偽善者との烙印を押す」との見出しが躍り、無許可の「独占インタビュー」が長々と掲載されていた。

喜劇役者は、苦難の時期に彼を拒絶した祖国に対して、負っているものがあるだろうかと疑問に感じている。

「僕にはイギリスへの義務がある、とみんなは言う。その義務とは何だろうね。（中略）17年前にイギリスにいた時、誰も僕を求めていなかったし、気にもしてくれなかった。僕はチャンスを求めてやむなくアメリカに行って、そこで成功をつかんだ。（中略）

ここ（南フランス）では、ある晩じっとモナコ公を待っていただけなのに、僕がコノート公を侮辱していたことになったらしい」

マスコミの勝手なバッシングへの恨み節に続いて、チャップリンは愛国心について彼の率直な思いを吐露した。

「愛国心というのは、これまで世界が苦しんできたものの中で最大の狂気だ。僕はこの何ヶ月かヨーロッパの各国をまわってきたが、どこでも愛国心がはびこっている。そして、その結果は新たな戦争になっていくだろう。この次の戦争では、老人を前線に送ってもらいたいと願っている。今日のヨーロッパでは、犯罪を犯しているのは老人なのだから」*55

すべては、「抑え係」がいないために、起こるべくして起こったトラブルだった。

これらの報道で、チャップリンは非愛国者であると相当な批判を受けたのだが、当のチャップリンは、それから30年以上経って75歳の時に出版した『自伝』で「それは嘘ではない」と言い切った。

わたしが愛国者でないのは事実である。（中略）愛国心の名のもとに600万人ものユダヤ人が殺されたのに、どうしてそんなものが許せようか。（中略）もちろん、自分が住んでいる国が侵略されたら、ほとんどの人と同じように、わたしも最大限の犠牲を払うことができると思う。だが、祖国を熱狂的に愛するようなことはできない。なぜなら、それはナチスのような国を作ることになるからだ。わたしは、そんな国からは良心の呵責《かしゃく》など感じずに立ち去るだろう。*56

しかしこの発言は、当時、とくに英国のマスコミによって徹底的に批判された。「彼の意見はまことに先見の明があるものだったが、一九三一年のイギリスではとうてい受け入れられるものではなかった」[57]。第二次世界大戦はそこまで来ていた。

第4章

フランス、スペイン、イギリス、スイス、イタリア「暴力は結局のところ自滅する」

行程 1931年4月26日南フランス ジュアン・レ・パン～7月30日パリ～8月4日ビアリッツへ（8月9日はスペイン サン・セバスチャン）～9月17日イギリス　ロンドン、北部イングランド～12月12日スイス、サン・モリッツへ～3月2日イタリア～3月6日ナポリから東洋へ出航

ガンディーと面会するチャップリン

高野の食中毒

前章で触れた通り、一行がアルジェから戻った後、ロビンソンはアメリカに戻され、兄シドニーはパリに派遣され、メイも一人パリで過ごすことになった。しばらく離れ離れになってしまったわけだが、チャップリンと高野がジュアン・レ・パンに落ち着いた頃、メイは二人の元に再合流した。メイはチャップリンのことを深く愛しており、少しの間も離れることができなかったのだ。

チャップリンのメイへの感情は、(ロビンソンの「別れさせ工作」もあり)以前よりも落ち着きつつあったが、一緒にいると楽しい仲間であることに変わりはなかった。

そんな6月初旬のある日のこと、高野が魚料理にあたり食中毒になって寝込んでしまった。普段から健康そのものだったチャップリンは、「私のフライデー(ロビンソン・クルーソーの従僕)[*1]」と呼ぶ大切な秘書の突然の病気にパニックになり、高野が死んでしまうのではないかと狂乱した。

メイはパニック状態のチャップリンを部屋の外に出し、高野の看病の役目を買って出た。高野はメイの優しさに心打たれた。

それにしても、外に追い出されたチャップリンはどこに行ったのだろうかと思っていると、しばらくのちに彼はホテルが雇っている医師一人と看護師二人に加えて、村中の病院に連絡をして三人の医師を連れて部屋に戻ってきた。高野は重篤な状態だったが、食中毒の患者に対して医者が四人いても仕方がない。メイは、食中毒患者である高野と「パニック患者」であるチャップリンと、二人の「患者」の面倒を見る看護師になってしまった。

そのうち、高野の病状を心配するあまり、今度はチャップリンが体調を崩してしまった。いくら安静にするようにと言われても、高野の健康が回復するまで自分は眠らないと言い張った。*2 それほどまでチャップリンにとって高野は大切な存在だったのだ。

発症から3日目になって、高野は危機を脱した。だが、回復が遅かったので、チャップリンは高野の体調を思って移動せずにそのまましばらくジュアン・レ・パンに滞在することにした。

気まぐれな天才の日常

そんなわけで、結果的にジュアン・レ・パンには5月から3ヶ月ほど滞在することになる。世界旅行に出てから最も長く滞在した場所になったこの村では、仕事にまつわる公式行事も少なく、チャップリンはプライベートな休暇を楽しむことができた。メイにとっては、この時がもっとも楽しい思い出になったようで、手記ではかなりの割合がここでの他愛ない日常に割かれている。そこで描かれる素顔のチャップリンは、一人の人間について描写したものとは思えないほど、矛盾した性格と予測不能な行動を持つ人物だ。*3

メイがジュアンに再び来たときは、そのままチャップリンの部屋に転がり込むのはまだ憚られたのか、近くの別のホテルを取った。彼はまだ怒っていたようで、再会するとまた喧嘩の続きが始まった。たまらずメイは泣いてしまい、部屋から出て行こうとすると、チャップリンは彼女に手を回して鏡の方に体を向けて、「今、鏡をご覧。不幸せがどれほど君を美しくするかわかるよ。今、悲劇の仮面をかぶっている！」と彼は完全に演出家になってそう言った。さあ、僕と一緒に住もう、荷物をまとめて僕の部屋においで、と突如喧嘩は終わった。メイが荷造りをしているのを待っているあいだ、チャップリンは他の人の目も気にせず、一人でロビーのピアノを弾き続けた。

チャップリンが投宿していたオテル・プロヴァンサルは、フランスを代表する建築家の一人、ロジェ・セアサルの設計による、海辺にそびえる白亜のアール・デコ建築を誇っていた。そこの6階の部屋で同棲し始めると、バルコニーでの日光浴が二人の日課になった。「パーマやウェイヴした髪よりも、短くて自然な髪型がいいよ」と言って、ショートカットの女性が好きなチャップリンはメイの散髪をした。メイは短くカットされすぎたのではないかと思ったが、彼は上機嫌だった。彼は家事に勤しみ、メイの衣服も下着も彼が洗濯した。日光浴の後は、二人でバスタブに飛び込み、イルカごっこをした。彼は古いミュージック・ホールの歌を歌い、元気よく体を洗い、今日は笑顔の一日だ……と思いきや、突如沈黙し、物思いにふけりはじめるのだった。数時間も風呂に浸かって無言で遠くを見つめる姿はメイには怖いほどだった。どうしたの、と聞いても、「白昼夢を見ているんだ」と言うのみ。風呂から上がると哲学的なフレーズをノートに書き留めた。

また、ある時は日光浴もせず、パジャマのまま机に向かって一日中執筆することもあった。多くの鉛筆を用意して、アイディアが浮かばない時は異なった鉛筆に持ち替えてインスピレーションを得ようとした。その執筆法は、多くのメモ用紙を並べて、それぞれに半ページずつほど書くという独特の進め方だった。教育を受けていないため、スペルを確認するために何度も辞書を引きながら書いていた。部屋では「自殺クラブ」と「ナポレオンの第二の人生」という脚本の執筆を続け、それらをほぼ完成させていた。

政治・経済・哲学などのたくさんの書物を持ってきていて、パーティーなどで学者に会う前には、その人の専門分野を予習して、どんな質問をするかも用語集で事前に調べて用意していた。なかなか上達しなかったが、フランス語も勉強し、シドニーを通じてリンガフォン社のフランス語教材を一式注文している。[*4] 新聞は毎朝4～5紙を読んでいた。何時間もゲームをしていたかと思うと、突然ソネットを書き始めることもあった。

相変わらず「もし明日無一文になれば」と繰り返し、富裕層がショッピングに勤しむ保養地のカンヌでも彼は何も買わず、タクシー代を浮かすためにバスに乗ることもあった。極貧の幼少時代の思い出が今も彼を支配していることは明白だった。

どの街でも庶民が買い物をする市場を歩くことを好み、慎ましやかな大衆食堂で食事をするときはそれまで気分が塞いでいても穏やかになった。普通の詩人なら花盛りの庭で詩を詠むところだが、彼は色とりどりの野菜や肉やチーズに囲まれたマーケットで詩人になった。

「天才の想像力は子供のそれにいくぶんか似ている」とメイは言う。昼間に通りで雨雲を見て「見て、ママ！　雷がゴロゴロなりそうだよ！」と無邪気に叫び、アイスクリームの店の前に立ち止まって子供のようにアイスを平らげる。しかし、直後には、街を歩きながらふと人の話を聞かなくなり、虚な目で空《くう》を見ている。真剣にギャグを考えているのだ。つい先ほどまで塞ぎ込んでいたかと思えば、パーティーの席上では夜遅くまで爆笑のマイムを演じ続けて人々を笑わせる。鋭敏な感受性の持ち主は、急に夜中に「人が吊るされて殺される夢を見た」と飛び起きて叫び、またある時は

「もう死んでしまう！」と突如死の恐怖に囚われる。チャップリンの言動は、子供と大人、実生活と俳優・監督との区別がまったくつかず、その素顔ははたから見ていてもまったく捉えどころがないものだった。

メイのための映画　二人だけのリハーサル

メイは、『街の灯』を見るたびにどんどん好きになっていった。そのことをチャップリンに告げると、「本当に？　僕も同じふうに思っている」と喜んだ直後に、「でも、自分でやった仕事なので、自分自身にはプライドを持とうとは思わない」と冷めた声を出した。ハリウッドのスターたちは常にイエスマンに取り巻かれている。そのことをわかっていたチャップリンは、イエスマンを絶対に寄せ付けなかった。お世辞を言う人はたくさんいるが、本当の友達は少ないと知っていたのだ。孤独の中で道を極める彼の強さが、メイにもひしひしと感じられた。

四六時中演技をしている（のかそれが素なのかわからない）チャップリンだったが、あらためて「何か演じてください」と頼むと恥ずかしがって臆病になってしまうのが常だった。「20年以上もの間、僕は映画のセルロイドのコマの中にだけ存在してきた。単なる一人の人間になってみたい」と言い、他の人が映画について議論すると逃げ出すほどだった。

同時にそれは、自分が「セルロイドのコマの中にだけ」生きる映画人であるという自負の裏返しでもあった。「僕にとって映画とはパントマイムのことだ。舞台と共通するものはない。映画に固有のアートだ」と独自の映画論を語ることもあった。普通は、「舞台で演じられてきたパントマイムが、新メディアである映画に持ち込まれた」と考えてしまうのだが、そうではなく、身体だけで表現するパントマイムこそ、動く絵だけで物語を紡ぐ映画にとって「固有のアート」なのだと言い切るのが興味深い。チャップリンに言わせれば、綿々と続いてきたパントマイムの芸は、映画というメディアにおいて完成を見たということになる。

ジュアンでも『街の灯』のプレミア上映があり、映画にも使われた「ラ・ヴィオレテラ」を歌ったラケル・メラーも出席した。盲目の少女と放浪者の愛の物語にメイが泣くと、チャップリンは「君の涙が、これまでに僕が獲得した批評の中で最も美しい」と喜び、「もし君が盲目だとして気にしない。僕はどこでも手を引いて連れていって、君の世話をしてあげる」と言った。その告白は彼女のチャップリンへの愛を深くした。

東ヨーロッパで育ったメイが、小さい頃ハンガリーで見た結婚の宴の様子を話すと、チャップリンはその話をいたく気に入った。ある日の午後に部屋にいると、ハンガリーからやってきたらしいロマ（いわゆるジプシー）のバンド演奏がどこからともなく聴こえてきたことで、インスピレーションがさらに膨らみ、チャップリンはメイをヒロインにした映画の構想を練って、一気に書き上げた。メイによるとその大枠は次のようなものだ。

咽《むせ》び泣くようなヴァイオリンが聴こえてくる――ハンガリーのロマの青年が、同じ部族にいる恋人のために弾いているのだ。その音楽に合わせて、見事なダンスをする恋人。愛し合う二人は、田舎の美しい風景の中を連れ立って歩く。

やがて、放浪者たる彼らにとって、次の場所へと移る時がやってきた。旅の途中のある場所で、青年は、自動車が壊れて立ち往生している白人の女性を見かけた。彼は彼女に一目惚れしてしまい、彼女のことが頭から離れなくなり、とうとう部族を抜け出した。都会の街で探し回って、ついに白人女性を見つけた青年。二人は愛し合い、彼女のおかげでキャバレーの演奏の職も得た。だが、それも束の間、白人女性は彼を置いて別の男性へと走る。

失意の青年は部族が恋しくなり、もと来た道を戻っていく。彼は気づかずに部族のテントの近くまで来ていた。そこで、いつかのヴァイオリンのメロディを奏でる。部族まで届いてきたそのメロディには、恋人の父も聞き覚えがあった。実は世を儚《はかな》んだ恋人は、彼が去ったあと池に身を投げて死んでいた。恋人の父はメロディが聴こえる方を辿って男の前に現れ、娘の恨みを晴らすために彼を殺した。[*5]

シナリオができると、早速稽古が始まった。「君は、哀れに捨てられた女のすべての苦しみを経験するんだ」と演出を受けて、メイは同じセリフを50回、100回と繰り返し練習をした。チャップリン自身も同じ台詞を朝から晩までずっと繰り返し、稽古を続けた。しかし、どれだけ繰り返しても、彼は決して自分の演技にも満足することはなかった。撮影するかどうかもわからないシナリオのために全力の演技で取り組む姿に、メイは創造者の業のようなものを思い知った。

文人たちとの交友——エミール・ルートヴィヒ、H・G・ウェルズ、フランク・ハリス

ナポレオン伝記で名高いエミール・ルートヴィヒとは、5月末にカンヌのパーム・ビーチ・カジノで昼食をともにした。[*6]対岸には、鉄仮面の男が収容されていた監獄があることで有名なサント・マルグリット島が見えた。チャップリンは彼の「高く秀でた額、厚く感覚的な女性的な唇」が、バイロンに似ていると感じた。ルートヴィヒは、食事中にやおら一枚の栗色の葉を取り出し、「古代ギリシア人は、自分が賞賛する人に月桂樹の葉を捧げるならわしがありました。私の尊敬の印として受け取ってください」とチャップリンに献じた。

芝居がかったルートヴィヒの挨拶は、一種の照れ隠しだったようだ。やがて二人は打ち解けて、語り合うようになる。これまでに見た最も美しい光景について問われたチャップリンは「テニスのヘレン・ウィルスの美技」と「ニュース映画で見た、第一次大戦後のフランダースの畑を耕す男」と答えた。「悲しく丸めた農夫の背中、土を耕している時の決心と勇気、不屈の精神、挫折を乗り越えて建設する意志」に美を感じたのだ。

二人は読書に話題を移した。チャップリンは「自分は読むのが遅く、それゆえに文学の選択において選り好みする」ので、自分の文学的教養の基礎は、聖書、シェイクスピア、プルタークの『英雄伝』、ロバート・バートン『憂鬱の解剖』、ジェイムズ・ボズウェル『サミュエル・ジョンソン伝』ぐらいであると述べ、17歳の時にロバート・インガーソルを読んで哲学に興味を持ち、以来、ニーチェ、エマーソン、ショーペンハウアーを読んだと言った。[*7]ショーペンハウアーは彼のお気に入りだったようで、のちに『殺人狂時代』（1947年）でも刑務所を出たばかりの女性が読んでいる本としてセリフに登場し、また『自伝』の最後にも引用される。

喜劇王の読書についてもう少しだけ触れておこう。カーノー劇団の後輩で、のちに「ローレル＆ハーディ」のコンビで有名になるスタン・ローレルも、巡業中にチャップリンは一人で難しい本を読み耽り、一時はギリシア語の勉強もしていたと回想する。[*8] 1931年2月27日付の"*The Lancashire Daily Post*"は、「チャーリー・チャップリンの読書」と題して、彼がその時読んでいた本のリストを掲載した。それによると、宇宙物理学者ジェイムズ・ジーンズの宇宙論から、ロバート・アイスラーの『救世主イエスと洗礼者ヨハネ』、哲学者バートランド・ラッセルの『幸福論』、ジャーナリストのロバート・ベンチリーのエッセイ集など、多岐にわたるセレクションだ。

兄シドニーが妻ミニーに宛てた1932年3月9日付の手紙の中には、弟の船室で見つけた本として、経済学者ポール・アインツィヒの経済書、ケインズの『平和の経済的帰結』、そしてロシア革命についての論文が挙げられている。その頃は、もっぱら政治と経済についての書を読み漁っていたようだ。

親しい友人の一人でもあるH・G・ウェルズからは、5月末に香水で有名な街グラースの彼の別荘に招待され、[*9] 数日滞在した。[*10] 愛人でロシア人作家（スパイと噂されたこともある）のマリア・ブドゥベルグのために建てた家だった。SF作家ゆえに科学にも詳しい文豪は、相対性理論のような難しいこともわかりやすく説明してくれるので、彼との議論の機会はチャップリンにとってありがたかった。互いに貧しい生い立ちであることも親近感を抱かせた。

彼は、ちょうど大著『人類の仕事と富と幸福』を完成させたばかりだった。3年がかりの著述の後、何をするつもりなのかと聞くと、「次の本を書くまでさ」と文豪は答えた。「わたしに何ができるというのだね？」[11]。

ウェルズは、チャップリンに短編映画に戻ってほしいとお願いした。「君は、ストーリーとテーマにこだわるという難しい課題に自分を押し込んでいる。誰もディケンズの長編小説のストーリーを記憶していないよ。出来事やキャラクターが読者に訴えかけるんだ。個人的には、君の短編をもっとたくさん見たいんだよ」。そんな話をしながら大聖堂を見に行くために狭い道を歩いていると、チャップリンの靴下どめが切れた。目抜き通りに買いに行くと、そこでも騒ぎになり買い物どころではなくなった。結局、二人は大聖堂を諦める羽目になってしまった[12]。

ニースでは、フランク・ハリスの家を訪ねた。1920年にハリスの講演を聴き、その朗々たる語りに感銘を受けて以降、チャップリンは彼の愛読者だった。以来、個人的な交友も生まれ、1921年にチャップリンが初めてシンシン刑務所を訪れた際には同行してもらった。ハリスは、友人でもあったオスカー・ワイルドやバーナード・ショーの伝記や『人間シェイクスピア』などの大著を執筆したほか、編集者としても腕をふるい、著名人との派手な交友もあってジャーナリスティックな注目を集める存在だった。他方、この頃には自叙伝『わが生と愛』の中の露骨な性描写が批判され、各国で発禁処分を受ける憂き目にあっていた。

その夜、チャップリンはハリスに、ロス・アンジェルスでの面白い体験を話した。ある時、映画スターとしてのチャップリンではなく、何者でもない一人の男として他人に印象を与えることができるだろうかと思い、髭も剃らず失業者のような格好で道行く女性に近づき、「学校の先生です」と自己紹介をしながら、彼女の友達も交えて三人でレストランにて食事をした経験だ。女性の友達に「誰かに似てると考えていましたが、あなたはチャップリンに似てますね」と言われても、「それは嫌ですね」とごまかしていたのだが、給仕にチャップリンさんと呼ばれてしまったことでいたずらな試みは終わってしまう。

ハリスは、「君はその経験を書くべきだね」と即座に返した。文法を気にして自分の文章のスタイルが保てないと尻込みするチャップリンに対して、ハリスは文法なんかノンセンスだと言った。二人はシェイクスピアたちの名文を誦《そらん》じながら、それらがいかに文法から自由で、生き生きと情景を表現し心地よい音を持つかを語り合った。*13 ――しかし、そんな愉快な文学談義から3ヶ月ほどしてハリスは心臓発作で亡くなってしまう。ハリスとの最後の機会に交わした自由な文学論は、のちのちまでチャップリンの心に残った。

パリ再訪

そんなわけで、チャップリンは南フランスを存分に満喫していた。文化人との談義に連日の日光浴。テニスやマリンスポーツを楽しみ、エクササイズに励んでいたようで、「ヨガ呼吸法を習得」とも報道された。*14 兄シドニーは手紙で次のように記している。

一昨日（6月8日）、アルジェで別れて以来、初めてチャーリーに会った。彼は元気そうで、日に焼けて、明らかにいい時間を過ごしている。世の中に心配事なんてない、と言っていた。彼以外のみんなは彼のビジネスについて心配しているのに。*15

嬉しいことに、チャーリーはまったく健康で、ニースから数マイルのリゾート地、ジュアン・レ・パンで休んでいる。彼はたくさんテニスをして、海水浴を楽しんでいる。よくうち（ニースのシドニーの家）まで走ってきては、次の映画のストーリーについて長い時間話し合っている。[*16]（括弧内筆者）

しかし、さすがに6月下旬になれば、南仏社交界での連日のパーティーにも飽きてきたようで、ファンに騒がれないように自動車でヨーロッパ大陸を静かに周遊したいと言い始めた。兄シドニーは弟の願いを叶えるために、彼らのパリにおける代理人ボリス・エヴェリノフに手紙を書き、「イギリス人にとっては愛国的なおこないに見えるだろう」という理由で、ロールスロイスを購入するように指示している。むろん、節約家のチャップリン兄弟ゆえ、「少しだけ使った中古車」か「レンタルで」と付け加えることも忘れない。

チャップリンはヨーロッパ自動車旅行計画をしつこく兄に話していたようで、シドニーはエヴェリノフに6月25日、7月1日、7月3日の3回にわたって手紙で車の手配を急がせている。

しかし、「少しだけ使った中古車」のロールスロイスの準備という難儀な注文に振り回されていたエヴェリノフは、月末になって予期せぬ知らせを聞いて驚きあきれることになる。7月27日か28日に、チャップリンは、『巴里の女性』で技術アドヴァイザーを務めたハリー・ダバディ・ダラの自動車で、すでにパリへ向かったというのだ。ロールスロイスを用意していたのかどうかは不明だが、自分から「自動車で旅がしたいから手配してくれ」と頼んでおきながら、誰にも知らせずに突如友人の自動車で出発するとは、まったくもって迷惑な話である。

この気まぐれな出発には、カジノでダンスとお茶を楽しんでいると、突然メイがチャップリンの手を握りしめた。彼女のエジプト人の元恋人がそこにいたのだ。チャップリンは不愉快を押し殺しながら、メイを連れてカジノを出た。その後、もう少しでホテルに着くというときに、彼女はチャップリンに、手袋を忘れたので先に部屋に帰っておいて欲しいと言った。案の定、彼女はそれから2時間以上戻ってこなかった。手袋を取りに戻ったわけではないことは明白だった。やがてメイが戻ってくると、二人は当然のことながら激しい喧嘩になった。彼女は泣きながらエジプト人の元恋人と会っていたことを認めた。

翌日、チャップリンは南仏から去るために荷造りをしていると、彼女は人差し指を噛んで身を切るように泣き出し、「お願いだからわたしを置いていかないで」と懇願した。パリまで連れて行ってくれたらそこで別れるから、もう少しだけでも一緒にいさせてほしいと言うのだ。[*17] チャップリンはメイと一緒に旅をする気分ではなかったので、メイと高野は列車で移動しようかという話にもなったようだが、結局メイを同じ車に乗せた。[*18] パリまでのドライブは重苦しい雰囲気になった。道中で自動車事故にあったが、チャップリンに怪我はなかった。

7月30日にパリに到着。メイには別のホテルを取り、そこで別れを告げたのだが、メイは翌日も電話をかけてきて、チャップリンのホテルの前で待ち伏せしていた。仕方なく一緒に昼食をとったあと、マルメゾン城に向かった。ナポレオンに離縁されたジョゼフィーヌが最期を迎えたというその屋敷は、二人の憂鬱な雰囲気にふさわしかった。そこで涙にくれて座り込むメイの姿を見て、やはり情に負けたのか、チャップリンはしばらく彼女と一緒にいることにした。メイの回想では、泣いているメイを見たチャップリンが、「ジョゼフィーヌがナポレオンのために泣いている！」と叫んだという。自分の涙がチャップリンの心をうったのではなく、ジョゼフィーヌが二重写しになったシチュエーションが彼の劇的な感受性に触れただけだと思って、メイは悲しくなったけれど、「ボナパルトのおかげで」仲直りができたことに感謝をした。[19]

しかし、元の関係に戻るや否や、「カバンが壊れた」と言って、ルイ・ヴィトンで最高級のトランクをチャップリンのツケで購入するなど、元のわがままなメイに戻った。節約家のチャップリンが、もっと安いのがあるはずだとカバンを返しにいったことを、メイは彼のケチケチ話の一つとして紹介しているが、むしろメイの贅沢好きが際立つ挿話である。

8月1日と2日にヴェルサイユ宮殿を訪れたあと、4日に、一行はダラの勧めでフランス西部のスペイン国境に近い海辺の保養地ビアリッツに向かった。道中、7日に西部の街デュルタル近郊の村で交通事故に巻き込まれたが、チャップリン一行は無事だった。[20]おそらく、その前後に12世紀に建築されたブリサック城に宿泊したと思われる。今もブリサック公の持ち物であるその城は、やたらと広い上に石造で冷たく暗かった。薄気味悪い話が好きだったチャップリンは芝居がかった声でメイを怖がらせた。

スペイン――闘牛と悪夢

ビアリッツに着いた一行は、8月9日にスペインに向かい、サン・セバスティアンで初めて闘牛を見た。[*21] チャップリンはその日をとても楽しみにしており、見る前はメイを牛役にして、テーブルクロスを使って勇壮な闘牛士を演じて遊んでいた。戯れとはいえ、惚れ惚れとするようなスペイン風の身のこなしを見て、やはりチャップリンは真のダンサーだとメイは改めて思った。

フランスとスペインとの国境に着いた時、高野の顔が青ざめた。チャップリンのパスポートを忘れてきたことに気づいたのだ。しかし、幸運なことに、税関職員がチャップリンの顔を見るなり「どうぞ」と通してくれたので、ことなきを得た。パスポート無しで国境を通れる人がいるのか、とメイは驚愕した。

当日の闘牛場は3万人の観客で満席だった。もちろん、チャップリンがその日の主賓で、4頭の牛が彼のために献上されるとのことだった。スター闘牛士が彼の座る正面の座席の前にやってきて、黄金の刺繍を施したマントを堂々たる態度で投げ、次に後ろ向きになって帽子をチャップリンに向けて高々と投げ上げた。マントを受け取るとそこに銀のシガレット・ケースを包んで競技終了後に闘牛士に投げ返すのだと、その日彼を案内したソレアナ伯爵が教えてくれた。

と、ここまではよかったのだが、いざ闘牛が始まると、最初にバンデリリェロが槍（バンデリリャ）を牛の首に突き刺すのを見てチャップリンは恐怖で叫んだ。動物が苦しむところを見るのがいやなのだ（それなら、なぜ彼は闘牛に来たのだろうか）。「ああ、どうして牛は逃げないんだ。ぼくは気絶しそうだ」。その後、闘牛士が登場すると、チャップリンは目を背けて「どうしてみんな牛を殺してしまうんだ?」と助けを求めるような声でつぶやいた。あろうことか名闘牛士が牛の耳を切り取って、チャップリンへの捧げ物として投げた。受け取ったチャップリンは恐怖で震え上がり、それを見た観衆は爆笑した。最後にチャップリンに向けて満場の客席からスタンディング・オヴェイションが起こり、彼はなんとか笑顔で応えた。

記者から「楽しみましたか?」と聞かれたチャップリンは、ある新聞では「とても満足しました。雄々しく感動的な見せ物です」と言って、翌週の土曜日にもまた見に来たいなどと答えているが、[*22]別の新聞では、「何も言わない方がいいと思います」[*23]との彼の発言が報じられており、こちらの方が本心に近いだろう。メイによると、チャップリンはその晩ずっと悪夢にうなされて「助けて!助けてくれ!」と叫んでいた。[*24]そんなわけで、チャップリンは早々にビアリッツに戻ることにした。

実は、この時が喜劇王の生涯で唯一のスペイン訪問となってしまう。

スペインで1936年から39年まで続いた、共和国人民戦線政府とフランコ率いる右派の反乱軍の内戦で、多くの人々が虐殺された末に、フランコによる独裁政治が始まった。そのことに心を痛めたチャップリンは、のちに長女のジェラルディンがスペイン人の映画監督のカルロス・サウラと交際し一緒にスペインに住んでも、決して近づこうとしなかった。

スペインとチャップリンについては、もう一つ挿話を紹介したい。スペイン内戦中の1938年4月に、チャップリンは『リズム』という短編小説を発表した。[*25]フランコ側の兵士は、常にリズム良く銃殺するよう訓練されている。ある日、政治犯として処刑場に連れてこられたのは兵士の親友だった。兵士は友人を銃殺したくなかったが、上官の命令通りに銃を構えた。と、その時、恩赦が出て処刑の中止を伝える伝令がやってきた。誰もがそのことを喜んだが、上官の「処刑は中止だ」という「命令」を聞いて、内容とは裏腹にいつもと同じ上官の声に兵士の体が反応してしまい、訓練通りリズム良く親友を銃殺してしまう。喜劇王は、個人の良心をも統御してしまう「リズム」こそファシズムの本質であると見抜いていた。

ビアリッツで

ビアリッツに戻って、8月13日に当地滞在中だったウィンストン・チャーチルのディナーに招待された。[*26] その翌日、ダラとチャップリンは、少し離れた街にあるダラの母親の家に泊まりがけで行ったので、高野とメイはビアリッツに残されてしまう格好になった。

上流階級で賑わう「カフェ・ド・パリ」で、高野とメイはランチを共にした。高野はこの機会に、メイに「チャップリンのことをどう思っているの?」とざっくばらんに聞いてみた。彼女は、チャップリンを深く愛しているけど、自分が彼の妻にふさわしい資質を持っているかどうかは自信がないと言った。寝ずの看病をしてもらって以来、メイの優しさに好意を持っていた高野は、「チャップリンとメイの二人が結婚すれば自分としても嬉しい」と言って、「でもチャップリンは仕事になれば他の全てのことを忘れて孤独に打ち込む人だよ」と警告を付け加えることも忘れなかった。[*27] チャップリンはどれだけパートナーを愛したとしても、撮影になれば、全てを置いて映画に没頭する。これまでの妻はそのことが理解できずに、チャップリンを独り占めしようとして、敵わぬ相手である「仕事」に嫉妬して無駄に戦ってきたのを高野は見ていた。

ビアリッツでの唯一の公式行事は、9月1日に現地のロイヤル・シネマで開催の『街の灯』のビアリッツ・プレミアに出席したことだった。すでに熱心なファンの一人になっていたチャーチルは、ロンドンに続いてここでも作品を見て楽しんだ。チャップリンは、満場の観客に挨拶をした。

それ以外は、相変わらず悠々自適の社交生活だった。ビアリッツも芸術家が集まる街で、この時はロシアの高名なオペラ歌手であるフョードル・シャリャピンが滞在していた。彼が開催したパーティーに、チャップリンも招待された。[*28]

その席で、チャップリンは促されていつものように日本の侍のパントマイムを披露した。ホストのシャリャピンは、「1900年の女性の朝の身支度」というテーマで寸劇を演じた。シャリャピンは、現存する音源でも朗々たるバスの美声でドラマを表現し、その息遣いの端端からも卓越した演技力を感じさせるが、その夜も、彼は優れた歌手のみならず素晴らしい演技者であることを客に印象付けた。シャリャピンはこの5年後に来日公演をし、老齢ながら全盛期を思わせる名演と歯を悪くしていた彼のために作られた「シャリアピン・ステーキ」にその名を残した。

ビアリッツに程近いマティニョン城には、たまたまイギリスのエドワード皇太子が滞在していた。当時エドワードと親密な関係にあった女性テルマ・ファーネスは、以前にチャップリンの前妻であるリタ・グレイの付き添い人をしていたことがあり、彼女は皇太子を喜劇王に紹介する務めを果たすことになった。(ちなみに、エドワード皇太子、すなわちのちの国王エドワード八世は離婚歴のあるウォリス・シンプソンとの結婚を選び1936年に退位したことで有名だが、シンプソンを皇太子に紹介したのもファーネスである)。チャップリンは、8月31日に皇太子が主催したフランスの傷痍軍人のためのチャリティ・パーティーに、その後9月4日には20人ほどの仲間内のディナーに招待され、二人は夜の9時から真夜中まで話し込んだ。[*29]

その折にチャップリンは、「今度、シャリャピンが僕のためにパーティーを開いてくれる」と話したところ、皇太子は少年のように自分も行きたいと言い出し、連れ立って出席することになった。

シャリャピンのパーティーの余興で出席者によるアクロバット披露大会が始まった。皇太子は床に手のひらだけをつけて体を持ち上げ、足を閉じたままぴんと伸ばすという離れ業をやってのけ、これは誰も真似ができなかった。その後、チャップリンが妖精に、シャリャピンは牧神になり、二人で即興バレエを踊り喝采を浴びた。

シャリャピンは80代後半になる老母を皇太子に紹介した。彼は横に座って最後まで彼女の相手を務め、王室の礼節とはいかなるものかを見せた。チャップリンを含めその場にいた誰もが彼の人柄に感服し、シャリャピンの母は「あなたは本当に〝プリンス・チャーミング〟(皇太子の愛称)ね」と称えた。チャップリンと皇太子も意気投合し、当初は「ミスター・チャップリン」「殿下」と呼んでいたのが、ディナーが終わる頃には「チャーリー」「エディ」と呼び合う仲になっていた。

パーティーと言えば、ファッション・デザイナーのジャン・パトゥが開いたパーティーでアクシデントがあった。この日はボートをチャーターして闘牛を見に行く予定だったのだが悪天候で中止になり、その上激しいハリケーンで停電し、屋敷に閉じ込められてしまった。女性たちはパニックになったが、チャップリンは「こんなふうに座ってるなんてバカバカしい。みんなで楽しみましょう!『カルメン』の曲を弾いてください。僕が演じますから」と言って、ロウソクの灯のなか、まったくの即興で『カルメン』の堂々たる闘牛士、突進する牛、興奮する観衆、そして夫が妻とその愛人を殺した後自殺するまでを、パントマイムで完璧に演じ分けた。その場にいた客たちがチャップリンのワンマンショーに夢中になっている間、気がつけばすっかりハリケーンは通り過ぎていた。[*30]

また別の日には、前述の傷痍軍人のための慈善パーティーで知り合っていた、著名な飛行家であるミシェル・デトロワイヤの航空ショーにも出かけた。チャップリンは、デトロワイヤの十八番である得意の宙返り飛行に体験搭乗した。ところがこの時、操縦していたデトロワイヤのシートベルトが壊れて落ちそうになり、なんとか操縦桿につかまりながら地上に戻る羽目になった。[*31] 同乗していたチャップリンも命を失いかねない恐ろしい体験だったが、そんな最中でもチャップリンの目はギャグを探していた。――この時の様子はのちに『独裁者』の冒頭で再現されることになる。

ロンドンへ――チャーチルからの『ナポレオン』映画化へのアドヴァイス

チャップリンとメイは別々に行動することに決めた。「パリまで一緒についていく」という約束がずるずると延びていたわけで、これ以上一緒にいても互いに辛くなるだけだった。メイはフランスに住む親族の家を訪ねることにした。

チャップリンはイギリスへと出発し、英仏特急「ゴールデン・アロー」号で、9月17日夜にロンドンに到着した。[*32] 到着初日からウェストエンドで舞台を見た後、ナイトクラブに繰り出して午前3時までダンスを楽しんだ。翌日は、カールトン・ホテルで記者と懇談し、イギリスでの映画製作の可能性（リップサービスの域を出ない発言ではあったが）や北部イングランド周遊を希望していることとなどを話した。
半年ぶりに訪れるロンドンは、群衆による歓迎も落ち着いていたが、ヨーロッパ大陸での一挙一動が報じられていたこともあり、彼の滞在はまだまだ新聞紙上を賑わす話題には違いなかった。『街の灯』の公開は順次地方都市に広がり大ヒットし、9月10日には、バルモラル城の舞踏会場を改造した即席の「映画館」で、国王一家が『街の灯』の特別上映を楽しんだ。国王は心から笑い、のちに女王エリザベス二世となる当時5歳のエリザベス王女はとりわけ強い関心を示したという。[*33]
もっともチャップリンの関心は王室での上映会ではなく、同じ日に開催された庶民の祭りにあった。その日に、生まれ育ったロンドン南部のバラ・マーケットが主催した「買い物カゴ競走」の賞品として、20ポンドの小切手と金時計を送っていた。大スターから庶民のイベントへの寄付は地元の人たちを大いに励ました。[*34]
9月19日土曜日の早朝にロンドンを発ち、週末の2日間は、南方のケント州にあるウィンストン・チャーチルのカントリーハウス、チャートウェルで過ごした。
すでに何度かチャーチルの名が出てきているが、彼はイギリスの政治家のなかで、チャップリンがもっとも親しくつき合った友人だった。議会での厳しい論戦中であっても、チャートウェルの別荘では、風景画をたしなみ自分でレンガを積むチャーチルの人柄にすっかり魅了された。
チャートウェルでの最初の晩のディナーで、チャップリンはもうすぐガンディーに会う予定だと言った。すると、同席していた若手議員のブレンダン・ブラッケン（のちに第二次大戦中に情報大臣を務め、また二つの経済紙を統合して現在の形の『フィナンシャル・タイムズ』紙を創刊した）は、当時大英帝国に抵抗してハンガーストライキをしていたガンディーについて、「牢屋にぶちこんでしまえ」、さもなくば我々はインドを失うことになると言い放った。

チャップリンは、ガンディーはインドの人々の希望であり、たとえ彼を牢屋に入れてもまた他のガンディーが立ち上がると意見を述べた。すると、チャーチルはチャップリンに向かって、「君はさぞかしいい労働党員になるだろうな」と微笑んだ。二人は政治信条を超えて友情を育んだ。

チャップリンはチャーチルのことを「ナポレオンのように前かがみだ」と評したが、彼の寝室兼書斎は四方すべての壁が天井まで積み上げられた本であふれかえっており、ナポレオンについての書物もたくさんあった。「そう、わたしは彼が大好きでね」とウィンストンは打ち明けて、「君はナポレオンの映画製作に興味があると聞いたんだが」と切り出した。

「偉大な皇帝ナポレオンではなく、多少フィクションも入れて、平和主義者としてのナポレオンを描きたい」というチャップリンに、チャーチルは、「ぜひやりなさい。ユーモアの場面の可能性を考えてみよう。ナポレオンが浴槽に入っていて、金ぴかに盛装した弟と議論しているところはどうだ？　弟は兄を見くだすチャンスにしたいと思っている。ところがナポレオンは怒って弟の綺麗な制服に湯をかけてしまう。そこで弟は面目なく引き下がる。これはよくできた心理描写というだけでなく、動きがあって楽しい」とギャグの提案までした。[*35]

高野の回想では、チャートウェル訪問を機にチャップリンがそわそわして神経質に物思いに沈んでいったとのことなので、ナポレオン・プロジェクトが彼の中で再燃したのだろう。

チャップリンは、1920年代初頭から1937年ごろまでナポレオンの映画化に取り組んでい

マリオン・デイヴィス主催の仮装パーティーでナポレオンに扮したチャップリン（1925年）

た。身長の低い俳優にとってナポレオンは魅力的な役柄だった。チャップリン家の資料庫にある未完の『ナポレオン』の脚本は、史実から離れて、セント・ヘレナ島に流されたナポレオンが身代わりを置いて逃げ出すシーンから始まる。皇帝は身をやつしてフランスに戻り、偽名で歴史の教師をして暮らす（彼が「ナポレオンのエジプト遠征」についての講義をした時に、あまりに真に迫っているので学生たちが驚くというギャグもある）。しかし、教鞭を取るうちに、いかに自分がひどい政治をしてきたかを悟り、自分こそナポレオンだと名乗りでて、民主主義のために闘うと宣言する。そうして、大衆の賛同を得てクー・デタを起こすも、政権につく直前にセント・ヘレナに残した身代わりが死んでしまい、パリに「ナポレオンが死んだ」という知らせが届く。そのせいで、パリにいた本物のナポレオンは逆に「偽物だ！」ということになり処刑されてしまうという悲喜劇だ。身代わりのモチーフ、独裁者と民主主義者の対比など、のちの『独裁者』の原型が見て取れるのが興味深い。[*36]

ガンディーとの面会

週明けにはロンドンに戻って、後々まで大きなインパクトをもたらすガンディーと面会する機会を得た。9月22日のことだ。チャップリンは言う。

ガンディーは20世紀の偉人だ。新しい形で抵抗し反抗する人だ。彼は、闘争における現代的な手法である、非暴力不服従を用いる。これこそ暴力に負けない力だということを証明した。[*37]

チャップリンがロンドン東部のインド人街に着くと、大群衆が取り囲み花束が降ってきた。人々の波をかき分けて、面会の場となるインド出身の医師チュニ・ラル・カティアル（のちにイギリス初の南アジア出身の市長となる）の家の狭い階段を上り、大勢の新聞記者らとともに窮屈な部屋で待っていると、微笑みを浮かべたガンディーが、長い着物をまくりあげながら車から降りた。大勢の人が彼にもまた花を投げて万歳を唱和していた。チャップリンの目には「街全体が喜びにあふれている」と映った。

ガンディーは、チャップリンの映画を見たことがなく、彼のことを何者か知らないという、世界中でも数少ない一人だった。逆にそのおかげで、二人は率直に意見を交わすことができた。

まずガンディーが、「お会いできて嬉しいです、チャップリンさん。というのも、私はあなたが私の国の多くの人々の生活の中に笑いの光をもたらしてくれたことを知っているからです」と語りかけた。

対してチャップリンは、「ガンディーさん、あなたはもっと多くの人々の生活の中に希望の光をもたらしてくれました。それは私が成したことよりも遥かに偉大な達成です」と応じた。[*38]

その後、二人は機械文明の功罪について議論をした。チャップリンは使い方次第で機械は人を幸せにすると考えていた。

私は貴方が機械に反対される理由を知りたいのです。機械は人間の天才から自然と生まれてきたものであり、人類の進歩の一部です。機械は、人類を奴隷状態から解放して、より高い文化に導くためにあります。利益のことだけを考えて機械が人間の仕事を奪い、不幸を生み出したことは認めます。しかし、人間性に奉仕することだけを考えて機械を使うと、人類への助けとなり利益になるはずです。

ガンディーはこう答えた。

あなたのおっしゃることは真実です。しかし、インドでは条件が違います。インド人は機械なしで生きていけます。気候や生活様式がそれを可能にします。私はインドの人々が工業から独立することを願っています。西洋諸国は、工業という銃を私たちに突きつけています。彼らはインドを搾取し尽くしてもう利益はないと悟った後になって、インドを私たちに戻してくれるでしょう。だから、私たちは先進国の工業から独立しなければならない。私たちは自分の手で米を収穫し、綿を紡ぐ農業を知る必要があるのです。[*39]

イギリスの機械は、インドをイギリスに隷属させてしまった。そこから抜け出す唯一の方法は機械で作られた製品のボイコットであり、インド人が自ら綿を紡いで布を織ることがイギリスのような強大国家への闘い方なのだ、とガンディーは説いた。チャップリンはこの時「自由を勝ち取るために闘うインドの戦略について、明快な実践教育を受けた[*40]」と、のちに回想している。彼の機械ボイコットは、インド独立の達成への鉄の意志を持った現実的な戦略であることが理解された。機械は人類に幸せをもたらすという考えを捨てなかったチャップリンだったが、帰国後、機械文明を痛烈に批判した『モダン・タイムス』を製作したのは、ガンディーの影響もあるだろう。ガンディーはこの時、「暴力は結局のところ自滅する」と信念を口にした。その言葉をチャップリンは生涯忘れなかった。

会談の後、祈禱者《きとうしゃ》がやって来た。祈禱の間、ガンディーは無言で首を垂れていた。5分間ばかり後、歌声が響きまた1分ほどの静けさがあって、祈禱は終わった。

それは不思議で非現実的な光景だった。ロンドンの東部で、外の群衆に囲まれた、この小さな部屋。赤銅色の太陽が、すすけた屋根の向こうに沈みつつあった頃、私たち20人ばかりに見守られながら、三人のインド人と一人の英国婦人があぐらをかいて静かに祈りを捧げていた。この人が3億の民衆の生命を導くよう運命づけられた人なのかと思いながら帰路についた。[*41]

歴史の激動を見る「楽しみ」

今回のイギリス再訪は、プレミア上映への出席など、本業にまつわる予定は一切なかった。完全にプライベートな滞在であり、彼がどこで何をするかは誰にも予測がつかずまさに神出鬼没となっていた。あちこちで鼈甲ぶちの丸メガネで変装した姿が目撃されていたので、「(丸いメガネがトレードマークだった喜劇スターの)ハロルド・ロイドが(自分の扮装がとられたと)チャップリンに嫉妬しなければいいのだが」[*42]といった冗談が飛び交った。

記者たちはチャップリンを探してロンドン中を駆け回ったが、なかなか捕まえられなかった。夜中に(ロンドン中心部の)ヘイマーケットで、チャップリン風の歩き方をしている人物がいたので声をかけたら本人で、「こんな街中でも誰にも気づかれなくて、いいでしょう?」と言ったという真偽不明の記事も出た。[*43]あるいは、「チャップリンは映画の扮装で街を歩いている」というおよそ信じ難い噂が広まり、無関係のちょび髭の男が間違われて街で大勢に囲まれるという珍事も起きた。[*44]かと思えば、記者がチャップリンを探して歩き疲れてフリートストリートのカフェに座ると、当人がいて「ここが一番安全なんだ」と身を潜めていたという話もある。[*45]

ちなみに、こういう時に、著名人を絡めた詐欺事件が起こるのは世の常で、イギリスでは26歳の女が知人の前でチャップリンの秘書と電話をするフリをして知り合いだと吹聴し、「チャップリンからもらう100ポンドの小切手を換金するためにお金が要る」と1ポンド15シリングを騙し取って逮捕された。[*46]大金を現金化するために必要だと言って金品を要求する手口は、現在の日本の「振り込め詐欺」と全く同じで、人間のやることは今も昔も変わらない。

ところで、この間、チャップリンは一体何をしていたのだろうか。

実は彼は、連日にわたって議会を傍聴し政治集会へ参加するなどして、イギリスの政治・経済の状況を彼なりに把握しようと努めていた。実際それは、「調査研究」と呼んでもいいほどの入れ込み様で、鼈甲《べっこう》ぶちの丸メガネで変装してはフィールドワークに明け暮れた。

9月のイギリス議会では、ちょうどイングランドが金本位制をやめるかどうかを議論していた(9月21日に金本位制を停止する法律が可決される)。世界経済に強い関心を持っていたチャップリンは、下院議会を何度も訪れ見学した。上着の預かり所にいまだ剣を吊り下げるための赤いリボンがあるのを見て古い因習が残っているのに驚くこともあった。議員の中には投票時間が来たことを知らせる専用のベルが与えられているものもおり、チャップリンとの食事中でもベルが鳴ると議員はすぐに立って投票に行った。また、賛成票と反対票とで議場への入り口が違っていたのだが、ある議員が入り口を間違ったために自分の意見と違う票を投じてしまい、「選挙区民に大変申し訳ないことをした」と言いながら出て来たという喜劇的な場面に出くわしたこともあった。

喜劇的な場面といえば、11月17日の早朝に、国会議事堂の前庭でエンストを起こした独立労働党の党首で下院議員ジェイムズ・マクストンの車を、彼とは完全な政敵であるアスター子爵夫人とチャップリンの二人で押して助けたことが話題となった。*47 やはり、どんな時でもコメディを生み出す喜劇王だった。

むろん、議会の傍聴だけでなく、いつもの通り市民の生活を熱心に見てまわった。9月30日には、パディントン・グリーン病院を訪れ、入院している子供たちに放浪者チャーリーの歩き方を披露した。重病の子供たちは大喜びし、新聞は「チャップリンは病気を治すドクターだ」と報じた。[*48]
10月中旬には、不況の中での産業経済の実態を知るためか、モーターショーの会場を一人で訪れている。後日、記者に「小さな車がとてもいいと思った。この分野ではイギリスは世界をリードしているよ」と感想を述べた。[*49]

チャップリンは、議会を訪れる政治家たちとの会食を通して世界の情勢について見識を得た。問題が山積みの中で総選挙に突入することを決めたラムゼイ・マクドナルド首相とは、10月初旬のある日の夜中に会談の場を持った。疲れ切って青い顔をしている首相に、チャップリンは歴史の激動期に選挙を見るのは「楽しみ」であると言って、滞在予定を延ばして総選挙を見届けることにした。[*50]選挙運動中にも、いくつかの政党の集会に変装して参加して、選挙運動の様子をつぶさに観察する。[*51]その後、10月27日にあった選挙で保守党が地滑り的な勝利をおさめるのを目撃した。

この頃、ロンドンの有名レストラン「クアグリーノズ」でチャーチル夫妻が昼食をとっているところに出くわした。ウィンストンは子供っぽくむくれた顔をしていたので、「まるで世界中のオモリを飲み込んでしまったような顔をなさっていますよ」と冗談を言うと、チャーチルは下院の討論から出て来たばかりで、ドイツの議題に関する討論が気に食わないと答えた。「いや、深刻な問題なんだ。きわめて深刻なんだよ」。[*52]チャップリンは、イギリス政治のフィールドワークや政治家との会話を通じて、あらためて世界の危機を肌に感じていた。

「ウォーター・ラット」入会

再訪したロンドンで、もうひとつ熱心に通った場所といえば劇場である。チャップリンは連日、自身のルーツであるミュージック・ホールや正劇の劇場に赴いた。[*53]

今やチャップリンには王室をはじめ各界の大人物が群がってきていたわけだが、かつての仲間のことを忘れたことはなかった。10月初旬にチャップリンは従兄弟のオーブリーと故郷のランベス地区を訪れて、一日中思い出の場所を歩きまわった。その帰り道、テムズ川を渡って中心部のストランドに差し掛かった時、路上画家が鋪道にチャップリンの絵を描いていたのを見て、彼は微笑んだ。直後に立ち止まり、オーブリーに「今の路上画家の名前が『ダンドー』かどうか聞いてきてくれ」と頼んだ。オーブリーが画家の名前を確かめた瞬間、チャップリンは駆け寄り彼と固い握手をかわした。カーノー劇団時代の同僚で、同じ舞台に立っていた仲間だったのだ。[*54]

19世紀以来、大英帝国の大衆娯楽の王様の地位にあったミュージック・ホールだったが、映画の隆盛とともに、その栄光は失われつつあった。チャップリンが子供の頃に舞台に立った名門ホールのいくつかは廃業したり映画館に模様替えしたりしていた。古き良き伝統を残すべく、芸人たちは寄席の再興運動をしていた。

10月下旬に、チャップリンは、子供のころから憧れていたミュージック・ホールのスターであるチャーリー・オースティンの舞台をヴィクトリア・パレス劇場まで見に行った。昔と同じように客席でビールを飲みながら、みんなで歌を歌った。楽屋を見舞うと昔の仲間や先輩たちがワインで迎えてくれた。

オースティンは、芸人だけが入れるクラブである「ウォーター・ラット」のトップ、「キング・

ラット」を務めていた大御所だ。彼は言った。「チャーリー、俺たちは君にウォーター・ラットに入って欲しいんだ。昔からの仲間にまた会うのはいいことだろ。君は私たちの仲間だったし、今でも一緒だと思ってるんだよ」。チャップリンは心を動かされ、それまでなんの団体にも属したことのない彼が、ウォーター・ラットの一員になることに決め、その日のうちに申込書を書いた。「このことは、世界的な名声を得たスターが、彼の長い旅路の最初の一歩となったヴァラエティ・ショーのなかに、ぬくもりのある場所を今も持っているということを証明した」[*55]。

11月1日に行なわれた入会式は、70代の大先輩芸人二人が演じる道化のパフォーマンスから始まった。ミュージック・ホールは斜陽になったが、そこから世界一のスターが出たことを、ウォーター・ラットの誰もが誇りに思っていた。小さい頃から尊敬していたスター俳優たちが、今や自分に対して最大限の敬意を表してくれたことにチャップリンは深い感謝の念を抱いた。入会式は、イギリスに戻ってから彼が過ごした最高に楽しくて幸せな出来事だった[*56]。

旅芸人時代の思い出

11月に入って、チャップリンはかねてから訪れたいと思っていた北部イングランドを自動車で周遊することにした。舞台時代に巡業公演をした思い出の町々を巡り、また不況に喘ぐ北部工業地帯の様子を視察するためだった。

最初の目的地として、ストラットフォード・アポン・エイヴォンを初めて訪ねた。そこで彼は、夕食後に見知らぬ通りをぶらぶらと歩くことにした。夜の真っ暗闇の中を歩き続け、導かれるように道を曲がると、一軒の家があらわれ、その前で立ち止まった。マッチを擦ると「シェイクスピアの生家」という看板が浮かび上がった。「もしかしたら、『詩人（ザ・バード＝シェイクスピアの愛称）』自身が呼んでくれたのかも！」[*57]とチャップリンは回想している。

その後、マンチェスターに立ち寄ったが、あいにくの雨に加えて、不況のせいか閑散としていた。チャップリンは、すぐにランカシャー地方のブラックバーンへと旅立った。

ブラックバーンには、11月8日午後6時に着いて、巡業時代に泊まったことのあるホワイト・ブル・ホテルに宿泊し、翌朝9時まで滞在した。[*58]ここは14歳の時に『シャーロック・ホームズ』の巡業で訪れた場所で、当時と比べて何も変わっていないことにチャップリンは喜んだ。

14歳の時、巡業中の孤独を癒すためにウサギと犬を1匹ずつ買って、一緒に1年のあいだ国中を旅した。やがて5匹の子犬が生まれ、宿屋のおかみさんに怒られたが、かわいい子犬を見せて「大きくなったらあげますよ」というと許してくれるのだった。

巡業中の動物の仲間について、『自伝』では少し異なったエピソードが書かれている。それによると、宿のおかみさんに見つからないように、ウサギにドアのノックの音が聞こえたら、ベッドの下のカゴの中に隠れるように仕込んでおいた。だが、やはり臭いで動物の存在がバレてしまう。その時、チャップリンは一計を案じ、あえて「ノックで隠れるウサギの芸」を見せると、おかみさんは面白がって、ウサギを飼うのを許してくれるのだった。

しかし、ウェールズのトンナパンディという街の宿でそれを披露するとおかみさんは皮肉に笑っただけだった。その日公演を終えて宿に戻るとウサギはいなかった。[*59]

そんな旅公演の愉快な経験も切ない思い出もたくさん詰まった街ブラックバーンで、かつて宿泊した宿屋のパブで、誰にも気づかれずに一杯飲んだ。昔よく使ったビリヤード台もそのままだった。「誰にも気づかれないようにしたいんです。30年前に巡業に来て、楽しい思い出でいっぱいなんです」という彼の気持ちを、ホテルの受付係は尊重してくれた。

一息ついた後、マーケットスクエアに繰り出して、政治と宗教の演説に耳を傾けた。チャップリンは、街を覆う不景気に心を痛めながら、「ブラックバーンの粉挽き小屋の少女たちに幸あれ。彼女たちが大好きなんだ」と語った。[*60] 第一次大戦の休戦記念日の花を買って、ホテルに戻る。夕食に牛の胃の煮込みを注文したが日曜なのでなかった。道で遊んでいた子供たちを興味深く見て、彼らみんなにお小遣いをあげた。あとになって誰からもらったかに気づいた子供たちは狂喜した。そのあたりから、チャップリンがいるらしいという噂が広まり、興奮した大人たちがホテルにやってきて、チャップリンをバーに連れていきなんでも飲んでくれともてなした。彼もとても楽しそうだった。地元の男性と夜中の1時まで話し込んだので、男が妻から怒られないように、妻宛に「旦那さんに気を悪くしないでくださいね」とメモを渡した。[*61]「彼はとてもハンサムで上品でした。映画の放浪紳士には全く似ていませんでした。彼の態度はとても魅力的でした」とホテルの受付係は喜劇王の印象を語っている。[*62] 翌日は、チェスターに向かい、歴史的な街並みを歩いた後、帰路についた。[*63]

ジガ・ヴェルトフを見る

ロンドンに戻って、11月11日にアルバート・ホールであった第一次大戦の戦勝記念日を祝う大会にお忍びで参加したところ、群衆はすぐに彼に気づき、「チャーリー！　俺たちはあんたを求めてる！」と男たちが泣きながら歓声をあげた。彼らは退役軍人で、前線で戦っていた時に、毎晩兵営の中でチャップリン映画を見て、その笑いに勇気づけられていたことを思い出したのだ。促されて立ち上がり挨拶をすると、歓声は最高潮に達した。[*64]　式典については、ショーの部分は美しく演出されてチャップリンも気に入ったが、再び戦争を煽るようなメッセージには彼は眉をひそめた。[*65]

11月14日と15日の週末は、プリマスにあるアスター子爵夫人の屋敷で過ごした。そこで、選挙区の漁師に向けた彼女の演説会があり、一言喋ってくれないかと頼まれた。チャップリンは保守党支持者ではないので困惑したが、親しい友人の頼みを断るわけにもいかず、漁師の苦労に心を寄せる言葉を述べ、政策については触れずに彼女の人柄を褒めた。[*66]

その後、11月17日に、チャップリンは彼のために用意された私的な上映に興味を示して、ロンドンの繁華街ソーホー地区にあるユナイテッド・アーティスツの試写室に向かった。

この日チャップリンのために試写されたのはジガ・ヴェルトフ監督の『熱狂　ドンバス交響楽』（1931年）だった。ソヴィエトのニュース映画『キノ・プラウダ』を撮って名を馳せたヴェルトフによる、人々の生き生きとした労働と機械のリズムを斬新な編集で紡ぎ革命の精神を描いた作品だ。ロシア国立文学芸術アーカイブにはこの時のチャップリンの感想を記した署名入りの文書が保管されている。

これら機械のサウンドがこれほどまで美しく聴こえるようにアレンジされうるとは知らなか

った。今までに聴いたなかでもっとも愉快なシンフォニーの一つであると思う。ジガ・ヴェルトフ氏は音楽家だ。教授たちは彼と言い争うのではなく彼から学ぶべきだ。おめでとうございます。

チャールズ・チャップリン*67

本文と署名とでは筆跡が異なっており、チャップリンが述べた感想を誰かが書き取り、そこに本人が署名をしたようだ。実験的な手法に賛否が渦巻いていたヴェルトフがチャップリンに応援を求めたのかもしれないが、それ以前にも周囲の反対を押し切ってジョゼフ・フォン・スタンバーグの『救ひを求むる人々』を世に出していたチャップリンのことなので、若い実験精神を後押ししたい気持ちもあったのだろう。いずれにせよ彼がこのような応援の文書を書くのは異例のことだ。「教授たち」が誰のことを指すのかはわからないが（彼はすぐれた芸人や映画人を「教授」と表現することが多かった）、「言い争うのではなく学ぶべきだ」と若い才能への支援を呼びかけている。

注目すべきは、チャップリンが『熱狂』の先鋭的なモンタージュで表現される躍動感ある国づくりの様子やそこに込められたイデオロギーよりもまずサウンドに注目し、それを「もっとも愉快なシンフォニー」と表現し、ヴェルトフを「音楽家」として称えている点だ。

これまで述べた通り、最新作『街の灯』は、チャップリンが普遍言語としてのパントマイムにこだわり、サイレント映画にみずから作曲した音楽をつけたサウンド版として公開された。トーキーの時代になってからも、1940年の『独裁者』までセリフを発することのなかったチャップリンは、一般には「サイレントにこだわった守旧派」とみなされている。しかし、そのような、音がついたトーキーに比べて、サイレントは音のない遅れた表現形式であるという考え方に、チャップリンは明確に異を唱えた。

実際、あらためて確認しておきたいのは、「サイレント映画」が「サイレント」であったことは決してなかったということである。撮影時に音声が録音されないぶん音にあふれた賑やかな現場でキャメラは快活なアクションを捉え、映写スピードを自由に変えて笑いや感動を増幅させる多様な演出ができた。(当時の)トーキー映画では映写スピードを変えると音声の高低も変わってしまうので、声をもった瞬間に映画は自在なスピードを失ってしまった。加えて、上映時には映画館に必ず演奏者がいて、観客はライブ演奏による豊かな音楽とともにフィルムを楽しんだ。いわば、サイレント映画が多様なテンポの映像のモンタージュにライブ音楽を多層的に組み合わせたアートだったのに対して、トーキーが到来すると単調なスピードの映像を言葉で説明した作品が濫造されることになったのだ。サイレント映画が培ってきた〈映像だけで物語を語る表現技法〉の進化は、トーキーの時代が来て一時的に停滞してしまった。

ヴェルトフの『熱狂』では、薪を割るリズムや闇の中で光る鋼鉄などの映像のモンタージュと、鉄道の車輪やスローガンを叫ぶ声などの音に、ショスタコーヴィチの音楽がかぶさる。そこに「愉快さ」を感じたというのはチャップリンによるヴェルトフへの最上の批評だ。サイレント映画時代からトーキー初期にかけてチャップリンは音と映像の重層的な可能性を追求したわけだが、ヴェルトフの実験にも同じ志を見たのだろう。彼は決して守旧派などではなく、前衛を積極的に摂取していたわけだ。

シェパードの裁判

ヴェルトフの作品を見た2日後の11月19日には、サザーランド公爵夫人主催の慈善パーティーにエドワード皇太子とともに出席した。これはロイヤル・ノーザン病院を支援するためのもので、アイス・ショーが呼び物となっていた。貴族の子女たちはチャップリンの登場に大喜びで、放浪者の扮装をして本人とともに記念写真に収まった。

後日、皇太子はチャップリンを、古い城を改装した自身のカントリーハウス「フォート・ベルヴェディア」に招待した。その晩、招待客それぞれがお互いの徳目（魅力、知性、ユーモアのセンスなど）を率直に評価し合うゲーム（当時流行していたらしい）をして、皇太子は「誠実さ」に自己評価10点をつけたが、招待客の評価の平均は3・5点で、皇太子は納得のいかない様子だったという話が残っている。*68

11月25日には、蠟人形館として有名な「マダム・タッソー」を訪れ、「チャーリーの蠟人形を作りたい」という館主ジョン・タッソーの依頼に快諾している。だが、この時のチャップリンの目的はそれではなく、館内の「恐怖の部屋」を訪れることだった。そこには、殺人鬼ジョージ・チャップマンの蠟人形があった。

13歳の時、喉が渇いたチャップリンはパブに入って水を飲ませて欲しいと言った。主人はチャップリン少年にコップ一杯の水を出したのだが、なぜか胸騒ぎがして水を飲まずに店を出た。その3

日後、1902年10月25日に、パブの店主ジョージ・チャップマンは三人の妻を毒殺した容疑で逮捕された。チャップリン少年が訪れた時は、すでに店の奥に殺された妻の遺体があったのだ[*69]。彼もその水を飲んでいたら、死んでいたかもしれない。気味の悪い話が大好きだった彼は、殺されそうになった恐ろしい話をわざわざ追体験しに来たわけで、まことに奇矯な趣味の持ち主だった。

さて、充実したロンドン滞在も終わりに近づいていた頃、チャップリンはまたもやトラブルに巻き込まれることになる。

ロンドンでのプレミア上映のあった2月から3月にかけて、殺到する手紙に対応するための秘書としてメイ・シェパードという女性を雇っていたことはすでに述べた。その後、彼女は業務が思ったよりも大変だったので、契約した金額から5倍に増やしてくれと要求した。周囲の人間は揉め事を避けるためにシェパードの要求をのむように助言した。だが、チャップリンは、シェパードの要求に対しては、お金の問題ではなく最初の約束を守るかどうかというポリシーの問題だとしてそれをはねつけた。

マスコミはここぞとばかりに「チャップリンはケチだ」とのバッシングを浴びせ、その話題は長い間新聞紙上を賑わせた（もちろん、シェパードは給料以外にもチャップリンの経費でカールトン・ホテルに住み、そこに毎晩友人を呼び寄せて高価なシャンパンを飲んでどんちゃん騒ぎをしていたのに要求が過ぎるといった、彼女への批判もあった）。シェパードは訴訟の構えを見せ、対抗してチャップリンも10月23日に弁護士に委任状を書いた。

ついに彼女は提訴し、11月30日と12月1日にウェストミンスター郡裁判所で裁判が行なわれた。

シェパードは、チャップリンがロンドンに来た最初の数日は一日あたり数千通の手紙に応対し、その後も一日平均800通の手紙を処理しなくてはならず約束の金額では安すぎると主張。また、3月9日に首相からのディナーへの招待が来ていたにもかかわらず、チャップリンは3月8日にドイツに向けて出発し、「首相が気を悪くしないように対応のほどよろしく」と頼まれたと述べ、それは秘書の仕事の範疇を超えていると、マクドナルド首相との機密事項まで暴露した。[*70]

2日目の陳述に参加したチャップリンは、「配給会社からシェパードさんには十分に払ったと聞いていたので、私としては払うつもりはなかったのだが、彼女が首相の名前まで出してきたので、それ以上その名前を出して欲しくないと思い全て払います」と述べた。[*71] 高野は、その頃チャップリンは新しい映画のアイディアが浮かんだようで、お金のことなどどうでも良くなったのだと推測している。

シェパードはこの顚末を「チャーリーの秘書が全てを語る」として、12月12日付の“*Sunday Express*”紙上に掲載し、高額な原稿料を稼いだというから商魂たくましいものがある。この話題はその後も新聞のかっこうのネタになり、「サイレント映画を守るチャーリーが裁判所で喋らされた」などと皮肉に書き立てられた。[*72]

スイスのサン・モリッツからイタリアへ

イギリスの政治の激動を目撃し、北部イングランドの思い出の地を巡り、原点であるホールのスターたちとも交友を持ったことで、母国滞在の目的は十分に達せられた気持ちになった。12月になって、そろそろ出国しようかと考えていた頃、一通の電報が来た。「サン・モリッツに来られたし。到着に合わせて新雪を注文しておく。待ってるぞ。愛をこめて。ダグラス」[*73]。親友でアクション・スターのダグラス・フェアバンクスがスイスのサン・モリッツに滞在中で、一緒にスキーをしようというのだ。ヨーロッパで春夏秋と過ごして来たので、南フランスの夏の太陽とは対照的なスイスの雪山を体験するのも悪くはない――もっとも実際はまだハリウッドに帰ってどんな映画を作ればいいのか自分でもわかっておらず、モラトリアムが欲しかっただけかもしれないが。

ともあれ、ダグの誘いに乗ろうと思った瞬間、ドアをおずおずと叩く音がした。開けると目に涙を溜めた女が顔を出している。メイ・リーヴズだった。気持ちを抑えることができず、フランスからロンドンまで追いかけてきたのだ。チャップリンは、海を渡ってきてドアの前でしくしく泣くメイを追い返すわけにもいかず、二人は連れ立って高級デパートのハロッズに出かけてスキー用品一式を揃えた。かねがね山は嫌いだと言っていたチャップリンがスイスに行くと言い出した時、高野はとても驚いた。

かくして、一行は12月12日の午後2時にカールトン・ホテルの支払いを済ませて突如出発した。ホテルがもぬけの殻になっていることに気づいたマスコミは、一体チャップリンはどこに行ったのかと騒いだ。可哀想に何も知らされていないUAの担当者は、「チャップリン氏は行く先の住所を私たちに残していません。彼はほとんど誰にも彼の計画を言いません。私には彼がどこに行ったのか全く判りません」と困惑しきった声明を出すより他はなかった。[*74] 12月15日になって、チャップリン一行がスイスに到着したことが報じられた。[*75]

サン・モリッツに、ダグは一人で来ていた。1919年に、ダグとその妻で「アメリカの恋人」と言われた女優のメアリー・ピックフォード、「アメリカ映画の父」である監督のD・W・グリフィス、そしてチャップリンの四人は、共同で配給会社ユナイテッド・アーティスツを創設していた。創設時点において、人気も実力も頂点にあった映画界の四大巨人が作ったわけだが、この頃には、グリフィスは過去の人となり、ダグとメアリーの仲にはすきま風が吹き始め、二人の人気は下降気味だった。チャップリンだけがいまだ喜劇王の座に君臨し、『街の灯』も記録破りのヒットとなっていたが、彼も今後自分の進むべき道がまだ見えていなかった。

チャップリンもダグも将来に大きな不安を抱えていたが、スイスではそのことは二人とも何も話さなかった。兄シドニーも再び呼び寄せて、気心知れた仲間で、憂鬱な気持ちを吹き飛ばすようにスキーを楽しみ、夜は遅くまで踊り、また他の客と政治経済についての議論を交わした。同じホテルにはドイツの元皇太子、つまりカイザーの息子も逗留しており、かつて『担へ銃』でカイザーを茶化したチャップリン兄弟（兄シドニーがカイザーの役をした）はエレベーターの中で彼と一緒になるととりすました笑顔で繕った。サン・モリッツの目抜き通りには誰かが作ったチャップリンの雪像が姿を現した。[*76]

チャップリンはスキーをするのが初めてだったので、コーチをつけてレッスンを始めたのだが、すぐにサインを求める人だかりができてしまい、人目につかない急斜面でレッスンをしなければならず初心者には酷な稽古となった。いざゲレンデに出ると、彼はひたすら猛スピードで滑って、止まるのは運に任せていたようで、「旅行記」には、岩にぶつかりそうになっても、「なにかしら形而上学的な力が岩に同情を働かせて、無事にその上を滑っていき、前進し安堵する」[77]などと訳のわからないことを書いている。要するに、無手勝流で滑りたまたま運よく怪我もしなかったということのようだ。ただし、兄シドニーから妻ミニーに宛てた手紙（１９３２年3月9日付）によると、チャップリンは日々練習してかなり上手にはなったようだ。「小さな男が急勾配を猛スピードで滑って、ホテルの前でピッタリ止まったのを見て、人々は驚いた。彼が映画王チャーリー・チャップリンだった」[78]なる記事も出て、本人もご満悦だった。

この時、スキーを楽しんでいるチャップリンの写真が世界中に配信された。――実は、その写真には興味深い後日譚がある。

第2章でチャップリンとヒトラーの闘いについて書いた。１９２６年以降、ナチスはチャップリンに対してのバッシングを繰り返していたわけだが、その後、１９３３年にヒトラーが政権の座に着くと、ますますそれが激化した。

メイと兄シドニー。サン・モリッツの通りに突如現れたチャップリンの雪像の前で

ヒトラーにとっての問題は二人が同じ髭を持っているということだった。髭が同じ形である限り、パロディの対象になってしまう。しかし、ヒトラーは、彼が「ユダヤ人」と思い込んでいるコメディアンと同じ髭を生やしているからといって自分の方が剃るのはプライドが許さず、むろん相手に剃らせることも

できない。

そこでヒトラーが取った策とは、チャップリンのちょび髭のイメージを徹底して禁止し排除することだった。ナチ党の政権獲得後、ドイツ国内でチャップリン映画の上映を禁止し、彼を雑誌で扱うことを禁止する命令を出し、果てには彼のポストカードの販売を禁止した。

それでも、人気のあるチャップリンのポストカードを売りたかった業者は、禁止されていない「ちょび髭なしのチャップリンの写真を売る」という妙案を思いついた。というわけで、スキーを楽しむ素顔のチャップリンの図案のポストカードが販売され、大いに売れた。だが結局、「素顔でも禁止」ということになり、サン・モリッツのチャップリンは戦前にドイツ国内で販売された最後の写真となってしまった。*79

結局、サン・モリッツには翌年3月まで3ヶ月間滞在した。シトロエンの創業者アンドレ・シトロエンの自慢のキャタピラ車でユリア峠に行ったり、スキーリゾート地のパーセンにも繰り出したりした。チャップリンはボブスレーを怖がって、1000ポンドやると言われてもやろうとしなかった。逆に兄シドニーはチャップリンが好きだったナイトスキーを怖がって絶対に行かなかった。

高野から見ると、メイはますますチャップリンに夢中になっていた。「メイは、この頃には、絶望的なまでにチャーリーに恋をしていた。彼のすべての言葉が、彼女にとっては大切なものだった。自分の気持ちのことなんかよりも、他のどんなことよりも、彼の気持ちこそ尊重されるべきものになっていた」。高野は、メイがチャップリンの次の妻にふさわしいと感じていた。同行していたチャムリー侯爵夫人（フィリップ・サスーンの妹）もメイを気に入っていたので、チャップリンがメイにプロポーズをするように仕向けようとした。彼はメイに、「日本に行ったら着物を買って送ってあげる」とか、「ハリウッドで映画女優になれるように手助けするよ」などと言っていたが、どれもメイの欲しいものではなかった。[*80]

いよいよスイスを離れる時が来た。[*81] 2月23日に、先にニースに戻っていたシドニーに電報を送り、ローマで落ち合うことになった。3月2日に一行は友人の自動車でイタリアに向けて出発した。[*82] 翌日遅くに海辺の保養地リミニに泊まり、2日目はペルージャに宿泊。3月4日の夕刻にはローマに着いた。ローマのレストランで、『街の灯』の中のスパゲッティをツルツルと飲み込む演技をメイがやって見せて、チャップリンは大笑いした。

チャップリンはムッソリーニとの会談を希望し、ローマ観光をしながら2日間待っていたが、ムッソリーニから「時間がなくて会えない」というメッセージが来て、会談は実現しなかった。もし、両者が対話をしていたらと興味をそそられるが、結局イタリアの独裁者との面会は、映画『独裁者』において、チャップリン演じるヒンケルと、ムッソリーニをモデルにしたナパローニが対面するまで持ち越されることになる。

一行は、1932年3月6日の午後1時にナポリに着いて、[*83] 当地で大歓迎を受けながら東洋へと向かう諏訪丸に乗船した。その日まで喜劇王と過ごしたメイ・リーヴズは、最後の日は涙を流すこともなく、陽気なムードだった。二人とも、もう潮時であることがわかっていたので、「彼女もどこかほっとしてもいたのだと思う」[*84] とチャップリンは書いているが、メイが必死の思いで明るく振る舞っているだけであることに彼は気づいていなかったのだ。メイは、自分も他のどんな女性も、彼をどれだけ愛しても、どれだけの時間をかけても、彼を満たすことができないということに気づいて、底知れぬ悲しみに打ちひしがれていた。船がナポリ港を離れた時、メイは岸壁で健気《けなげ》に笑顔を作り、遠ざかる船に向かって放浪者チャーリーの歩き方を真似して見せた。こうして11ヶ月にわたる愛は終わりを告げた。

メイは最後までチャップリンのことを愛し、心からの愛とその反動としての憎しみとにあふれた手記を残した。チャップリンの方も彼女を忘れたわけではなかった。彼女との出会いと別れの残り香は、35年後に、ソフィア・ローレン演じる香港の踊り子ナターシャとマーロン・ブランド演じる外交官オグデンとの道ならぬ恋を描いた、チャップリン最後の監督作『伯爵夫人』（1967年）に漂っている。食中毒の高野を不眠不休で世話をしたメイの面影は、マラリアにかかったオグデンを必死で看病するナターシャとなってフィルムに焼き付けられ、メイがスイスでサイズの合うパジャマがなく、大きすぎるパジャマで寝たという笑い話の思い出は、船室に隠れるナターシャがサイズ違いのパジャマを着るコメディになった。映画のラストで、外交官はキャリアのすべてを捨ててダンサーの元に戻ってきて、二人はいつまでもタンゴを踊り続ける。初めてタンゴを踊った時に恋に落ちたチャップリンとメイの夢の続きを映すかのように。

第5章

エジプト、インド、シンガポール、バリ島 そして、チャップリン暗殺計画

行程 1932年3月6日ナポリ出港〜11日エジプト、ポートサイド〜21日セイロン、コロンボ〜3月27日シンガポール〜3月30日バタヴィア〜4月3日バリ島〜11日バタヴィア〜15日シンガポール〜5月6日シンガポール出港

バリ島で、即興でバリ舞踊を踊るチャップリン

東洋へ

1932年3月6日、チャップリン兄弟と高野虎市はナポリ港を出発して東洋を目指した。ヨーロッパには、当初3ヶ月ほど滞在する予定だったのが、結局1年以上にわたってたっぷり満喫することになった。

乗船したのは日本郵船の諏訪丸。チャップリンがデビューしたのと同じ1914年にヨーロッパ航路のために建造された豪華貨客船だ。船内の装飾は英国調でまとめられ、インテリアの多くはイギリスから輸入されたものだったので、英国人の兄弟は喜んだに違いない。諏訪丸はのちに太平洋戦争中に海軍に徴用され、1943年3月にアメリカ軍の魚雷を受けて座礁する。

3月11日にはエジプト北東部のスエズ運河の北端にある港町ポートサイドで一時下船して、[*1]ピラミッドを観光。その時、東洋の風景を映像に収めるために、映画用のキャメラを購入した。兄弟でトルコ帽をかぶりラクダにまたがって、マスコミに写真を撮らせた後、翌日に運河の南端の街スエズまで車を走らせて元の船に合流した。[*2]

船旅は快適だったようで、「旅行記」には「航海は無事に進み、海上の天気は穏やかだった。やったことと言えば、紅海に入った頃に、熱帯地方の短い、膝の見えるズボンに着替えたことだけ」[*3]と記している。船上のチャップリンは読書に勤しみ、大半の時間を「旅行記」や経済問題について考えをまとめた「戦争賠償金の解決のための考え（*"An Idea for the Solution of War Reparations"*）」の執筆に費やし、健康のために朝晩にはデッキを何周も走った。デッキで寝てばかりいた兄シドニーは弟の勤勉さに感心していた。[*4]

彼はその「経済論文」を何度も書き直した末に7ページにまとめ、さらにマスコミ発表用に4ページの短縮版をも用意した。その内容とは、第一次世界大戦で戦勝国がドイツに課した巨額の賠償金が国際情勢の不安定さの原因であることを指摘した上で、ドイツに賠償金支払いの猶予を与え、なおかつ戦勝国の賠償金回収を可能にするために、国際通貨「リーグ」を創設し、リーグ建ての債券で戦勝国への賠償金支払いを肩代わりする、というものだった。敗戦国ドイツでのファシズムの伸長を目の当たりにし、戦勝国との間で緊張が高まっている様子を肌で感じて、双方にプラスになるような提言を試みたわけだ。

チャップリンは、経済学者のクリフォード・ヒュー・ダグラスの社会信用論を参考にしつつ、ヨーロッパ滞在中に出会った政財界の大物たちの意見を取り入れて、提言を書き上げた。のちのユーロにつながる国際通貨のアイディアには先見の明があり、経済学の素人にしては面白い論考だと言えるが、7ページのアイディアで恐慌を克服できるはずもなく、過大評価すべきではない。

しかし、チャップリンが世界の危機に心を痛めて本気で執筆に取り組んでいたということ、その愚直なまで真剣な行為は賞賛されるべきではないだろうか。なにより敗戦国に課した賠償金が世界の危機の元凶だと指摘していることは注目に値する。チャップリンの考えは一貫しており、のちに製作した『独裁者』も、トメイニア国（ドイツに相当する）が第一次大戦に敗戦するところから始まる。ヒトラーはなんの前触れもなく突然現れたモンスターではない。戦後処理の失敗が経済不安をもたらし、それがファシズムの温床となって国家間の緊張を招き、次の戦争へと繋がっていくことを、第二次大戦が始まる7年前の時点で彼は見抜いていたのだ。

結局、その論文が出版されることはなかったが、そのアイディアを弟から聞いたシドニーはこれこそ世界経済の解決策だと感心し、「どうしてこの方法を経済学者たちは思いつかないのだろう」と妻に書き送っている。[*5]

チャップリンの勤勉さについては、別の証言もある。

諏訪丸には、山梨県出身の輿石《こしいし》常吉《つねきち》という人物がボーイとして勤めていた。チャップリンは彼の働きぶりをたいそう気に入り、彼の雇用主である日本郵船に、臨時の秘書として貸してほしいとかけあった。郵船も快諾して、輿石は日本までの3ヶ月間チャップリンの臨時秘書となった。

3ヶ月間勤め上げた後に、輿石はチャップリンの印象を記者に語った。それによると、チャップリンは有名人なので尊大な人かと思っていたら、全く偉ぶらず親切で、一度も怒らなかった。特に感心したことが三つあり、一つ目は「生活が大変真面目なこと」で、それまで彼が接客した大金持ちの有名人は、皆旅行中に娼婦と交渉を持っていたが、チャップリンだけは違っていて、一度もそのようなことはなかったという。二つ目は読書で、上陸すれば2~3冊、4~5冊と、その土地の歴史や文化の本を買っていた。三つ目は兄弟仲が良いこと。そして、「映画俳優は体を鍛えておく必要がある」と運動をよくやっていたとのことで、[*6] 船上でも常に読書と運動を怠らず執筆と思索に時間を費やしていたようだ。

紅海を抜けた後、アラビア海を横切って、3月21日午後5時にイギリス領セイロン(現在のスリランカ）の首都コロンボに24時間寄港した。「セイロンは私のエキゾチックな夢をすべて実現したようなところだった。東洋の神秘主義と熱帯地方の魅力を併せ持っている」*7とチャップリンはその異国情緒に満足した。

その晩はちょうど満月だった。コロンボ市内では、松明《たいまつ》行列と2名のダンサーが憑かれたように踊り狂う「悪魔の踊り子」のダンスを見て強い感銘を受け、「歳をとったら茶園でも買ってここで暮らしたいね」とチャップリン兄弟は話し合ったが、翌日になって島の中部にある聖地キャンディ

セイロンでのチャップリン兄弟

諏訪丸での船上の花見すき焼きパーティー

まで足を延ばした際に、寺院の石段に布を敷いて並ぶ浮浪者たちの姿に胸を痛めてからは、その話題には触れなくなった。チャップリンはココナッツ・ミルクに夢中になり、現地でココナッツを一袋注文して船に持ち込んだ。

続いて、船はシンガポールへと向かう。このままでは日本の桜の季節を逃してしまうということで、諏訪丸の船長は3月25日にデッキに桜の造花を飾り付けて花見すきやきパーティーを催した。乗組員のうち二人に日舞の心得があったようで、チャップリン兄弟のために舞を披露した。

シンガポールには、3月27日の19時に到着。到着後の記者会見で、「次の映画のテーマはひょっとしたら世界の危機についてになるかもしれない。そのことについては、旅行中に、十分に鳥瞰的な視点で見渡すことができた」[*8]と発言し、今後の計画として、翌日からジャワ島を訪れ、一度シンガポールに戻って、日本を観光した後はアメリカに帰ってハリウッドで仕事に戻ると述べた。

この会見は重要な意味を持つ。というのも、旅行中に、具体的なテーマとともに次回作について語り、同時に仕事再開への意欲を述べたのは、これが初めてだからだ。

「愛と名声と富という幻滅を味わい、私はなんとなく無感動になってしまった」と言って旅行に出てから1年2ヶ月。その間にロンドンでみずからのルーツを見つめ直し、恋人との休暇で癒しを得て心身ともに回復した彼は、ようやく次の創造へと向かおうとしていた。その新しいテーマとは、〈世界の危機〉だった。

シンガポールでは、ラッフルズ・ホテルに投宿した。ハリウッド映画で描かれる汚い魔窟とは懸け離れた美しい街並みにチャップリン兄弟は驚いた。ホテルに戻ると、20人ほどの給仕が次々と肉・野菜・フルーツを運んできて一枚の大皿に盛って食べる海峡植民地独特の料理で歓待を受けた。
翌28日午後4時にシンガポール港から客船ファン・ランスベルゲ号に乗り込み、3月30日朝7時にジャワ島のバタヴィア（今のインドネシアの首都ジャカルタ）に到着。[*9]そこでオランダ人のキャメラマン、ハンク・アールセムと出会い、現地でのプライベート・フィルムの撮影を彼に任せることした。

一行は自動車でボゴール（当時バイテンゾルフと呼ばれていた）に立ち寄り、博物館と植物園を見学した後、昼頃にはバンドンに着き、当地唯一の西洋風ホテルであるプレアンガーで昼食。チャップリンは、そのアール・デコ様式の建築の美しさに魅せられ、土砂降りの雨の中、傘もささずに長い間建物を見続けていた。スペシャル・ゲストに失礼があってはならないと隣でじっと控えていたホテル支配人もずぶ濡れになっていることに、彼はまったく気づいてすらいなかった。

その後ガルトまで移動して宿泊。熱帯における暑さ対策のための抱き枕（当時、それは「ダッチ・ワイフ」と呼ばれていた）と、虫除けの蚊帳を初体験する。蚊帳の周りを奇妙な音を立てながら飛び交う蠅《はえ》や羽虫を見ながら、チャップリンはコメディのシーンを考えていた。

翌31日は温泉や点在する湖を観光し、ジョグジャカルタに列車で移動。4月1日に、ジョグジャカルタ郊外のボロブドゥール寺院を見物した後、港湾都市スラバヤからKPM蒸気船に乗り、3日にバリ島北部のブレレンの港に到着した。

バリに魅せられて

チャップリンのバリ島訪問は、兄シドニーとの会話がきっかけだった。大恐慌後の世界について真剣に考える弟チャーリーに対して、兄はいよいよ世界の危機がのっぴきならない状況になれば、文明に侵されていないバリ島の大自然のなかで美女に囲まれて過ごしたいね、などといつもながらのんきなことを言っていた。兄弟の性格の違いを示す挿話だが、弟もバリ島についての文献を読むうちに興味を持つようになっていった。

当時はまだ西洋文明から隔絶されていたバリでは、群衆に囲まれることも、マスコミに追われることもなく、滞在を楽しむことができた（それでも、何人かはチャップリン映画を見たことがあると聞いて彼は喜んだ）。バリでのチャップリンの案内役を買って出たのは、現地で暮らしながら研究・創作活動をしていた芸術家のヴァルター・シュピースと、それまで数ヶ月間滞在していた画家のアル・ハーシュフェルド（ブロードウェイのスター俳優たちの風刺画で知られる）と彼の当時の妻フローレンスだった。バリ文化を西洋に紹介したパイオニアであるシュピースのおかげで、チャップリンはもっとも早い時期にバリ文化に触れた西洋の著名人の一人となった。

とりわけ音楽や踊りなどの固有の文化に興味を持った彼は、「旅行記」にその印象を詳細に記し、また現地のホテル（デンパサールに現存するバリ・ホテルに滞在した）の便箋にバリ舞踊の種類を細かく書いたメモが残っている。

チャップリンはバリの音楽について、打楽器が奏でる複雑なリズムパターンの中に奏でられる何色もの声や楽器のメロディの印象を、「高いトーンの音は静寂のプールの中に素早く投げられた小石のようで、深い音色はクリスタルでできた深い鉢に湛えられた赤ワインのようだ」と表現した。続いて見たバリ舞踊で、少女ダンサーの二人が30分以上もの間、完全に動きを同期させながら、首を振り、瞬きを繰り返し、指を細かく震わせて、時に悪魔的な何かを感じさせる独特の身体表現を披露したことに彼は驚嘆した。

パフォーマーたちがお金を稼ぐために研鑽を積んでいるわけではないと聞いて、チャップリンは「純粋な芸術」と称えた。祝祭芝居を見物した時、巫女に恐怖を覚えた出演者の一人が、本当に悪魔が乗り移ったかのようにヒステリー状態に陥ったのを見て、彼は強い衝撃を受ける。チャップリンは、自然と交感し芸術を楽しむバリの文化と人々に畏敬の念を持った。

これまで見てきたものと、なんて異なっているのだろう、と私は考えた。世界の他の場所から、なんと離れているのだろうと感じられた。ヨーロッパやアメリカの方が、まるで今まで存在したことがなかったかのように非現実的なものに思えた。バリに数時間いるだけなのに、ずっとそこで生きてきたかのように思えた。

人は、極めてたやすく自然の状態に戻ることができるのだ。このような自然な生き方の中で、キャリアや文明などは何の役に立つのだろう。これらの楽しく生きる人々から、人は人生の本当の意味を拾い集めることができる。それは、働くことと遊ぶことだ。遊ぶことは働くことと同じだけ、人の存在にとって重要なのだ。だから彼らは幸せなのだ。この島にいた間、私はほとんど悲しい顔を見かけなかった。*10

同行していたハーシュフェルドの妻フローレンスは、この時の印象を次のように記している。

チャップリンはその土地の深い魂にまで入り込み、バナナの葉でできた皿から指でライスを食べ、地べたに座って闘鶏を見物し、地元の舞踊を見たり楽団を聴いたりするためならどれだけ遠い場所であろうが訪れた。彼の舞踊と音楽の理解力は驚異的だった。バリの音楽は白人の音楽とは全く異なっていたので、そこに長く住んでいるものでさえそれを解釈するのは困難だった。しかし、チャップリンは、公演を見た後、正確な本能でもってすべての節をハミングしてみせた。そして、彼のバリ舞踊の模倣は、ブロードウェイの劇場で披露すれば満場の客席が沸くだろうと思われた。[*11]

この時撮影されたプライベート・フィルムは、のちにキャメラマンのアールセムが紛失したために残っていない。だが、のちの1936年にチャップリンは再びバリを訪れ、その時撮影したフィルムが現存している。そこには、バリ舞踊や現地の人々の表情が収められており、またみずから即興でバリ舞踊のモノマネを披露した様子もある。フローレンスが書き残した通り、バリ独特の身体表現の特徴を見事につかんだものだ。

このようにチャップリンのバリへの入れ込み方は相当のものだが、それだけでなく、彼がバリを題材にして映画を作ろうとしていたことはほとんど知られていない。

チャップリン家の資料庫には「バリ」と名付けられた二つのストーリーのメモが残っている。一つは、バリの王女がアメリカに留学するも現代文明の空疎さや自分を追い回すゴシップ・ジャーナリズムに嫌気がさし、バリに戻って古来の伝統を引き継ぐ決意をするというもの。もう一つは、国王の反対を押し切って王子が小作人の娘と結婚する悲恋ものだ。後者では、森の中で男女が愛を誓い合うという現地の風習を正しく描写し、また結婚を巡って国王と王子が激しく言い争いをする最中、激昂した国王が発作で倒れ、その今際《いまわ》の際《きわ》に王子に呪いの言葉をかけるシーンがあるのだが、王子は亡き父の呪いの言霊《ことだま》を寺で祈禱をして消し去るといった東洋的なモチーフを取り入れている。

チャップリンがこの時期に、東洋文化を深く研究していたことは注目に値する。ここで多様な価値観を得ていたことが、のちに全体主義を痛烈に批判する『独裁者』を製作するうえで不可欠なことであったのだろう。

チャップリンは、バリに1週間滞在した後、4月11日にスラバヤに戻り、そこからバタヴィアまでは飛行機で移動し、船に乗り換えて15日にシンガポールに戻った。4月16日の誕生日はシンガポールで盛大に祝ったのだが、その時にデング熱にかかり、4月20日に彼は高熱で臥せっていると報道された。*12 そのため、予定されていた4月24日発の箱崎丸には乗れず、病気からの回復を待って5月7日出航予定の照国丸でシンガポールを出航することになり、日本到着は5月16日になると発表された。この時、病を得て船を代えたことが、その後の彼の運命に大きく影響することになろうとは、知る由もなかった。

チャップリン秘書・高野虎市[*13]

さて、世界旅行中片時も離れず行動を共にしてきた秘書の高野虎市は、バリ島には同行していない。実は彼は、シンガポールに着いた後、諏訪丸から下船せずにそのまま単身日本へと向かったのだった。高野は、1905年に日本を離れて以来、27年間故国の地を踏んでいなかった。もはや日本のことを何も知らないに等しい高野は、万全の受け入れ態勢を作るために、一足早く日本入りし母国の状況を調べておく必要があった。1年4ヶ月にわたるチャップリンの世界旅行で、高野が喜劇王と行動をともにしなかったのはこの時だけだ。

ここで、高野虎市のことに触れておきたい。

高野は、1885年に、広島県八木村（現在の広島市安佐南区八木）で生まれた。広島は全国第一位の移民送出県であり、そのうち5分の1が八木村を含む安佐郡の出身だった。[*14] 1900年の資料では広島からの移民のうちアメリカを行き先とするものが61・5%を占めているので、[*15] まさに高野は「アメリカ移民村」で育ったわけだ。

移民と言えば、子沢山の貧家が口減らしに行かせるというケースが多かったが、高野家とその近しい親戚は庄屋や村長を輩出してきた村一番の名家だった。虎市をアメリカへと突き動かしたものは、古めかしい旧家の因習を逃れて広いアメリカで一旗揚げたいという野心だった。

15歳になった1900年に、先に渡米していた従兄弟を頼ってシアトルへ。4年後に一度帰国したが、許嫁《いいなずけ》との結婚を強要し家業を継ぐよう迫る父に反発して1年ほどでアメリカに舞い戻る。その後は、シアトルの日系人社会ではなく、白人社会に入り込んで、駅のポーターの管理や会社社長の運転手などを務めた。

高野がいかに旧来の因習を毛嫌いしていたかは、1913年12月23日に父・兵右ェ門が死んだと聞いて、普通は喪に服すところを、その日のうちに恋人イサミとの婚姻届を出した[16]というエピソードからもわかるだろう。明治生まれの日本人には珍しい、自由恋愛を貫いたモダン・ボーイだった。長男として財産を相続した11日後[17]には、土地のほとんどを売り払い、そのお金でシアトルからロス・アンジェルスに移住して航空学校に入学し、幼い頃から夢だったパイロットを目指した。

しかし、飛行機事故を起こしてしまい、妻の反対もあって飛行家の夢は諦め、次にエキサイティングなものは自動車だというわけで、運転手稼業に戻った。そんな時、高野は以前仕えていたシアトルの興行主ジョン・コンシダイン[18]からチャップリンが運転手を募集していることを聞いた。コンシダインは、かつてチャップリンが所属していたイギリスのカーノー劇団のアメリカ西海岸巡業公演を取り仕切った人物だ。

チャップリン、高野虎市、ラルフ・バートン

1916年秋のある朝、高野は、チャップリンが当時住んでいたホテルであるロス・アンジェルス・アスレティック・クラブの一室に行った。高野によると、採用面接はたったの三言で終わった。ベッドで朝食を取っていた喜劇王は、「君は運転が出来るのか」と問い、高野は「イエス」と答えた。「僕には出来ないよ。かっこいいなあ」と喜劇王は笑い、

それで採用が決まったという。[*19]

当時アメリカ西海岸では日本人排斥の嵐が吹き荒れており、差別が激しかった。ところが、チャップリンは日本人かどうかには一言も触れず、「運転の能力」だけで採用を決めた。喜劇王は、映画で描き続けたヒューマニズムを普段の生活でも貫いていたのだ。

高野は天才の気まぐれに振り回されながらも、懸命に働いた。『犬の生活』（１９１８年）の撮影中に犬が死んでしまった時、「同じ犬を探して来い」と無茶な要求をしたボスに応えるために、ロス・アンジェルス中を探し回って同じ背格好の犬を見つけ出し、前の犬と同じ顔つきにするためにメイクを施したことや、チャップリンの妻が浮気をしているかどうかを確かめるために二人で探偵ごっこをしたことなどは楽しいエピソードだ。

そんな誠実な仕事ぶりと長年白人社会の中で揉まれて培った交渉力が評価され、また車の飛ばし屋であったことも忙しいチャップリンに気に入られて、彼の個人秘書の役割を担うようになる。チャップリンは高野に、撮影所内にある五つの寝室を持つ邸宅をプレゼントし、長男スペンサー（チャップリンのミドル・ネーム）の名付け親となった。[*20]

チャップリンの高野への信頼は、日本人全体への信頼となり、チャップリンの下で多くの日本人が雇用された。１９２６年頃にビヴァリー・ヒルズのチャップリン邸で働いていた17人の使用人は全員が日本人であり、当時の妻リタ・グレイは、「日本人のなかに暮らしているようだった」と回想している。そのリタがチャップリンの財産を狙う母親や親戚の弁護士らの計略のもと、派手な離婚訴訟を起こした時、思い悩んで一夜にして白髪になってしまった喜劇王の孤独を癒したのも高野だった。

高野はまさにチャップリンの右腕だった。チャップリンへの手紙はすべて高野が封を開け、書類に「チャーリー・チャップリン」と署名をする権利も与えられていた。そればかりか、一時はチャップリンの遺言書に書かれた六人の遺産相続人のうちの一人でもあった。

ただし、高野はチャップリンの創作には寄与していない。晩年のインタビューでも、「たまに意見を求められることもありましたが、私なんかにはわかりませんでしたよ」と答えている。[*21] あくまで彼は、チャップリンの創作環境を整えることに力を尽くした。「喜劇王の秘書であること」に誇りを持っていた。

そんな高野だったが、この世界旅行の後、アメリカに戻ったチャップリンの新しいパートナーになった女優のポーレット・ゴダードと衝突して、1934年に秘書を辞任した。チャップリンは、高野のもとを訪れては、戻ってほしそうなそぶりを見せたが、高野は戻らなかった。「あの時に、女のほうをとった」と高野は晩年まで悔しそうに語っていたという。喜劇王を支えて来たプライドと、チャップリンを独占したいという恋愛にも似た思いがあったのだろうか。

チャップリンは、日本に帰国することになった高野に莫大な退職金とUA日本支社長のポストを与えた。だが、日本の習慣に馴染めずやがて辞職してアメリカに戻り、退職金を元手に事業を始めるが、喜劇王を離れた彼を相手にするものはなく、ことごとく失敗した。それでも、日米親善に尽くしたいという野心は健在で、米国女子ソフトボール・チームを日本に招聘するイベントに携わったりもした。実は、ソフトボールというスポーツを日本に紹介したのは高野だ。

そんな折、悲劇が起こる。元俳優の知り合いアル・ブレイクなる人物を、友人の友人だった日本海軍中佐・立花止《いたる》に紹介した——これがスパイ行為と見なされ、1941年6月に高野は逮捕されたのだ。筆者は、1136ページにおよぶFBIファイルを読んだが、金品の授受もなく、FBIですら「スパイ行為の形跡はない」と認めている。だが、日米関係が悪化の一途を辿っていた当時、日本人というだけで危険人物と見なされた。その時は不起訴処分になったものの、1941年12月に太平洋戦争開戦とともに再逮捕。戦時中は収容所に入れられて、1947年秋まで約7年の抑留生活を送った。

そんな目にあっても彼はアメリカを愛し、日米の架け橋となりたい気持ちは変わらず、戦後は、戦中にアメリカ市民権を返上してしまった日系人が市民権を再獲得するための法律相談所で働いた。

1956年に広島に帰郷。1961年に、4回目の来日をしたチャップリンに、周囲から会うよう勧められても、高野は会わなかった。当時の高野の友人たちは、チャップリンに会いたい、でももう自分はチャップリンにとっては過去の人だから会えないと涙をこらえていた高野の姿が忘れられないという。

チャップリンも高野のことを忘れたわけではなかった。のちの冷戦期にアメリカから事実上国外追放された際に、かつて高野を陥れたアル・ブレイクが今度はチャップリンに近寄り、高野に汚名を着せて、チャップリンがアメリカに戻る方策を提案したが、もちろん彼はかつての部下を売ることを拒否した。娘のジョゼフィンは、小さい頃、父チャップリンがよくコーノの話をしていたのを覚えている。小さかったので、どんな内容だったかは忘れてしまったが、部下について話しているのではなく、友達のことを話している感じだったという。

1971年3月17日に広島で死去。世界の喜劇王を支え、戦争をめぐっての日米関係に翻弄された86年の生涯。晩年まで「あれほどの人物は二度と出ない」とチャップリンを崇拝していた。

日本でのチャップリン人気

さて、高野の影響もあってチャップリンは親日家になったわけだが（薄気味悪い話の好きな彼は、小泉八雲の愛読者でもあった）、チャップリンに愛された日本人の方も喜劇王をこよなく愛した。ここで日本におけるチャップリン受容について記しておきたい。

チャップリンが日本の雑誌に初めて登場したのは、日本初の映画評論雑誌である『キネマ・レコード』の1914年7月号においてだった。彼の映画デビューからわずか5ヶ月後のことで、記事にはまだチャップリンの名前はなく、「変凹君《へんぺこくん》」と名付けられて、当時スターだったロスコー・アーバックル（彼の名前もなく、「デブ君」となっている）と一緒に紹介されている。「ヘンペコ君の奇妙な容貌　それにあの肩で風を切って歩く動作が思わず失笑する種となります」と書かれていることからも、当初から特異な扮装と滑稽な歩き方が注目されていたことがわかる。

しばらくしてアメリカでも日本でも、大勢が入り乱れて追いかけっこをする従来のドタバタ喜劇に対して、個性をじっくり見せるチャップリンのユニークさが受けて、人気は急上昇していく。アメリカでは、デビュー2年目の1915年に、すべての作品のタイトル画面に「フィーチュアリング・チャーリー・チャップリン（チャーリー・チャップリン主演）」と書かれるようになったが、同じく日本でもその年以降のほとんどの作品が「チャーリーの〜」か、酔っぱらい演技の巧みさと独特の歩き方からつけられた愛称である「アルコール先生」を冠につけた題名で公開された。

チャップリン映画で現存する最古のチラシは、1915年11月15日公開の『アルコール先生海岸の巻』のものだ。そこでは作品のことを「グニャグニャ喜劇」と説明している。ここでも「グニャグニャ」に見えるような独特の動きの身体芸が注目されている。

映画デビュー3年目の1916年に、チャップリンが映画スターとして当時最高の契約金でミューチュアル社に移籍した時は、日本でもその話題で持ちきりになった。この頃、各地でチャップリンを中心に喜劇作品を集めた「ニコニコ大会」が始まり、人気を不動のものとした。チャップリンの名前を冠した玩具や駄菓子が巷に溢れ、1916年には夫婦漫才「日本チャップリン・梅廼家ウグイス」がデビューし、1920年代には喜劇スターの斎藤寅次郎がチャップリンを模倣して『活動狂』(チャップリンが忍術映画を見て、その真似をするという設定のドタバタ喜劇)などの映画に主演。また、「和製チャップリン」と呼ばれた小倉繁も人気を博した。チャップリンは、日本のお笑いや映画にも強い影響を及ぼしていた。

大衆的な人気が沸騰する一方で、欧米では早くから指摘されていたチャップリン映画の芸術性が、日本でも高く評価され始めた。『担へ銃』のチラシには、最近のチャップリン映画は「著しく人道主義的色彩を濃厚にして来たが、『犬の生活』以後の作品には益々人生の為の芸術」を創造する彼の努力が認められる、と記されている。

さらに日本人は、チャップリンのなかに「人情」や「涙」の要素を過剰なまでに見出すようになる。『黄金狂時代』は、無類に楽しい身体芸の連続だが、なぜか日本のチラシでは「白髪の苦労」で作られた「淋しい」映画だと宣伝されている。『サーカス』（1928年）のチラシには、「二ヶ年有余の苦衷、頭髪に淋しき霜、語り得ぬ血涙を秘めて」とあり、喜劇映画の宣伝文句とはとうてい思えない。日本人の好きな「人情喜劇」に、チャップリンの作風がぴったりと合致したわけだ。

日本における受容で興味深いものとしては、チャップリンがヨーロッパ滞在中の1931年8月に、日本では未公開だった『街の灯』が、東京・歌舞伎座にて『蝙蝠《こうもり》の安さん』として歌舞伎化されたことが挙げられる。脚色をした劇作家の木村錦花は、すでに外国で『街の灯』を見ていた十五代目市村羽左衛門や、二代目市川猿之助から詳しく聞き、映画雑誌の筋書きをもとに歌舞伎版『街の灯』を書き上げた。

『サーカス』日本公開当時のチラシ

木村は、物語の舞台を江戸時代の両国に移し、映画の冒頭の記念碑の除幕式の場面は大仏の開眼供養に、娘の目の治療代を稼ぐためにチャーリーが賭けボクシングをする有名なシーンは賭け女相撲に移し替えるなど原作に沿った翻案を試みている。映画ではレフェリーの背後に回って相手から逃げ回ったり、形勢が不利になると自分でゴングを鳴らしてラウンドを終わらせたりするという爆笑シーンが展開されるが、歌舞伎では、主人公の蝙蝠の安さんが体格のいい女相撲取りから土俵の上を逃げ回ったり、「待った」を連発して時間を稼ぐといったギャグをする。

『蝙蝠の安さん』とは、歌舞伎『与《よ》話《わ》情《なさけ》浮名《うきなの》横櫛《よこぐし》』の「源《げん》氏《じ》店《だな》」の場で、主人公の与三郎にゆすり・たかりを教える登場人物「蝙蝠安」のことだ。チャップリン演じる放浪紳士が、歌舞伎で馴染みのキャラクターに置き換えられた事実は、チャップリンの持つ多面性と歌舞伎の包容力とを示しており興味深い。その蝙蝠安を（普段は汚れ役の蝙蝠安ではなく色男の与三郎を演じることが多かった）二枚目俳優の十三代目守田勘弥が演じたことにも意外性があり、チャップリンの持つ「放浪者にして紳士であるという矛盾」をよく表している。（なお、『蝙蝠の安さん』は、２０１９年12月に国立劇場にて、松本幸四郎が主演を務め、筆者が脚本考証を担当し、再演された。88年ぶりに蘇った舞台は大きな話題を呼び、世界の喜劇王と日本の伝統芸能との時空を超えた融合が観客を魅了した。観劇した四

『蝙蝠の安さん』の十三代目守田勘弥

2019年に再演された当代松本幸四郎の『蝙蝠の安さん』

男ユージーン・チャップリンは、「舞台上に父がいました」と絶賛した。）

チャップリンが世界旅行に出ると、その様子は逐一報道された。例えば雑誌『映画と演劇』1931年6月号では「又チャーリー」の見出しでヴェネツィアでの歓迎攻めの写真が掲載され、同年8月号「フランスのシャルロ」では、「どうも毎号一つはチヤプリンの滞欧スナップを出さないと編集者の気がすまん」とのキャプションがつくほどだった。

このようにチャップリンは、大衆にもっとも人気の高いスターであり、またインテリにとっては芸術哲学者であり、映画から漫才、果ては歌舞伎にまで影響を与える存在だった。来日すると必ず大フィーバーになるだろうし、また今も昔も熱しやすく冷めやすい日本人ゆえ、何かのきっかけで手のひらを返したようにバッシングが始まることも予想された。さらに、軍国主義の勃興とともに、著名人の暗殺が横行し、外国人を排斥する機運も高まっている最中だった。高野はチャップリンに先駆けて来日して、受け入れ態勢を整えておく必要があったのだ。

高野虎市、27年ぶりに故郷へ

そんなわけで高野虎市は、1932年4月7日に神戸に到着し、27年ぶりに故国の地を踏んだ。この時、神戸港ではちょうど満洲国への入植者を送る式典が行なわれており、高野は、日本の軍国主義が中国にまで伸張していた様子を早速目の当たりにすることになった。

高野が神戸港に着くなり、新聞社によるインタビュー攻めが始まった。チャップリン本人ならともかく、その秘書の「来日」を新聞社が待ち構えていることからも、当時のチャップリン人気がうかがえる。高野の第一の目的はマスコミを使って、チャップリンが日本で過ごしやすいような世論を形成することだった。この時のインタビューは翌日の各紙を飾ったが、そのなかの『大阪毎日新聞』を引用する。

> 来月五日箱根丸《ママ》で神戸に上陸して後全くチャップリンの気持の動くまま自由な観光をさせたいのでスケジュールなどは全然ありません、米国を出てから8ヶ国（筆者註：実際は通過しただけのオランダ、ベルギーを除いて、この時点で12ヶ国）を廻りましたがどこでも国賓の待遇を受けましたけれども彼の気分のままに終始しました。

と、まず気ままなチャップリンが事前にスケジュールを決めることはないことを宣言している。殺到する歓迎会の申し出を牽制しておきたかったのだろう。また、この時点では5月5日到着予定だったようだ。

> 彼の日本好きは有名で米国の排日家を親日家にさせた例も沢山ありそして常に日本人が世界で一番真面目に映画を見、そして鑑賞眼も世界第一ということを容認しています、日本ではまず歌舞伎を見たいのが念願です。

続いて、チャップリンが親日家であることを強調し、外国人排斥の機運が高まっていた中でも友

好的な世論を作り上げようとしている。その上で、

どこの国でも中流以下の本当の生活を見たいというのが彼の願いでお祭り騒ぎで歓迎されるのが一番彼の感情を悪くさせるのです、桜には少し遅れますがチャップリンは桜を見て喜ぶ人ではないでしょう、二十年間も長らくあこがれていた好きな日本へ来るんですからどうかよく彼の気のままに自由な観光をさせてやって下さい、日本を愛する彼にどうかいい印象を与えてやって下さい、彼はいつまで滞在するやもわかりませんが気に入ったらいつまでいるかわからないそのかわり不快だったら今日来て明日帰るかも知れません、日本人に似た性格を持ち義理人情をよく理解する彼です、もちろん私よりもよく日本を知っています。

と、熱狂的な歓迎は控えてほしいと念を押している。おそらく、1929年にダグラス・フェアバンクス一行が日本で受けた大歓迎のことが念頭にあったと思われる。彼が日本で数万人の群衆にもみくちゃにされて、押しつぶされるところだったことはハリウッドでも有名になっていた。

神戸で各方面の関係者とミーティングを持った後、高野は4月9日夜に船で広島に向かった。10日の朝に到着した宇品港で、姪の秀子が振り袖で着飾ってアメリカで大出世した叔父を出迎えた。その日は、当時大手町にあった広島県下最大の高級旅館吉川旅館に宿泊。同郷の県会議員佐々木虎雄と会談したことは、「郷土の二人の虎が会った」と地元の話題になった。

まっさきに広島に向かったのは、生まれ故郷にチャップリンを連れて来たかったからだった。4

月11日付の『朝日新聞』には「チャップリンは是非厳島に連れて来る」という見出しのもと、「米国型の紳士」と紹介されている高野の談話が掲載された。そこで、「来朝してからのスケジュールはまだ決定していませんが東京、日光、箱根、京都、大阪を訪問しますし常に私の郷里を訪問したいというていますので厳島には是非連れて来て十分静養させたいと思うています」と発言している。

4月11日に高野は故郷の八木を訪れた。

その日、八木はかつてない熱気に包まれていた。太田川中流の小さな村から世界に羽ばたいた高野が凱旋するのだ。高野からの仕送りで村の親戚たちは潤っていた。虎市の姉マサノは病気などで金が入り用の度にアメリカの高野に手紙を書いて送金して貰っていた。姪の秀子も虎市のお陰で女学校に行かせてもらえたと常々感謝していた。

移民の多い八木では、アメリカで稼いで帰国した者が大きな屋敷を建てていた。いわんや、チャップリン秘書の凱旋である。村の大人たちは対岸の可部《かべ》と八木を渡す橋をかけてもらおうなどと相談していた。ただし、いくら高野とはいえ、大河に橋をかけるほどの財力はなく、結局村に警鐘台を寄付するということに落ち着いた。

凱旋歓迎式典を催したのは虎市のはとこで初代八木村長も勤めた熊野貫造だ。紋付袴で正装した地元の大人たちのなか、ただ一人背広にハットと革靴という高野の洋装が目立った。

当時5歳だった村の古老石田昭三は、高野が八木に戻って来た日のことを鮮明に覚えている。大人たちは「チャップリンが八木に来る」と口々に言っていた。当時、「チャイナ・マーブル」と呼ばれた飴玉を、子供たちはうまく言えずに「チャップリン玉」と呼んでいた。映画を見たことのなかった石田は、今度やってくるチャップリンという人が偉い人なのかそれとも飴玉なのかよくわからないまま、とにかくすごい人が来るということだけは感じていた。

「今日は偉い人が来る」と母に教えられた日、友達の家に遊びにいく途中で、「背広にネクタイ姿の、今頃見たことのないおじさん」が「ユーはどこの子が?」と言って近寄って来た。石田は、「わしゃぁユーじゃない、昭ちゃん言ぅんよ」と口をとがらせて怒った。おじさんの革靴がピカピカ光っていたことが印象に残った。村の人が「高野さん……」と呼んでいるのを聞いて思い出し、近所の友人たちに「チャップリンが来とるぞ」と大声で叫んだ。

翌日、警鐘台の落成式があり、真新しい鐘の音が太田川に響き渡った。かつて、村を捨てた不良少年は、こうして故郷に錦を飾った。高野が寄贈した警鐘台の鉄骨を、子供たちはロケットの発射台と信じて疑わず、「チャップリン・ロケット」と呼んでいた。[*22]

その後、1991年9月27日の台風19号で警鐘台は倒壊した。高野の生家近くに今も残るその台には、〈寄付者　在米　高野虎市　昭和7年4月12日〉と刻まれている。

標的はチャップリン

4月17日に高野は東京に向かった。各方面の関係者と情報交換し、犬養毅総理大臣の息子である犬養健《たける》首相秘書官と面会するためだ。

その約1ヶ月後に、海軍将校古賀清志たちが犬養総理らを暗殺した「五・一五事件」が勃発する。その時、ちょうど来日中だったチャップリンが五・一五事件に巻き込まれた事実は、歴史好きの間ではよく知られている話ではないだろうか。だが、より正確に言うと、彼は五・一五事件に巻き込まれたのではなく、実のところ、暗殺の標的となっていたのである。以下に詳述しよう。

彼らは3月末から要人の暗殺計画を練っていた。『検察秘録五・一五事件　匂坂《さきさか》資料』に採録されている検察調書によると、五・一五事件の計画の発端は、チャップリン一行が諏訪丸でナポリを出発して東洋に向かっていた3月18日にまでさかのぼる。その日、古賀が陸軍士官候補生たちをクー・デタに参加するよう勧誘した。そして、チャップリンがシンガポールに到着した翌日の3月28日から30日にかけて、6ヶ所を襲う「第一次計画」を策定した。

4月に入って、古賀は手下の陸軍士官候補生に第一次計画に基づく内偵を命じている。4月7日に高野が日本に来た時には、すでに海軍将校たちは実行に向けて動いていたわけだ。

高野が広島に向かった4月9日に、古賀は「第二次計画」を策定した。この時点では、首相官邸ではなく議会を襲撃するというもので、まだチャップリンは標的には上がっていなかった。

高野は、4月17日に東京に向かい、21日と23日の2回、犬養健首相秘書官と面会した。

この会談で、犬養健は高野に、チャップリン上陸後すぐに東京に来て総理と会談をするよう強く要請した。軍部の伸張とテロリズムの横行に悩まされていた犬養政権としては、世界的なスターであるチャップリンと会見することで、日本国内に国際友好と平和ムードを生み出したいと思っていた。また、犬養健夫妻はチャップリンの描いた「人生の機微のゆえにチャップリンファン」であった。[*23] ただし、首相が外国のスターに尻尾を振ったと思われると右派勢力を刺激するので、「犬養首相も喜劇王と会見することになっているが、それは喜劇王としてではなく、〈親日に貢献した外人〉という意味において待たれている。犬養健秘書官から高野秘書に対して、『チャプリン氏の親日の功績を系統的に調べて送ってほしい』[*24]とわざわざ新聞に書かせたほどだった。（それにしても、日本人が外国人を「親日」と「反日」に色分けして自尊心を満たしたり激しく攻撃したりするのは、今も昔も変わらない。）

高野の方も、チャップリンがまっさきに総理との会談に応じれば、日本への敬意をあらわすことにもなり、国粋主義者たちの心情も懐柔できると考えた。

両者のもくろみは一致し、会談の計画が大々的に発表された。4月24日付の『時事新聞』には、「五月上旬いよいよ来朝する喜劇王チャップリンは英国訪問の際プリンス・オブ・ウェールズの招待をお断りした程の窮屈嫌い、日本でも物々しい歓迎は真平と前もって振れ回っているが、何を考えたか『犬養首相だけには是非お目に掛りたい』という希望」というわけで、「東京に来る翌日に官邸で会見予定」とある。（もちろん、すでに述べた通り、チャップリンはヨーロッパで皇太子と何度も会っているし、「犬養首相だけには是非お目に掛りたい」と言ったはずはないのだが。）

記事では、この計画に対しての総理の様子も描かれている。「さてそうなるとチャップリンへの贈物は何がよかろうとあれこれ首をひねった揚句、首相が得意の書を見事に表装して贈ることにきまったが同席の健秘書官『それはそうとあなたはチャップリンを知ってるんですか』とたずねると『知っとるともあの喜劇役者じゃろう』と首相はお得意だった」。

これを読んで、古賀たちは激昂したにちがいない。一国の総理が、外国人の映画スターにうつつを抜かしているとは。――しかし、それを逆手にとって、彼らは新しい計画を策定する。記事の直後の4月24日、古賀は議会襲撃の計画を破棄し、「第三次計画」を練った。

その内容とは、首相官邸でのチャップリン歓迎会を狙うというものだった。

なぜチャップリンを狙ったのか？　古賀は後に次のように語っている。


五月十五日に首相官邸に於てチャップリン歓迎会が催されると云ふ事を新聞記事で知り、此の歓迎会に乗じ、同所に集まるであらうところの支配階級の集団に対し直接行動を敢行仕様と考へたのであります。斯くすれば日米の国際関係をも困難にし人心をも動揺せしめ、爾後《じご》革命の進展を速にするであらうと考へました[*25]

つまり、首相官邸で行われる予定のチャップリン歓迎会を襲い、そこに集まる政治家・財界人を一網打尽にするとともに、「アメリカ資本階級のお気に入り」で外来文化の象徴たるチャップリンを殺害しようとしていたのだ。

注目すべきは、この供述の後半である。

彼らは言う。「チャップリンを暗殺することで、日米関係を困難にし、世の中の人々の気持ちを動揺させて、革命の進展を加速させることができると考えていた」――まったくもって身勝手で支離滅裂な考えだが、それにしても、一国のクー・デタに外国のコメディアンの命が狙われたという例は、歴史を見渡しても他にはない。すなわち、チャップリンは、単なる大スターという枠を越えて、その存在が世界を結びつけ、その不在が世界を揺るがすような、政治的に巨大な存在になっていたのだ。
（ちなみに、この証言には古賀の思い違いが含まれている。その頃、新聞紙上では首相官邸にて「入京の翌日」にチャップリン歓迎会が行なわれると発表されただけで、「5月15日」とは書いていない。この時点でチャップリンは5月5日に神戸港に到着予定だった。後述する通り、結果的にチャップリンは5月14日に「入京」するので、その翌日5月15日に歓迎会が行なわれると彼は判断し、そのような報道があったと思い込んだのだろう。これが5月15日にテロを決行した後の証言であることを思えば、この思い違いは、「5月15日に歓迎会があってほしかった」という古賀の願望のあらわれのようにも思える。）
関係者の証言によると、この不穏な動きの噂は高野の耳にも入っていたようだ。ただ、チャップリンほどの大スターになると、「暗殺予告」はよくあることだった。実は、世界旅行に出発する直前のニューヨークで、信頼できる筋から「チャップリンの身代金目的の誘拐計画」があると聞いて、カーライル・ロビンソンたちは本人に知らせずに警備を強化するなどの対策をとっていた。[*26] 加えて、軍部が台頭する当時の日本では、著名な政治家や資本家であれば誰でも、「命が狙われている」と噂されていた。総理の孫娘である犬養道子は、五・一五事件は「何か起る、何か起る」と言われ続けていて起こった事件だったと回想している。[*27]
しかし、高野には単なる噂話以上の確証があった。高野の周囲にはたくさんの有力な軍人がいた。高野の従兄弟で、若い頃にシアトルで一緒に働いていた熊野鷹二の妻チサトの兄は、後の海軍大佐で戦後は自衛隊の海将を務めた渓口泰麿《たにぐちやすまろ》である。その渓口は海軍大将・山下源太郎の娘と結婚している。

高野のもうひとつの軍関係者人脈は、チャップリン撮影所に見学にやってきた軍人たちである。なかでも元陸軍少将で戦記文学『肉弾』を書いた著名な作家でもあった櫻井忠温《さくらいただよし》とは家族ぐるみのつきあいだった。このように親戚筋にも親友にも軍の高官がいた。

古賀たちの計画はきわめてずさんなもので、当初から情報は周囲に漏れていた。例えば、陸軍砲兵中尉朝山小次郎は、情報をつかんだうえで、5月15日の当日朝、メンバーの一人に、「志は分かる。だが、やめておけ」と忠告している。漏れ聞こえてきた情報を渓口らが高野に話したのだろう。高野はチャップリンの身の安全を確保するために奔走した。

チャップリン争奪戦

5月1日、高野は京都に移動した。この日は京都ホテルに泊まって、翌日、京都・太秦にあった日活撮影所を見学した。松竹下加茂撮影所では、飯塚敏子ら美女スター五人組が、ちょび髭をつけてチャップリンの扮装をして、「エロエロ・チャップリン」と名乗って出迎えた(「エロ」「グロ」は当時の流行語だった)。「『日本のハリウッド』のすべての映画関係者で歓迎会の予定です!」と京都の映画関係者たちは口を揃えて言ったが、京都に限らず映画界は、「チャップリン歓迎会」の「開催権」をめぐって、高野に攻勢をかけていた。まさに「チャップリン争奪戦」である。

若い頃は菊池寛の書生をしていた文学者であり、のちには大物総会屋として知られることになる上森《かみもり》健一郎(上森子鉄《してつ》)率いる不二映画社は、1926年にチャップリン撮影所で喜劇王の下で修業をつんだ経験のある牛原虚彦《うしはらきよひこ》との人脈を生かして、チャップリン来日の情報をいち早く得ていた。

チャップリンがナポリから諏訪丸に乗り込んだ時に、なんとか手を尽くして「日本滞在中は上森健一郎氏の不二映画に案内してもらう」という声明をチャップリンが出したという情報を日本の新聞で発表することに成功した。当の上森は「何も私が出しゃばったわけじゃないが、親友の牛原君に頼まれて、それではチャップリンの日本滞在中はお世話をしようということになっています」と余裕の構えだった。

チャップリンの声明の真偽はともかく、ぐずぐずしていられないということで、別の映画関係者たちがチャップリン歓迎会の受け入れ組織として、「六花會」なる団体を結成した。これは、松竹や日活など大手映画会社からの支援もあった。というのも、かつて上森は松竹などとの対立の果てに不二映画社を設立していたという経緯もあったので、既存の映画会社としては上森がチャップリン歓迎会を行なうのは面白くなかったのだ。六花會は高野に近づくために、高野が滞在しているはずの大阪の梅田ホテルに事務所を構えたが、高野は広島にいて不在だった。

その頃東京市は「欠食児童救済の夕べ」を企画して、チャップリンをゲストに迎えようとしていた。これならば博愛家のチャップリンは乗るだろうと、不二映画社と六花會とでこの企画の取り合いになった。「礼服の晩餐会などまっぴらだが、気の毒な子供たちのためならむろん『オー・ケー』」という明らかに偽のチャップリンの声明がマスコミに流れた。[*28]

六花會は、鈴木喜三郎内務大臣に「チャップリンに贈る書」を書かせて政府のお墨付きまで貰ったと宣伝した。64歳の内相はチャップリンというハイカラなスターなど知るはずもなく、ちんぷんかんぷんで書きなぐった。[*29]

政治力を使って攻勢に出て来た六花會の動きに劣勢となった上森は、高野が神戸に着いた時に、うまく言いくるめて高野のトランクを預かり、そのまま帝国ホテルに隠した。自分に案内させると確約しないと、トランクの在処《ありか》は言わないぞというわけだ。ここまでくれば犯罪である。

　そんな中、高野は広島から東京に向かった。上森は東京で待っているわけには行くまいといち早く静岡まで出迎えたが、敵の六花會はなんと浜松まで迎えに行っていた。車中で二つのグループに囲まれた高野は、「上森は個人の日本滞在中の案内役、六花會は映画界の歓迎団体として承認する」というよくわからない声明を出して、ひとまずは騒動をおさめなくてはならなかった。

　のちに、六花會は「欠食児童の夕べ」にチャップリンが来なかったのは約束不履行だとして、チャップリンと高野を訴えた。彼らは「チャップリンは天プラ男」「高野はユダヤ人」と口汚く罵った。このような身勝手な歓迎会企画のトラブルの解決も、高野の仕事だった。

　街には便乗グッズがあふれた。チャップリン・マッチ、チャップリン歯ブラシ、チャップリン・ウィスキー、チャップリン万年筆……森永製菓は、「偉大なる芸術家　チャップリン氏とそのファン諸賢に捧ぐるこのチョコレート」と銘打って、「チャップリン歓迎　森永ミルクチョコレート」を発売した。京都の綿布の老舗、永楽屋は、チャップリン手ぬぐいを作った。いずれもチャップリ

便乗商品の一つ。チャップリン歓迎 森永ミルクチョコレート

ンに捧げているわりには、当時の日本は肖像権の概念に乏しく、本人の許可を得ず勝手に発売したものだ。もっとも、永楽屋は2015年にチャップリン家の許諾を得て、当時の手ぬぐいを復刻した。おかげで昭和初期のモダンなデザインが今も楽しめる。

街ではチャップリンの物まね芸人が歌い、不二映画社もチャップリンに扮した見明《みあけ》凡太郎と新進女優の南里子とで、ダンス・ショーを催した。

いきなステッキ　ちょっぴり
髭よ自慢の山高　破れ靴
ルンペン紳士、あのすまし顔
それで寂しい　世すね人
世界の平和の　シネマの使節
われらがチャーリー・チャップリン

このころすでに「世界の平和の　シネマの使節」と呼ばれていたことは注目に値する。「平和の使節」だからこそ、古賀たちのターゲットにされたわけだ。

「5月15日」の理由

チャップリンがターゲットとなってから、5月15日までの古賀側と高野側の動きは、サスペンス小説さながらの展開である。

前述の通り、4月15日にチャップリンはバリ島からシンガポールに戻った。そのまま箱崎丸に乗っていれば、5月5日に神戸に着く予定だったが、チャップリンは熱病で寝込んでしまう。そのことを知らせる電報を、高野は5月1日に受け取り、すぐさま新聞紙上で発表した。チャップリン来日の最新の予定として、5月7日に照国丸に乗ってシンガポールを出航し、神戸到着予定は5月16日であると発表された。

「神戸到着予定は5月16日」というニュースを聞いて、古賀たちは落胆した。彼らには官邸襲撃を5月15日に行なうべき事情があった。というのも、決起メンバーの実動部隊である陸軍士官候補生らが4月24日から満洲に旅立っており、帰国は5月14日の土曜日の予定だったからだ。

首相官邸を襲うのは警備の手薄な日曜日ではなくてはならない。だとすれば、候補日は5月15日か22日となるが、22日だと、それまでの1週間で裏切り者や脱落者が出る恐れがあった。決起を急ぐべきか、それともチャップリンをあきらめずに狙うべきか。結局、5月8日の時点で、5月15日に襲撃する方針に傾いた。(「第四次計画」)。チャップリンは熱病に苦しんだお陰で、暗殺の標的から外れたのだ。

しかし、事態は動き続ける。

5月6日、予定より1日早く、チャップリンは、日本郵船の欧州航路では初のディーゼル船だった照国丸に乗船した。[*30] 1930年に竣工したばかりの最新鋭の客船には、のちの人間国宝・松田権六の手による蒔絵を多用した和風の意匠が施され、チャップリンの日本への憧れをますますかき立てた。

前述した通り、照国丸は当初の予定では5月7日出航で、神戸到着予定は5月16日だった。しかし、ここで1日出航が早まったことで、状況は大きく変わる。

5月10日、チャップリンは香港に到着した。シンガポールでも大人気だったチャップリンだが、なぜか香港では歓迎客が少なく、チャップリンはがっかりした。「大歓迎は真っ平」と言ってみたり、歓迎が少ないとへそを曲げたりとなかなか難しいが、これもスターのさがであろう。チャップリンは香港観光を半日で切り上げて船に戻った。

もし、香港でも他の都市と同じように大歓迎でもみくちゃにされていたら、気を良くしたチャップリンは、また数日でも数週間でも滞在していたかも知れない。そうなれば、来日はもっと遅くなり、完全にターゲットからは外れていたはずだ。しかし、なぜか世界中で香港だけ歓迎がなかった。

その上、また偶然が重なる——シンガポール出航が予定より1日早まっており、その時点で順当に行けば神戸着は5月15日になるはずだったのだが、思いのほか船の調子が良く、神戸到着がさらに1日早まる見込みになった。つまり、当初の予定よりも2日早まり、5月14日神戸着になったのだ。

5月11日夜に高野は大阪に到着して、すぐに堂ビルホテルに向かった。そこでチャップリンから一通の電報を受け取る。それには、「5月14日に神戸に着く」とあった。伝統文化が好きだったチャップリンの希望は、来日してまず数日間は京都・大阪に滞在するというものだった。アメリカを出る直前に、東京日日新聞の記者が「大阪では文楽を見てください」と勧めて、チャップリンは楽しみにしていた。高野はその希望を叶えるために、翌12日に京都に出向き、京都ホテルの中川支配人と面会して宿泊の約束をしている。

東京の永田丸の内警察署長からも、「5月14日は土曜日なので、歓迎客がふくれあがり混乱する」という電報が届いていた。しばらく京都で滞在して、来日フィーバーが収まるのを待ったほうがいい。

同じ5月12日には、古賀らが、15日に官邸ほか5ヵ所を襲う「第五次計画」を策定した。この最終的な計画において、彼らはチャップリンを諦めて、総理をはじめとする政治家だけに標的を絞った。

この時点で、チャップリンは完全に暗殺のターゲットから外れた。

ところが、犬養健首相秘書官からは、「喜劇王来朝後、すぐに東京にて面会を頼む」と電報が届いていた。犬養健は、14日中にチャップリン一行に東京に来てもらい、翌日の15日夜に犬養総理と会談を行ないたがっていたのだ。一刻も早く、国際的な「平和の使節」と総理が会談することで、国際友好ムードを演出したいという希望であり、その思いには高野も賛同していた。

加えて、鉄道省からも「来日後、すぐ東京へ」との要望が出されていた。ただし、こちらは別の魂胆からだった。

5月13日、鉄道省観光局の波多敏夫が大阪駅に到着した。「第一級の外国人旅行客は、世界に向けての日本の鉄道の宣伝になる」と、鉄道省は今でいう「インバウンド」に力を入れるべく、チャップリンを利用しようとしていた。波多は鉄道省の「チャップリン接待事務官」だった。

鉄道省の目論見はこうだ。チャップリン一行に鉄道省全線の一等車のフリーパスを進呈する。その代わりに、鉄道省が『チャップリンのいる日本の風景』というドキュメンタリー映画を撮影し、全数巻になるその長編映画をまずはチャップリンに贈り、その後、日本の観光宣伝のために、欧米に送る——鉄道省はこのために2000円もの膨大な予算を組んでいた。海外に「風景立国の本格的な宣伝」ができれば、何十万円にもなって返って来ると踏んでいたのだ。

波多は、堂ビルホテル8階117号室の高野を尋ね、床次《とこなみ》竹二郎鉄道相主催の歓迎会について説明した。近衛直麿（のちに総理大臣になる文麿の異母弟）の雅楽同志研究会の演奏をはじめ、かっぽれ、万歳《まんざい》、八木節など庶民の芸能を見せるという趣向だった。この歓迎会をチャップリン到着後すぐに東京で催したいとのことだった。

鐵道乘車證
チャールス.チャップリン殿
壹等
通用 自 7年 5月 13日
至 7年 6月 12日
省線一般
發行日 7.5.12
鐵道大臣官房文書課長

The Railway Rules and Regulations shall be conformed to.
This pass is not transferable.
This pass shall be presented for examination at the holder's departure and destination stations each time he travels by train, and also whenever requested by railway officials.
This pass does not entitle the holder to the use of sleeping berths, or to transportation by limited expresses or steamers.
Should this pass be lost, the holder shall immediately notify the Department of Railways giving full particulars.

鉄道省がチャップリンに用意した一等車フリーパス

しかし、最終的に、チャップリン来朝後すぐに東京に向かうよう説得したのは、元陸軍少将の櫻井忠温だったと思われる。近年、高野虎市の遺品から、櫻井が高野に送った「プラン」と題した日本滞在中のチャップリンの旅程案が発見された。その中で、真っ先に宮城（皇居）に行くように指示している。つまり、櫻井は、一部軍人の不穏な動きを察知し、右翼勢力を懐柔するために宮城に遥拝するのが良いと助言したのだ。

古くさい因習を嫌って、日本を飛び出して30年以上経っていた高野には、「宮城に遥拝」というアイディアは思いつかなかった。気まぐれなチャップリンに、宮城に遥拝させることなどできるだろうか。しかし、高野はチャップリンに迫り来る危険を感じとり、櫻井らの助言に従うことにした。

こうして13日の午後、高野は、大阪の新聞記者たちを堂ビルホテルの自室に呼び記者会見を行なった。そこでマスコミに発表したスケジュールは以下の通りだ。

「14日午前8時、照国丸神戸港外に到着。9時半、第一突堤D着。この間に面会とインタビュー。正午まで船室に閉じこもってファンの襲撃回避。船室で昼食。自動車で三ノ宮駅へ。午後0時半、特急つばめ号に乗車。9時20分東京駅着。二重橋で宮城遥拝、帝国ホテルへ」

これを受けて、新聞は一斉にチャップリンが宮城遥拝することを伝えた。知らぬはチャップリンその人だけであった。チャップリンの性格を熟知していた高野は、遥拝の直前に頼みこむことにした。宮城遥拝と首相との会談で、チャップリンの安全を確保できると高野は信じていた。

こうして、チャップリンは、暗殺のターゲットにみずから飛び込んでいった。

第6章

初来日
五・一五事件

行程 1932年5月14日神戸着〜東京〜箱根〜6月2日横浜発〜
6月14日シアトル着

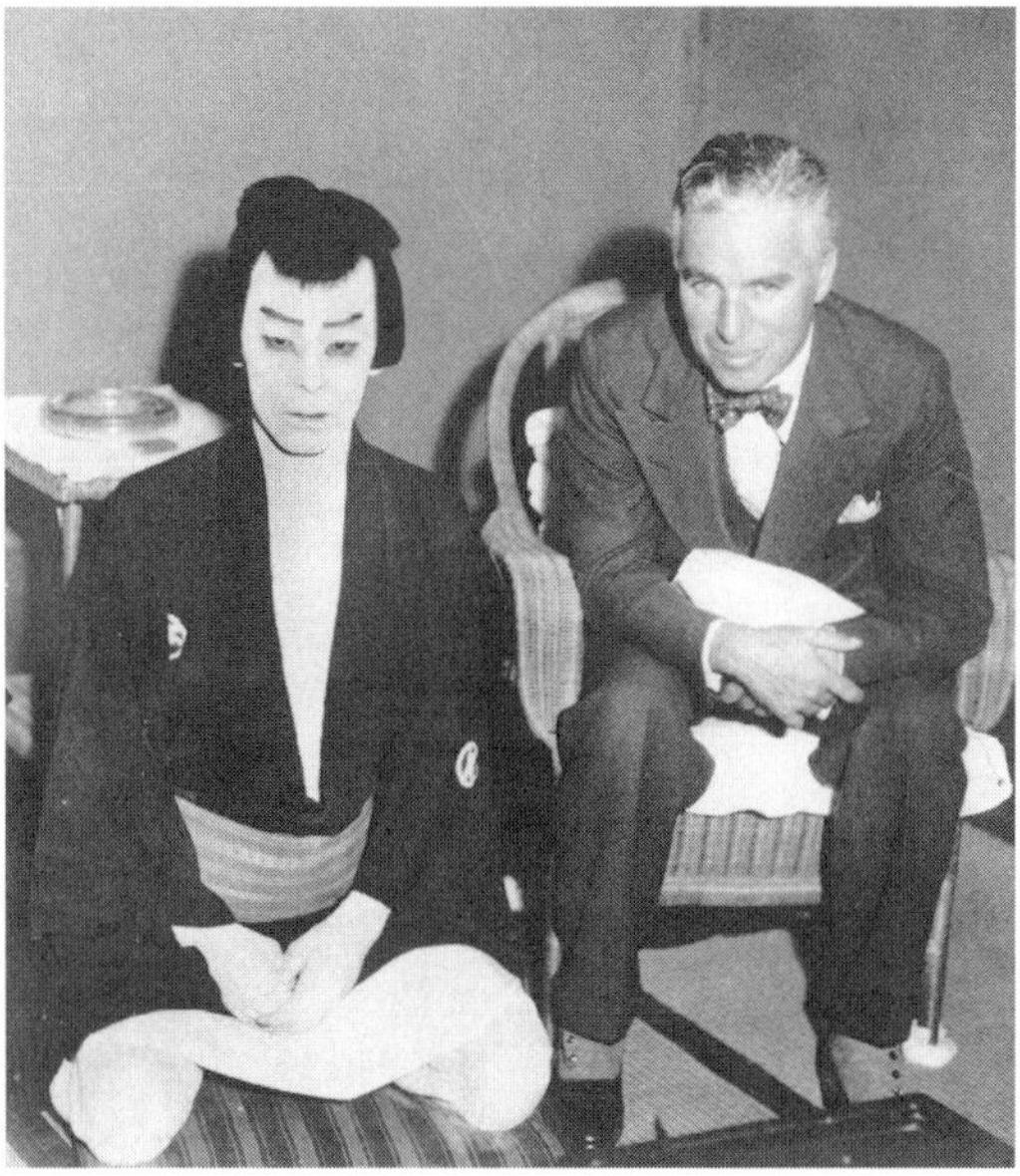

チャップリンと初代中村吉右衛門

チャップリン、日本最初の日

ラフカディオ・ハーンが帰化した国である日本は、常に私の想像力をかき立ててくれた。桜の花と菊の国、そして磁器と漆塗りの家具に囲まれて絹の着物を身にまとった人々。西洋のじめじめとした街で働き、面白みのない西洋式の衣服で着飾った日本人を見ると、彼らはどれだけノスタルジーの痛みを感じていることだろうか、と私は思いを馳せた。しかし、こんにち、西洋の生活様式は東洋を侵食している。[*1]

「旅行記」の初来日についてのパッセージは、このように始まっている。日本の文化を礼賛し、憧れの国への期待をこめた文章だ。

もちろん、この言葉に嘘はない。普段から大勢の日本人に囲まれて暮らしているチャップリンは、ロス・アンジェルスでは日本からはるばるやって来た歌舞伎や剣戟《けんげき》の巡業公演を欠かさず見るほどの日本ファンだった。

だが、彼は単にエキゾチックな文化体験だけを求めて日本にやってきたわけではなかった。

チャップリンの初来日の話に入る前に、私たちはもう一度、この時期の日本がどのような状態にあったのかを思い出さなければならない。

前年の1931年9月18日に、中国東北部の瀋陽郊外の柳条湖付近で関東軍が南満洲鉄道の線路を爆破した（柳条湖事件）。関東軍はそれを中国軍の仕業であると発表し、日本政府の不拡大方針にもかかわらず、「自衛」と称して戦線を拡大し満洲を占領した。こうして、1932年3月1日には傀儡国家、満洲国の建国が宣言された。いわゆる満洲事変である。

中国大陸における日本の動向には世界の注目が集まった。満洲事変は関東軍の暴走であり犬養毅内閣は満洲国の承認に慎重な立場だったが、いかに取り繕おうとも、国際的に見ればそれは日本による中国への侵略に他ならなかった。軍部は国際社会の目を逸らすために、1932年1月28日に第一次上海事変を引き起こし、都市部でも日中の武力衝突が始まった。

これまでのチャップリン研究でまったく触れられていなかったことだが、実はこの時、チャップリンは中国の視察を計画していた。第一次上海事変の真っ只中、満洲国の建国宣言の直前の2月26日の記事を引こう。

（映画俳優の）ロナルド・コールマンとリチャード・バーセルメスは、文民視察者として日本と中国の戦争地域を訪れるための許可を東京の海軍省から手に入れた。他には、ただ一人、チャーリー・チャップリンだけが参加する予定である。[*2]（括弧内筆者）

このことは、「映画スターたちが現実の戦争を見る」[*3]などの見出しで広く報道された。

チャップリンは、報道される前から上海の視察を考えていたようで、1932年2月15日の時点で、サン・モリッツ滞在中に唯一受けたインタビューにおいて、「ボンベイ、セイロン、中国、そして日本に立ち寄って、サン・フランシスコに戻りたい」と今後の旅の計画を語りつつ、上海事変を念頭において、旅程は、上海での出来事によって変わってくる」[*4]と、視察先の中国の情勢によって旅程が左右されると述べていた。

結局、チャップリンがシンガポールを出発する前日の5月5日に、上海停戦協定が結ばれたこともあり、彼の上海視察は幻に終わった。その代わりに、チャップリンは、軍当局から許可を得てお膳立てされた視察などよりも、もっと「現実の戦争」を見ることになる。

1932年5月14日。

その日の神戸は、空も海もどんよりと灰色に曇っていた。天気予報では喜劇王を追って雨雲が中国大陸から来ているとのことだ。笑わせるだけでなく、寂しい放浪紳士というイメージが定着していたためか、「憂鬱の巨人を迎え　空も泣き笑い」[*5]との見出しが新聞を飾った。高野は宿泊先の神戸オリエンタル・ホテルから、神戸港に向かった。

照国丸の佃事務総長によると、チャップリンは朝早くにデッキに出て、近づく日本の風景を眺めていたとのこと。「船中の生活はまったく学究者のそれです。（略）人なつっこい典型的な紳士でした」と印象を語っている。

午前7時45分、チャップリンと兄シドニーを乗せた照国丸がゆっくりと神戸港第一突堤に着岸した。上空には3機の飛行機が舞い、五色の歓迎チラシを空から撒いていた。神戸の民潮新報社も英

神戸港に到着したチャップリン

文と和文で書いた「近代人の心の友　偉大なる世界人　チヤーリ・チャップリン氏を空中より迎ふ」と題した歓迎文を撒いた。

岸壁には数万人のファンが詰めかけていた。高野と一緒に出迎えに来た女優の夏川静江は、「チャップリンさんにどうしても会いたいんです!」と花束を持ってしきりに繰り返している。ロス・アンジェルスでチャップリンに剣戟を披露していた遠山満[*6]も来ていた。前年にアメリカでチャップリンに直接陣羽織を手渡したことでちょっとした有名人になっていた蜂谷少年もいた。和製ハリウッド・スターの上山草人《かみやまそうじん》は久しぶりにチャップリンに会えるということで興奮し過ぎたのか、前夜に原因不明の高熱にうなされたが、朝には回復して駆けつけた。

ところが、着岸してから1時間が過ぎて全員が下船した8時55分になっても、まだチャップリンは出てこない。心配した高野がキャビンに入ると、彼はホットケーキとマーマレード、長いパン一つという英国風の朝食を食べた後、鼻歌まじりの上機嫌で悠々と風呂に入っていた。そもそもチャップリンには時間の感覚がなかったことを高野は思い出した。

その後、記者１５０人が待ち構えるサロンに、高野が花嫁に付き添う父親のように、はにかむチャップリンの手を引いてやってきた。40台のカメラのマグネシウムのフラッシュがたかれ煙が立ち込めた。日本人が初めて見た素顔のチャップリンは、映画の中の滑稽な放浪者とは違って、上品な銀色のカールした毛髪に桃色の顔の小柄な紳士だった。藍色のカラー付きシャツ、黒い縞の入ったネズミ色のネクタイ、薄い藍色のネルの上着。アクセサリーもなく、ネクタイも「一本50銭ほどの」と新聞に書かれたほど質素なもので、巨万の富を得ている映画スターにしては庶民的な服装をしていることに、記者たちは驚いた。

「日本は、予想通り明るいですね。日本は私の精神的な母国です。いつか来たいと思っていて、今やっと来る機会が与えられました。平凡な観光客としてしみじみ楽しみたいです」と喜劇王は口を開いた。隣では兄シドニーが終始煙草をくわえて微笑んでいる。「9月30日のロス・アンジェルス・オリンピック開幕までには帰国したい」と発言しているので、この時は最長で4ヶ月ほど日本でのんびり過ごすつもりだったのかもしれない。

記者たちは、一斉に質問を浴びせる。「君はパリで生まれたか、ロンドンで生まれたか」という他愛ない質問に始まり、「ロンドンでは70人も女が訪ねて来て一人一人子どもを連れて、これはあなたの子どもだと言ったそうだが、本当か」などと今も昔も記者たちはゴシップを追う。やっと「君の作ったもののうち、何が最もいいか」と映画についての質問が来た。これに対しては、「やはり最後に作ったものがいいです。前のものは自分としてだんだん気持ちが合わなくなります」と率直な思いを吐露した。

「君の喜劇には哲学的に深いものがいつも流れているように思うが君は哲学を持っているか」には、「私は哲学を研究する暇もないので特に自分として言うべきものは何も持っていません。私はやはり芸術が第一です」と返した。この問答を見ていても、当時のチャップリンが「芸術哲学者」扱いされていたことがよくわかる。

そして、やはりここ日本においても、「世界の危機」の話題になった。「世界の危機と復興事業についてどんな考えを持つか」「この世界的不景気をどうすれば救済出来るか」と次々と世界情勢についての質問が来る。「それは私の職分でなくて、政治家の職分です」とチャップリンはかわしたが、その時、記者から飛んだ「君のユーモアによって世界を救えばいいじゃないか」[*7]という言葉をチャップリンは後々まで忘れなかった。

漫画家の岡本一平は、インタビュー中のチャップリン兄弟の様子を3枚の漫画に描いた。岡本は、「ミスター・チャップリン」の呼びかけに、毎回びくんと反応するのを見て、「神経質な人なんだ」という印象を持った。そのくせ、「こっちを見て笑ってください」とのカメラマンの呼びかけには、わざとあべこべな表情を作る茶目っ気もある。

NHKはチャップリン上陸の瞬間の様子をラジオで中継していた。「こちら、神戸港第一突堤……見えました、見えました！」というNHKの永原アナウンサーの声が全国に響いた。NHKは上山草人を実況ゲストに呼んでいた。ハリウッドでチャップリンと交流もあった上山なら、チャップリンもマイクの前で何か喋るだろうと期待してのことだったが、案の定サイレント映画の王様はラジオでは話さなかった（それにしても、この旅行中、どの国においてもマスコミは彼をマイクの前に立たせようとした）。神戸港で子供たちは帽子を飛ばし、大人たちが投げた上着が空中を舞った。「チャップリンの青い目がどこかを見据えて止まりました。きっと、神戸の山、碇山《いかりやま》の大碇《おおいかり》の紋章を見ているのでしょう」と実況が続く中、どこからともなく「万歳」の声が響き渡り、その唱和は港にいた数万人のファンにまたたく間に広がった。

かくして、チャップリンは初めて日本の土を踏んだ。5月15日付の『やまと新聞』によると、それは「午前10時12分3秒」のことである。「よくこそお越し！　銀幕の王者」「歓呼渦巻く神戸港頭」[*8]、「待つこと久し！　チャップリン来る　今日ぞ！　夢にも憧れた　懐しの日本へ第一歩　扇港埠頭に歓呼湧く」[*9]などの大きな見出しとともに、すべての新聞が喜劇王来朝を一面で伝えた。

この日の神戸での様子は海外でも広く報じられたが、国内の報道とは若干トーンを違えている。


グレイ・ヘアーの、考え事をしているように見える一人の小さな男が、本日神戸港で下船した。そして、日本は、日本の支配のせいで極東が危機に覆われていることを、すっかり忘れてしまった。[*10]

チャップリンの来日は、それまでの他の国への訪問とは異なっていた。彼が今回訪れたのは、「現実の戦争」状態を引き起こしている国だった。わざわざそんな場所に飛び込んできた彼は、中国での危機を忘れさせてしまう別の戦争とも呼べるような興奮を引き起こした。そして、みずからは軍国主義者たちのテロリズムに巻き込まれていくことになる。

神戸から東京へ

チャップリンを一目見ようと神戸港に押し寄せていたファンの大群を、三宮署の騎馬巡査・交通巡査らが必死に整理する中、高野はチャップリンと兄シドニーとを自動車に乗せようとした。だが、なぜかチャップリンがあたりをキョロキョロと見回していてなかなか乗らない。どうしたのかと問うと、「ロンドンで出会った日本人女性が、神戸港で黄色い花を持って待っている、と言っていたので探してるんだ」と喜劇王は答えた。呆れ返った高野は有無を言わせずボスを車に押し込んだ。車が発進する。新聞社の旗をなびかせたタクシーが後を追う。埠頭に残された田舎から出て来た少女が、「あたい、なんだか気が変になりそうだわ」と倒れこんだ。

神戸の菊水にて

異国情緒漂う港町神戸の居留地を抜けて、「東洋のウォール街」と呼ばれた栄町の洋館が立ち並ぶ通り、楠木正成公を祀り地元では「楠公《なんこう》さん」と親しまれている湊川神社の前を通って、有馬道から仲町、多聞通と走り、三角公園から大倉山公園へと、神戸の街をぐるりとドライブした。チャップリンは明るい神戸の街がすっかり気に入って、その後も1936年3月と5月に2回訪れることになる。

ドライブの後、県庁横の料亭「菊水」に向かった。記念撮影をして、さまざまに趣向を凝らした日本間を見学。2階の「桃山の間」「日光の間」で、薄茶をいただきつつ刀や鎧兜《よろいかぶと》などを興味深く見た。店の自慢の美人女中たちが、三味線の伴奏で「酋長の娘」「いささかドンドン」など、「日本ジャズ」を唄い踊るのを見て、ふだんはあまり酒を飲まないチャップリンだったが、このときは名物の神戸ビーフのすき焼きをいただきながら機嫌良く杯を重ねた。

その頃、三ノ宮駅には、特急列車に乗り込むチャップリンを一目見ようと、数千人のファンが集まっていた。だが、チャップリン一行は混乱を避けるために、12時25分に手前の神戸駅から特急「燕」の最後尾に特別に増結された展望車に乗った。三ノ宮駅から特急に乗るという偽情報を新聞に流したのは高野だった。すでに秘書を務めて15年あまり。この手の作戦はお手の物だ。神戸駅では40名の女給がお揃いの日傘を広げて見送った。

特急燕号の切符はまたたく間に売り切れてしまい、東京まで完全に満席である。隣の車両には、「ただチャップリンと握手がしたくて」と下関から来たという少女が乗っていた。彼女はチャップリンが乗っている車両と隣の車両とのあいだのドアのそばに陣取って、東京まで動かなかった。

午後1時に大阪駅着。4分間の停車時間の間、ホームに集まった群衆に向かって、さきほど神戸で聞いた「万歳」の言葉と動作を披露した。同乗していた岡本一平によると、チャップリンは「サヨナラ」を言おうとして、なぜか「サヨ」でつかえていたという。ホームから落ちそうになっているファンに「ビー・ケアフル！」と心配しているのがいかにもチャップリンらしい。

大阪駅を出発後、チャップリンはふいにふさぎ込んだ様子で本を開いた。が、列車が京都駅に滑り込むと、ホームに勢揃いした舞妓・芸妓たちに「ウワッ！」と思わず叫び声をあげた。身を乗り出して舞妓・芸妓に笑顔を振りまくチャップリンが窓枠で頭を打たないように、高野はボスの頭を両手で支えていた。誰かがホームで、「おしづさーん！」と叫んだのを聞いて、チャップリンも、「おしづさーん！」と九官鳥のように小声で繰り返して、肩をすぼめてくすくす笑った。

京都駅を出発後、食堂でスープと魚と肉を食べる。午後2時に彦根に着くころ、シドニーは弟に代わって新聞記者の相手をしていた。そのころ、チャップリンは車窓に琵琶湖を見ながら、赤むらさき色のレンゲソウに「可愛い花だ」と見とれていた。岡本一平がチャップリンに話しかけようとして、高野にギロっとにらまれる。いつ喋っていいのかは高野だけが知っていた。

「人を狂気にさせるような人気」

その頃、東京駅の三番線では、喧噪のなか松竹蒲田撮影所のニュース部長である六車修が、当時の松竹のトップ女優だった川崎弘子、井上雪子、大谷英子の三人とともに、チャップリンの出迎えの準備をしていた。六車は高野の案内でチャップリン撮影所を見学したこともあった縁で、この大役を任されていた。「一、二、三、で手渡すんですよ」と、彼女らに指示をする。赤白のリボンで結んだ百合、バラ、カーネーションの花束を汽車から降りたチャップリンに手渡す練習だ。

この日、駅に押し寄せた群衆は実に4万人。駅の周辺も合わせると8万人もの人々が詰めかけていた。入場券はすでに発売停止となっているが、定期券で入場する客は止めることができない。東京駅では警視庁の外事課長、丸の内署長の指揮のもと、午後6時から150人の警官を配備していたが、それでも足りず、最終的には300人態勢で臨むことになった。ファンを隔離するために長いロープを張って、展望車から出迎えの自動車まで歩くチャップリン一行を誘導する。

午後9時20分。特急燕号が東京駅に滑り込んできた。その瞬間、暴動寸前のファンの波がチャップリンの乗る展望車に押し寄せた。

警視庁の用意していたロープは、なんの役にも立たなかった。「下がって！　危険ですから下がってください！」という警官の声はまったく届かない。「下がらないと撃つぞ！」と脅した警官は、逆にファンに踏み倒されてしまった。孫に連れられている老人もいる。丸帯が解けたのも知らずに叫び続ける女の子もいる。踏みつぶされた人に線路に落ちた人……。翌日の『報知新聞』は「命がけのファン」と表現した。この日の入場券の売上は８０００枚という新記録。三番線だけでなく隣のホームも停車中の列車も全部満員だった。

娘に押されて悲鳴を上げている70歳ぐらいのおばあさんは、そんなにチャップリンが見たいのですかと問われて、「あんなに私を笑わせる人を見ないで、死ねませんよ」と叫んだ。「わたし、一目も見られなかったわ！」と若い女性ファンが泣いている。ものすごい怒号のなか、「王様だってこんな歓迎は受けないよ」と若い学生がしみじみつぶやいた。

六車たちが準備した花束は、人いきれでたちまち黄色くしおれてしまった。それでも、なんとか高野に2束を渡したが、それも群衆に揉まれて駅を出るころには跡形も無くなっていた。

列車から降りたチャップリンは、地下道に降りて改札に向かう階段で仰向けになって、群衆に持ち上げられて宙を泳ぎながら移動した。彼のハンカチ、ベルト、ボタンはすべてむしり取られた。シドニーは踏み潰されそうになっていた。自動車までわずか30メートルのところを、チャップリン一行は10分かけて到着した。チャップリンが去った後には、無数の花の残骸、脱げた靴が転がっていて、自分の靴を探す人々で夜遅くまで賑わった。

この時集まった群衆の歓声を、翌日の『読売新聞』は「すばらしい激情の交響楽」と表現した。

『東京日日新聞』は、それを「関東大震災当時の避難民の喧噪と怒号」に喩えたうえで、次のように結んでいる。「チャーリーよ、お前の持っている芸術は、なぜ人を狂気にさせるような人気を呼び起こさせたのだ」。

この狂気の歓迎は、暗い世相を吹き飛ばすために、鬱屈した民衆がみずから起こした大嵐だった。

宮城に遥拝

チャップリンと高野は、東京駅から自動車ハドソン5378号に乗った。車の周りにも群衆が取り囲み、ナンバープレートがひしゃげてしまった。シドニーは別の車だ。

やっとのことで車は出発した。だが、帝国ホテルに直行することはなかった。

『自伝』には、初来日の最初の晩の奇妙な出来事が克明に記されている。

ホテルに向かう途中、わたしたちは街の落ち着いた一画に差しかかった。すると、ふいに車のスピードが落ち、皇居の近くで止まったのである。コーノがリムジンの窓から不安げに後ろを振り向くと、わたしに向かって奇妙なことを頼んできた。車から降りて皇居にお辞儀してくれませんか、と言うのだ。

「これは習わしなのかね?」わたしは訊いた。

「そうです」コーノはそっけなく答えた。「お辞儀はしなくてもかまいません。車を降りてくだされば十分です」[*11]

チャップリンは不審に思った。そういう習慣なら、そこにも群衆は押しかけてくるはずだが、誰もいない。しかし、ともかく高野の言う通りに、チャップリンは車からおりて一礼した。車に戻ると、高野は心底ほっとしたような顔をした。

こうして、本人に知らせずに高野が周到に準備した「作戦」通りに事は進み、チャップリンは皇居に遥拝した。マスコミにその様子を撮影させており、翌日の新聞は大々的に報道することになるだろう。それにしても、秘書である高野が、チャップリンに対して何かをさせた例は他にない。おそらく櫻井忠温の助言以外にも各方面から高野に対して圧力があったのだろう。

午後9時40分、チャップリン一行を乗せた自動車は帝国ホテルについた。フランク・ロイド・ライト設計の玄関ホールに、チャップリンのために「WELCOME」と書かれた七つの提灯が灯っている。ここでも60名の警官が警備に来ていた。午後6時から「17〜18歳」の女性ファンが玄関横の石壁にへばりついたまま動かなくなったり、押し掛けたファンがガラスを壊してしまったりと、狂騒の嵐はここまで来ていた。美しいバルコニーの上から、チャップリン兄弟と高野は、出迎えた大勢の客に向かって手を振った。

帝国ホテルが用意した182、184、186、190、192号室の中から、チャップリンは190号室を選んだ。五つ部屋のスイート・ルームだ。少し部屋で休んで、群衆に押されて痛めた左胸を中心に20分ほどマッサージを受けた後、10時10分より宴会場裏のギャラリーで記者会見にのぞんだ。チャップリンとシドニーは椅子に腰掛けて、背後に高野が見守るように立つ。

チャップリンは、凄まじい歓迎を「東洋人の持つ情熱」と表現し、ようやく「日本訪問がやっとかなってこれくらい嬉しいことはない」と話し始めた。続けて、旅行記の執筆のことや、歌舞伎への興味などを語り、「ひどく安い服を着ていますね」という記者の質問に「上等じゃなくても着良いからですよ」と庶民的なところを見せた。この日は、もう17年も履いている靴で現れたので、そのことも話題になった。

使用人全員が日本人であることに話題が及ぶと、「私はナショナリストではありませんから国籍は問いません。インターナショナリストです。日本人は能率が上がるし、正直だから信用できます。清潔好きですしね。また日本の着物が大好きです。洋服のような小さな袖など窮屈ですね」。

帝国ホテルのバルコニーから手を振る一行

ほかに、近年兄シドニーと映画で共演しないのは、「兄は怠け者だからだ」とジョークで場を和ませ、「ひとまず落ち着いたら田舎と貧民街とを見たい」という希望を述べた。

和やかな会見場で緊張の走った瞬間があった。記者が、「犬養首相との会見はいつになりますか？」と聞いた時、チャップリンは正直に「総理大臣に会見するということはまだ聞いていません」と答えてしまったのだ。高野は、これまで新聞各社に「チャップリンは犬養首相との会見を熱望している」と報道させてきた。が、実は本人には何も伝えていなかった。

しかし、その時にさっと記者たちの顔色が変わったのを見てとったのだろう。チャップリンはあわてて、「だが、できればこんな最大な名誉はない」[*12]と付け加え、高野も胸を撫で下ろした。

「武士道を勉強されますか？」という質問も来た。質問者は、外国の大スターに、「日本精神」を学ばせて称揚させようとしているわけだ。だが、世界中でこの手の質問に答えてきたチャップリンの返答は、きわめて洗練されている。彼は、「武士道は勉強できるものですか？」と目を丸くして質問で返した。現地の文化を尊重しつつ、安易に質問者の誘導にも乗らないチャップリンの老練さ。

記者会見が終わって、一行が立ち上がると、遠くからまた大きな歓声が湧いた。

「日本の観客は素晴らしいね」

チャップリンは終始笑顔だった。

そのころ、皇居からそう遠くない神楽坂の待合[*13]では、古賀や中村らが芸者たちを呼んで遊興に耽っていた。

5月15日

翌日。雨という天気予報はまったく外れて、この日は素晴らしい五月晴れとなった。「爽やかに輝いてまことに日曜日らしい日曜日」[*14]だった。

すべての新聞がチャップリンの来日の様子を一面で伝えている。

「笑いと涙の王者、喜劇王チャーリー・チャップリンは十四日朝、国を挙げて彼を待つ異常な興奮が渦巻くニッポンにその第一歩を照国丸のキャビンから静かに踏み入れた。神戸埠頭に起る彼だけが世界に持つファンの熱病のような感激の群衆の波」[*15]、「ようこそ！　チャプリン、チャプリン、怒濤！　ファンの大群、映画王もみくちゃ」[*16]など、どれも熱烈な調子であるが、未曽有の歓迎ぶりを示す見出しを一つ選ぶとすれば、『東京朝日新聞』の「チャプリン敗れたり、希望を裏切る暴風雨的歓迎」になるだろう。あれほど歓迎嫌いと宣伝したにもかかわらず大群衆に見舞われたチャップリンは、ファンの熱狂の前になすすべもなく「敗れた」のだ。

高野の思惑通り、「真っ先に宮城へ　恭しく暫し遥拝」[*17]などの見出しが躍り、天皇に敬意を表する親日家のイメージを広めることに成功した。まずは右翼勢力懐柔のための最初の作戦を無事に遂行することができたのだ。

あとは総理大臣との会談だ。

この日、チャップリンは午前9時半に起床したが、しばらくはベッドのなかでくたくたになった手足を伸ばしていた。その後、リンゴとコーヒーとホットケーキ。ゆで卵二つという軽い食事を取った。ナポリ以来の臨時秘書・輿石が、昨晩の騒ぎでどろどろになった服を洗濯し、靴を磨く。その間、チャップリンは教育論の本を読んでいた。

帝国ホテルには、丸の内署から高林巡査部長はじめ三人の警察官が出張してきて常駐しており、署との直通電話まで設けられていたので、警備は万全のはずだった。それでも、どうやってくぐりぬけたのか、「浮世絵を300円で買ってくれ」「絹本の春画を家まで見にきてくれ」「満洲視察に行くから旅費を貸してくれ」などというたかり屋が部屋のドアを叩く。高野と輿石は彼らを退けるのに忙しくしていたが、中には恐喝を生業とする右翼結社もいてややこしい。

午前10時30分に、犬養健がやってきた。「入京の翌日に会談」と報道されていた通り、その晩に首相官邸での歓迎会にお越しください、と健は頼みにきたわけだ。健と高野にとっては運のいいことに、チャップリンはすこぶる上機嫌だった。特に断る理由もない。一行はその夜官邸を訪れる流れになった。――その瞬間、チャップリンは知らないうちにまたもや暗殺者たちのターゲットになってしまった。

だがその時、兄シドニーが騒ぎ始めた。「誰かがぼくのカバンを調べたらしいんだ。書類にいじられた形跡がある」。はじめは気に留めていなかったチャップリンだったが、高野の不安そうな表情を見て、自分の秘書が誰かに脅されているようだと思い始めた。[18]

一度猜疑心《さいぎしん》が芽生えてしまうと、それがむくむく膨らんでしまうのがチャップリン兄弟の欠点だった。この一件が原因だったかどうかはわからないが、その後、犬養健と話しているうちにチャップリンは考えを変えた。のちに高野はこう証言している。「犬養首相が歓迎会をしてやるというんですな。その打ち合わせに息子の犬養健さんが、帝国ホテルに来て話をしているうちに、チャップリンが相撲を見たいと言い出して」。[19]こうなってしまえば、チャップリンの気を変えるのは不可能であるということを、高野はよく知っていた。総理による歓迎会は、翌5月16日（チャップリンの回想）、または、5月17日（総理の手帳に記されていた日付）[20]に延期された。

その瞬間、チャップリンは命拾いをした。

暗殺

では、その運命の日を、チャップリンはどんな風に過ごしたのだろう。『自伝』には、その日起こったことについて次のように書かれている。チャップリンが相撲を見物している最中に、誰かが来て犬養健の肩を叩き、小声で何かをささやいた。健は、急用で抜けるがすぐに戻ると言い残して立ち去った。取組の終わり頃に、彼は帰って来たが、顔は真っ青でぶるぶるふるえていたので、どこか具合でも悪いのかと聞くと、突然両手で顔をおおって、「たったいま父が暗殺されたんです」と答えた。[*21]

まるで映画のワンシーンのようだが、実際は、チャップリンの相撲見物中にはまだ五・一五事件は起こっていない。それに、そもそも犬養健は相撲には同行していない。チャップリンは驚異的な記憶力の持ち主だった。例えば、幼少時代の兄からもらった仕送りの金額を、75歳の時に何の資料も見ずに書いた『自伝』にびた一文違えずに記したほどだ（のちにデイヴィッド・ロビンソンが船会社の伝票で仕送り金額を確認したところ完全に一致していた）。しかし、五・一五の時ばかりは「自分も暗殺されていたかもしれない」恐怖で、記憶が歪められたようだ。

事実を時系列でたどると次のようになる。

午後3時。チャップリンと兄シドニー、高野虎市の三人は、帝国ホテル中庭の池畔で記念撮影会に応じた。チャップリンは映画さながらの小走りで自動車に飛び乗って、両国の国技館に向かう。国技館では相撲協会の幹部が勢揃いして珍客を迎えた。玉錦、能代潟《のしろがた》、武蔵山、清水川の四大関と握手を交わして記念撮影。幕内の土俵入りでは、巨漢の出羽ヶ嶽を見て大喜びした。協会からお土産にもらった軍扇をもって行司の真似をして、まわりを笑わせた。

会場に入ると、ちょうど筑波嶺《つくばね》と大八洲《おおやしま》の一番が行なわれている最中だったが、観衆はチャップリンに気づいて大きな拍手を送った。チャップリンも右手をあげて応え、3時20分に3階の貴賓席におさまった。

チャップリンは一番ごとに「アウイー！」と手を叩きながら野獣のような奇声をあげた。スクリーンの中の心優しい放浪紳士からは想像もつかない素顔を目の当たりにして、まわりの一般客は驚く。チャップリンは格闘技が好きだったのだ。

チャップリンと力士たち

最後の一組を見残して国技館を出るときも大きな拍手に見送られた。車の中でもチャップリンはしきりに、「日本の伝統文化は素晴らしい！」と興奮がおさまらない様子だった。その足で歌舞伎座に向かったが、尾行のマスコミのせいで一般人に気づかれ、あたりは大渋滞となった。パニックを避けて帝国ホテルに戻ったのは、5時30分のことだった。

ちょうどその頃、帝国ホテルにほど近い首相官邸では——。

午後5時27分に、官邸の表門の車寄せに一台の自動車が止まった。中から三上卓海軍中尉など5名が降りてきた。ほどなくして、裏門から山岸宏海軍中尉ら4名も侵入した。

護衛の巡査は総理大臣を逃がそうとしたが、「いいや、逃げぬ」と犬養毅は静かに言った。「逃げない、会おう」。

テロリストたちが土足のまま走って来た。

「まあ、急《せ》くな」と犬養はゆっくりと手を振る。「撃つのはいつでも撃てる。あっちへ行って話を聞こう……ついて来い」。彼らを日本間へと案内した。「まあ、靴でも脱げや、話を聞こう……」。「問答無用、撃て！」と山岸中尉が叫んだ。即座に黒岩勇少尉が腹に撃ち、犬養は左方向に前屈みになった。続いて三上が右のこめかみに撃ちこんだ。

撃たれた総理は、息も絶えだえに、「呼んで来い、いまの若いモン、話して聞かせることがある」とお手伝いのテルに命じた。「煙草に火をつけろ」。しかし、テルの手は激しく震え、煙草に火はつかなかった。

しばらくは「九つのうち三つしか当らんようじゃ兵隊の訓練はダメだ」などと冗談を飛ばしていた犬養毅も、その呼吸はしだいに遠く浅くなっていった。犬養道子によると、その「安らかな顔に白布のかけられたのは午後十一時二十六分であった」[*22]。その時、日本の政党政治は終わった。

五・一五事件の計画者である古賀清志ら5名は、内大臣官邸を襲撃した。しかし、なぜか古賀は内大臣官邸の門の内側に入ることとすらせず、外から手榴弾を投げ込んだだけであった。さしたる「成果」もないまま憲兵隊に出頭した古賀は、のちに裁判で「日本の革命」の必要性と「崇高な思想」を熱く語り、彼らは「私心なき青年の純真」と持て囃《はや》され、戦争が近づく日本においてヒーローとなる……。かくも空疎で稚拙な考えの軍人のために、犬養毅は命を落としたのだった。

チャップリンは、その時点ではまだ事件のことを知らず、夜遅くに銀座の有名カフェー「サロン春」へと繰り出した。個室に隠れたチャップリンは、「里子」という女給とすっかり打ち解けてプライベートな夜を楽しんでいた。そこに見知らぬ男たちが駆け込んできて何かを話した時、高野の血の気が引いた。チャップリンは暴漢だと思い、片手を上着のポケットに突っこみ、拳銃のように見せながら叫んだ。

「いったい、どういうことだ、これは？」

高野は目を伏せたまま、どもりながらこう答えた。——あなたが押し売りたちの絵を見るのを断ったので、先祖が侮辱されたと言っているのです。チャップリンは怒って店の外に出て、タクシーを拾った。

日本語のわからなかったチャップリンのなかでは、得体の知れぬ暴漢に襲われそうになり、持ち前の演技力でうまく逃げおおせたことになっている。が、実は、男たちは新聞記者で、「犬養毅首相が狙撃され重体です」と高野に伝えたのだった。高野はチャップリンに衝撃を与えないように、とっさに口からでまかせで、彼らはたかり屋であると言い、狙撃のことは言わなかったのだ。

帝国ホテルに着いたころには日付が変わっていた。ロビーには真夜中にもかかわらず数十人の報道陣が集まり、異様な雰囲気だった。狙撃を伝える号外の写真を見て、はじめてチャップリン兄弟は真実を知った。新聞記者がチャップリンにコメントを求めた。

このたびは東洋民族、ことに日本人はエキサイトな国民であることがよく分かりました。そのためとは言わないが、ぼくの到着と同時にこんな不祥事件の起こったことは、お国のために同情に堪えません。犬養首相にはお気の毒でお言葉の申し上げようがありません。[*23]

記者たちは容赦なく、「もし首相官邸に行っておったら、一緒に殺されたろう」と言い、当然ながらチャップリンは気を悪くしていた。[*24]

チャップリンは、海軍青年将校たちの暗殺計画の標的になり、そこから外れ、さまざまな思惑と偶然が重なって、また標的に飛び込み、ということを繰り返した。

高野は、ボスに最大限日本を楽しんでもらうために、巨大な闇の存在は一言も口にしなかった。彼は秘書としての役割をまっとうした。

だが、最後に命を救ったのは、チャップリン本人の気まぐれだった。

5月16日　歌舞伎見物

事件の後、「明日中にアメリカに帰る」と言うチャップリンを、高野は一晩中なだめていた。憧れの国に着いた翌日に起こったテロ。しかも、自分も殺されていたかもしれないとなれば、すぐに帰国したくなるのも当然だ。

翌16日、チャップリンは朝から部屋に閉じこもったまま出て来なかった。ベッドの上から動こうともせず、憂鬱に口笛を吹き続けていた。

ところが、午後になって、何がきっかけでそのような心境になったのかわからないが、突如チャップリンは「天ぷら！　天ぷら！」と言い出した。高野はすぐに手配をして、銀座に繰り出して、「天金」でエビの天ぷらを食べた。1円50銭の天ぷら、15銭のおしんこ、13銭のご飯。憂鬱の底に沈んでいたかと思えば、突然天ぷらと叫び出す。相変わらずの予測不能ぶりだが、とにもかくにも、これがきっかけですっかり天ぷらが好きになり、のちに浜町の「花長」では一度にエビの天ぷらを30匹、キスを4匹平らげたことで新聞では「天ぷら男」とあだ名されることになる。

五・一五事件の衝撃で、チャップリン歓迎ムードは吹き飛んだ。しかし、かえってその方が静かに日本を楽しみたいチャップリンにとってはよかったのかもしれない。「天ぷら」との雄叫びをきっかけに、ふっきれたかのように、連日日本文化を満喫する。

食事の後は上野の東京府美術館での浮世絵展へ。美術館の入口でチャップリンは、「純日本画展だから、土足ではいけないだろう」と靴を脱いで裸足で入り、高野があわてて靴を履かせるといったドタバタもあった。

日本文化に精通していたチャップリンは、「ウーキヨエ！」と喜び、「ウータマロ！　ヒーロシゲ！」と独特の発音が館内に響いた。

「兄さん、これがホクサーイの部屋です。これらの絵は一人の画家の手になったとは思えません。いろいろと画風が違っているでしょ。ほほう、これが88歳のときの絵ですか。力強いじゃないか。何十年も描き続けて、各時代でいちいち画風や画法を変えて、そして一つひとつ皆熱があって最後に至るまで衰えない」と、兄シドニーに得意げに説明をする。浮世絵を一枚一枚見るたびに、感嘆の念をこめて舌打ちをしていたら、日本人にはそれが猫を呼んでいる音にしか聞こえず、周囲の客たちは不思議がっている。

「この線はなんてシンプルなんだろう。ほれごらんよ。西洋の人なら、この茎を真ん中から描くのだが、横っちょから生やしたのがいいね。日本の美術には、固有のものとフランス伝来のものと二つある。これは純日本式。日本では東西の二つが入り乱れている。あたかも東京の外観のようだ。一見ごたごたしているがしかしそのため一つひとつよく見ると面白い」と、兄への日本美術講義は独特の日本文化論へと発展していく。

夕刻に一度ホテルに戻り、7時ごろに歌舞伎座へと向かった。来日に先立って、1926年11月に、ロス・アンジェルスの本願寺会堂に旅公演でやって来た『大阪歌舞伎　實川延十郎《じつかわえんじゅうろう》大一座』を高野の紹介で見て、チャップリンは歌舞伎ファンになっていた。「踊りはまるで絵画のデザインを動かしているようで、線の優美なことは素晴らしい」「ギリシアの彫刻のごとく、そのまま彫刻になっている」と大いに感激し、座頭の延十郎を自邸に招いたほどだった。（ちなみに、實川延十郎、すなわち松尾國三は、後に大阪に新歌舞伎座を創設した興行主であり奈良と横浜にドリームランドを作った実業家である。彼はアメリカ滞在中に知ったディズニーランドの日本版を作り、ラスヴェガスのショーに倣って新歌舞伎座で「芝居とショーとの二部構成」の興行を始めた。今も大劇場で主に演歌歌手によって行われている「芝居とショー」といういかにも日本的な興行が、実は、アメリカ帰りの歌舞伎俳優によって始められたという文化交流史は興味深い。）

歌舞伎座では、ちょうど六代目尾上菊五郎が当たり役の叔母真柴を演じる『茨木』の中程であっ

歌舞伎座でのチャップリン

た。渡辺綱役は七代目松本幸四郎。シドニー、高野の三人で一階の一等席におさまる。

チャップリンは幕間に菊五郎を訪ねた。その後の『仮名手本忠臣蔵』の五・六段目でおかるを演じる（成駒屋の）五代目中村福助が、女性へと変貌していく女方の化粧の様子を興味深く見る。ついで、斧定九郎《おのさだくろう》に扮した初代中村吉右衛門の楽屋も訪れて、記念撮影。この時の写真を見ると、チャップリンは楽屋に靴を履いたまま上がっている。上野の美術館の一件以来、もう靴は脱がなくてもいいと思ったようだ。

歌舞伎についてチャップリンは、立ち回りの時はお互いに離れて刀を振り、「それぞれが自分の立ち位置で跳ねたり踊ったり、（略）まるでバレエのよう」で、「勝者も敗者も見得を切って終わる」のだが、「死の場面になると、演者はこの印象主義からリアリズムに転じる」[25]と感想を記している。美しい舞と、たとえば『忠臣蔵』で勘平が切腹する時の、リアルな苦しみの演技とのギャップがチャップリンには面白かったようだ。

その晩の動静については、二つの異なった報道がなされた。『国民新聞』によれば、チャップリンはホテルから抜け出して、芝浦の「春廼家」で15人の芸妓を呼んでどんちゃん騒ぎ。兄シドニーは一人早朝にホテルに戻り、チャップリンは昼頃に戻ってきた、とある。対して、『東京日日新聞』は、気まぐれなチャップリンが早朝に高野を叩き起こして、オープンカーでドライブに出発し正午に戻ったと書かれている。芸妓とのどんちゃん騒ぎ説に心惹かれるところだが、後述の通り犬養道子は翌17日午前にチャップリンが総理の弔問に訪れたことを記憶しているので、おそらく後者が事実に近く、気まぐれなドライブと見せかけて、実はマスコミに気づかれずに弔問に行っていたのだろう。

5月17日　弔問

17日に、チャップリンは首相官邸を弔問に訪れた。

この時の印象を30年後に書いた『自伝』での記述は、事実とは大幅に異なっている。『自伝』では、暗殺後すぐに犬養健と官邸を訪れたことになっており、「二時間前に彼の父親が殺害された部屋を見ることになった。畳の上には血の海が広がり、まだ乾いていなかった[*26]」と記した。ここでもやはり、あまりの衝撃の大きさに記憶が混乱して、恐怖が焼きついたままになっている。総理の孫の道子によると、チャップリンは「十七日の朝弔問に来て、弾痕ののこる現場でいつまでも頭を垂れていた[*27]」という。

その後、昼間に銀座をぶらぶらと散歩した後、夕方には松竹社長の大谷竹次郎主催の晩餐会に招かれた。麴町の大谷邸に着いたのは約束の時間を1時間半も過ぎた午後6時半のこと。大谷はその間ずっと門の前で立って待っていた。

大谷の自慢の庭園では菖蒲が花盛りで、築山の上に出た月が美しい。庭には赤いほおづき提灯を

大谷邸でおでんを食べるチャップリン

欄干に吊るして園遊会風の模擬店を作り、チャップリン歓迎の三角の旗がひらひら揺れている。

この日出迎えたのは、帝国劇場の松本専務や松竹の城戸四郎蒲田撮影所長ら各社の幹部に、大勢の歌舞伎役者、女優の栗島すみ子、川崎弘子など。祖父が英国人で英語が話せた大谷英子が通訳を勧めた。チャップリンが大谷英子の扇子にサインをしたので、嫉妬した他の女優たちが躍起になって「アイ・ラブ・ユー」と喜劇王に攻勢をかけている様子を大谷が羨ましく見守る場面もあった。

庭の模擬店形式の屋台でおでんや寿司（鮪《まぐろ》を三貫、穴子を二貫）などを頬張った後、8時から座敷で宴会となった。大谷秘蔵の鎌倉時代の兜をかぶせてもらって大喜びし、前夜の歌舞伎で見た斧定九郎の型を、播磨屋ばりのしゃがれ声で「ウォー！　ウォー！」と歌舞伎風のデタラメ日本語の台詞を発して鮮やかに再現して見せ、そのあまりの巧さに居合わせた歌舞伎俳優たちは驚いた。

楽しい会も11時にはお開きとなった。「大谷さんは、チャップリンを自邸でもてなしたことを、終生誇りにしていました」と、戦後長らく松竹のトップを務めた永山武臣は筆者に教えてくれた。

その夜遅く、チャップリンは新橋に立ち寄って芸者の歓迎を受けた後、ホテルへと戻った。

5月18〜22日　恒例の刑務所訪問、東西喜劇王の対面、そして茶の湯

翌18日は、犬養総理の葬儀があった。チャップリンは「友国の大宰相犬養毅閣下の永眠を謹んで哀悼す」と弔電を寄せた。

午後3時半に、シドニーと高野と東京劇場に出かけて、文楽を鑑賞。出し物は『良弁杉由来《ろうべんすぎのゆらい》』。鳥に幼子をさらわれた母親が、のちに高僧となった息子と再会する。極貧の幼少期に救貧院で親子別れて暮らさなければならなかったチャップリンはただじっと見つめていた。

人間の気持ち一切を、人形がまるで生きているように表現する。人形師は少しも目障りにならない。浄瑠璃はわからないが、声の抑揚が実にリズミカルだ。世界の一流の役者でも「泣く」場面なら「泣く」場面を始めから終りまでやってのけるものは少ない。あの良弁杉の親子対面の場など、日本の観衆の涙に誘われて、ぼくたち兄弟も思わずもらい泣きしました。*28

その後、午後5時半に明治座で『伊太八縞《いたはちじま》』を見る。二代目市川左團次、二代目市川猿之助を楽屋に訪ねると、大きな歓声が上がった。歌舞伎に興味津々のチャップリンは左團次らに矢継ぎ早に質問をする。歌舞伎には演出家がいないと聞いて、「演出なしであんな総合的な効果をあげているのは珍しい。やはり伝統の力でしょう。私の芸術研究に大いに参考になりました」と感心。「回り舞台、これは歌舞伎が世界に誇っていい舞台装置の一つです。舞台が廻っている間も、そこに総合的な動きがあって、観客に中断の気持ちを起こさせないし、まったく素晴らしいものです」と褒め

ちぎった。幕間には舞台にあがって観衆に挨拶し、場内は割れるような騒ぎになった。最後に七代目松本幸四郎と猿之助による『連獅子』を観劇。「幸四郎と猿之助は、よく呼吸があい、リズムに乗っている。踊りは幸四郎の方がうまいし、猿之助は、意気はあるが、少しアクロバティックだ。日本の踊りの良いところは腰から上のポーズです[*29]」と瞬時にして二人の名優の特質を摑んだのはさすがだ。その日は、下谷同朋町の「錦」でまたも天ぷらを食べて、深夜0時にホテルに戻る。

19日には小菅刑務所へ。チャップリンの趣味である刑務所訪問だ。看守長の案内で、中央見張所を中心とする放射形の囚人舎の雑居房、独居房、工場、炊事場、病舎等をくまなく見せてもらい、いちいちノートに書きとめた。日本の刑務所の明るさ、清潔さは飛びぬけていたようで、「この絶対的な明るさ。ホテルのぼくらの室の方がよっぽど陰気だよ。兄さんひとつ入ったらどう？」と軽口をたたく。帰り道で、タイミングのいいことに三社祭の神輿に遭遇。チャップリンは車を止めて見物し、手を叩いて喜んだ。

20日は、夕方6時にホテルを出て、銀座一丁目のコロンビアのレコード店で「ウットリ、ワルツを踊るとき」「昔をしのんで」というレコードを2枚購入。日本の流行歌にも興味を持ったようだ。ついで、赤坂の料亭「幸楽」で食事をした後、夜8時には新橋演舞場を訪れた。

この時観劇したのは、曽我《そが》廼家《のや》五郎《ごろう》の喜劇『学校の先生』。曽我廼家五郎は、大阪の松竹新喜劇の源流ともなった庶民的な大衆劇で人気を博した、当時の日本の「喜劇王」である。

実は、その前に五郎は松竹からチャップリンとの面会を勧められていた。だが彼は、いくら相手が「世界の一種の英雄」だからといって「頭を下げて会いにゆく必要がどこにある」と断っていた。

こちらは日本の喜劇王や、という自負があったのだ。しかし、思いがけずチャップリンの方から会いにきてくれるとコロリと態度を変えて大いに喜んだ。チャップリンとの面会が実現した時、五郎は「ああよかった」と安堵した、と手記に書いている。本当は会いたかったのに意地を張っていたのだ。「会ってみると明るい、そして親しみ深い紳士である。やはり喜劇俳優だという気がする」とすっかり意気投合した。

喜劇王ふたりの対面に、楽屋はまるで「地震のような大騒ぎになった」。素顔のチャップリンと喜劇の扮装そのままの五郎が固い握手を交わす。五郎が色紙に見事な富士を描くのを真似て、チャップリンも富士を描いて贈った。[*30]

22日は、午前11時30分に、のちに女性として初めて裏千家の老分になる堀越宗円の茶の湯を見学し、茶道の所作をその場で覚え込んで披露した。[*31] チャップリンは茶道に日本文化の真髄を見たようで、「旅行記」にはその感想をかなりの長文で記している。

日本で見た他のどんなことよりも、茶の湯はこの国の特質と魂を明らかにしてくれた——おそらく、近代日本のそれではなく、古い日本の精神を。それは、五感を楽しませるために、お茶を点てるという単純な行為を美しくし、日常的なものごとを生活のアートを表現するために使うという、人生の哲学を示している。(略)

一つ一つの動きが、静寂を創り出すために研究されている。お茶を点てている間、物音ひとつしない。身振りも必要ない。静寂の中で美しい御点前《おてまえ》を眺める。平穏なる神聖さにおいて、悩み疲れた心を翡翠色の液体にいやすのだ。

実用的な西洋の人々には、茶道などは奇妙でつまらないことのように思えるかもしれない。しかし、人間の最高の目標が美しいものの追求にあるとすれば、その最高の目標を日常のありふれたことに適用することよりも、理にかなったことは他にあるだろうか？[*32]

その夕方には、大蔵流狂言方・山本東次郎邸へ狂言見物に出かけた。出し物は『鎌腹』。主人公が鎌で色々と切腹の方法を思案する仕草に、「まことに好い。とにかく最も洗練された芸術だと思います。あの無表情の表情は……」と感嘆した。

6時に一度ホテルに戻った後は、溜池のフロリダ・ダンスホールに繰り出した。チャップリンはどの国に行っても、夜遅くまでダンスを踊ることを欠かさない。その晩は前年に初の国産本格トーキー映画『マダムと女房』で、モダンな「マダム」を演じた伊達里子と30分踊った。というわけで、この日は古典芸能からモダンなダンスまで幅広く楽しんだ一日となった。

箱根、犬養健との別れ

このように、約1週間怒濤のごとく日本文化を味わい尽くしてきたのだが、それも一段落ついたのか、それからというもの、チャップリンは部屋に籠もりがちになる。24日はホテルの近くの日比谷の美松で、チャップリンは75銭のカンカン帽を、シドニーは5円50銭のパナマ帽を買って、浅草から深川をめぐり「花の家」で天ぷらを食べたのみ。25日はホテルのパーラーで『アンダー・ザ・

ヒル・オブ・ザ・ワルツ』を聴いて、自室で軽い昼食の後は口述筆記で執筆に没頭した。この時、速記者として雇われていたのは、アメリカ帰りの大河原りかという女性だ。彼女の回想では、チャップリンは毎朝11時に起きて、夕方に外出するまではベッドの上に一日中座りきりで、考えごとに耽ったり、旅行記の口述筆記をしたりしていたという。また、普段は寡黙だが、客人が来ると一生懸命にもてなしていたとのこと。

26日には京都に行く予定で、高野は荷造りまでしたが、マスコミに追われることを危惧して、土壇場でチャップリンの気が変わった。結局、この日はアメリカでも親交のあった美容家のメイ牛山の紹介で、女優の英《はなぶさ》百合子《ゆりこ》が部屋を訪れて話しこんだ。英は、豪華なスイートルームの真ん中で一人トランプをしているチャップリンを見て、大スターの孤独を思い知った。京都の代わりに奈良に行くように勧めても、「奈良は京都から近い。そこまで記者たちはやってくるよ」と日本の地理にも詳しい。チャップリンは、女優は踊りを覚えた方がいいと見事なタンゴを踊って見せ、スペインで見た闘牛のパントマイムを披露した。寝室には厚い本がうずたかく積まれていた。[*33]

マスコミに追いかけられることにうんざりして、外に出るのがおっくうになっていたわけだが、それでも気分転換は必要だということで、箱根に足を延ばすことになった。27日2時半に自動車で出発。小田原の松濤園で昼食をとり、7時半に富士屋ホテルに到着した。富士屋ホテルは全館あげての歓迎態勢を取ったが、ホテルの全従業員が居並ぶ中を、チャップリンは素通りしたという。従業員たちはチョビ髭の扮装しか知らず、素顔のチャップリンに気づかなかったのだ。山口仙之助支配人は、チャップリンを45号室に案内した。夜8時半に食堂で食事をとった後、箱根の町をドライブして10時に戻った。

翌28日は朝10時にビリヤードをした後は部屋で休み、午後3時から口述筆記。夕方に「梅の屋」で天ぷらを食べた。疲れが出たのか、29日も晴れ間に少しテニスを楽しんだだけで、すぐに部屋に戻った。チャップリンは富士屋ホテルのことを、「予想外のよいホテル」として、「長旅で疲労したぼくの神経を休息」させたと喜んでいたのだが、連日の雨で塞ぎがちになり、そろそろハリウッドに戻って仕事がしたくなった。29日の晩になって急にアメリカに帰ると言い出したので、一行は30日午後5時に東京に戻った。

東京に戻るのを待っていたかのように、犬養健が午後6時に帝国ホテルを訪ねてきた。チャップリンはおくやみを述べて、二人の間に固い握手が交わされた。

「お父様のことは、世界中が悲しんでいます」というチャップリンに、犬養健は気丈に、「東洋の道徳は、そんな場合にもいたずらに悲しまず憎まず、物事の真相を静かに眺めていることなのです」と答えた。

チャップリンは犬養健の手を握り、「運命の不可抗力に対する物静かな諦め……あの東洋の精神はよくわかる。ぼくの映画のテーマにも取り入れています。『巴里の女性』のラストシーン、あれがそうです。落ち着いた物静かなあきらめ！　東洋精神こそぼくの芸術なのです」と応じた。

後に犬養健は、「だれよりも一番しんみり、涙ぐんで僕を抱きしめながら、僕の悲しみを分かってくれた」[*34]と娘の道子に語った。

「日本では何を覚えましたか？」と健が聞くと、チャップリンはさっそく盆を手にして、どじょうすくいを始めた。

「これが実にうまい。物まねのセンス、いや、人生に対していいセンスを持っている、非常に利口な人だと思いました」と健は語っている。

すっかり日本文化が好きになったチャップリンは、自分で着るために独自にデザインした「キモノ・スーツ」を三越に作らせた。松竹の重役だった浅利鶴雄（劇団四季創設者の浅利慶太の父でもある）が三越より持参し、兄シドニーと三人で試着して記念写真に収まった（余談だが、この日にサインをした記念写真は、ずっとチャップリン家に保管されていたが、2006年に娘のジョゼフィンが筆者にプレゼントしてくれた）。「カラーが無くていい。イギリス皇太子にあげたら喜ぶだろう。ぼくもこれを着て夜会に出席するから、きっと流行するぞ」とチャップリンは笑い、実際にその服を来て「花長」に行き天ぷらを食べた。一度にエビの天ぷらを30匹、キスを4匹平らげたのはこの時だ。

キモノ・スーツを着用して記念写真。右下にチャップリンの署名がある

斎藤実新総理への助言　そして二・二六事件

いよいよ旅の終わりが近づいてきた。チャップリンは、帰国を前にしてばたばたと政治家に面会する。各方面から高野に働きかけがあったのだろう。

青嵐と名乗る俳人としても知られていた永田秀次郎東京市

長とは、帰国前日の6月1日の午後3時に会った。

「震災当時にも私が市長だったが、私は呑気なたちで外に逃げ出しませんでした。それが自慢です」と、市長は緊張したのかよくわからぬ自慢をし始めたが、「あなたの顔を見てると地震にも驚かないユーモアを持っていますよ、ユーモリストは決して驚かんもんです」とチャップリンは親切に返した。

「私は日曜毎に釣りをしますが、あれには人間の匂いがなくていいですな、私は人間に笑われるのは平気だが、鳥や魚に笑われる方がよほどつらい」とますます的を射ない話に、喜劇王は笑いながら手を叩いた。さらに永田は、「あなたはヘンな歩き方をする人だと思っていたが、今日は違いますね」と座っているチャップリンに言った。

この日は目黒雅叙園で仲居連中の踊りを見ながら昼食。帰りの道中で芝の熊野神社の神楽を車の中から見た。ホテルに戻った後、再び外出して夜8時40分に星ヶ丘茶寮へ。永田市長主催の晩餐会だった。

「我々は万世一系の天皇を上にいただき、万民は幹めぐる枝のように天皇を厳粛な気持ちで尊崇して」おり、その気持ちはイギリスの君主主義のようなものとは違い、「伊勢に参拝すれば、その気持ちは君にもおのずからわかるだろう」と永田は延々と語った。崇高な〝日本の精神〟をチャップリンに説いた永田は、7ヶ月後に汚職事件で辞職することになる。

斎藤実《まこと》新総理には、帰国当日の2日に官邸で面会した。チャップリンは犬養が息を引き取った日本間を再び見学。何度も、「恐ろしい」とつぶやいた。帰り際に、「首相官邸は警備が不十分だと思います」と斎藤に進言した。

この話には後日譚がある。

1936年2月に『モダン・タイムス』を公開した後、チャップリンはポーレットと再び来日する。途中立ち寄ったハワイを気に入り、そこで気ままに数週間過ごしているうちに、なんと日本では二・二六事件が勃発した。直後に東京を訪れた時、「警備が不十分だ」と助言しておいた斎藤実が暗殺されたと聞いて、深い衝撃を受けた。それにしても、日本の二大軍事クー・デタ（未遂）に喜劇王がニアミスしていたとは、なんたる奇縁であろう。

ついでに、チャップリンのその後の来日についても触れておこう。

1936年には、2ヶ月ほどのアジア諸国周遊を挟んで、3月と5月に来日。この時、念願の京都を訪れ、先斗町《ぽんとちょう》で「鴨川をどり」を見て円山公園を散歩し、新京極で買い物をして、創業18年以来の伝統を誇る京の最高級旅館・柊家《ひいらぎや》に宿泊した。その折に、チャップリンは「日本語にはかゆいところに手が届くという言葉があるそうだが、柊家では手が届いたところにかゆいところがあった」と言ったというから、よほど京都のおもてなしの心に感動したようだ。翌日は、清水寺、嵐山、金閣寺を見物し、すっかり都の伝統的風景に魅せられた。祇園のカウンター割烹の名店「浜作」では、包丁の背でウズラをリズミカルに叩く美技に拍手喝采を送った。西陣でもらった絹のガウンは晩年まで自宅でよく着ていて、今もチャップリン家のアイルランドの別荘に飾っている。

最後の来日は1961年のことだ。その前年の1960年に、わが国で『独裁者』がやっと初公開され、大ヒットを記録していた。敗戦から復興し、高層ビルが立ち並び始めた東京だったが、チャップリンは「あれは文明ではない」と日本の伝統文化が失われつつあることを嘆いた。それでも、京都に来るとかろうじて残る日本の風物に慰めを得て、都ホテルから見る雨に煙る東山を「浮世絵のようだ。これが日本の美だ」と感嘆した。

アメリカへ　帰国の旅路

チャップリンの世界旅行の最終日の話に戻ろう。

6月2日、日本での最後の昼食も「花長」で天ぷらを食べ、これで思い残すことなくすっかり満足したチャップリンは、横浜港へと向かった。大谷英子・沢蘭子・高尾光子ら松竹の女優らをはじめ、2万人の群衆に見送られて氷川丸に乗船。チャップリンが港に到着したのは出航5分前のことで、時間感覚のなさは相変わらずである。群衆の歓声に応えながら歩むチャップリンの後を追って、高野は大きな蝦夷松《えぞまつ》の盆栽を両手に抱えてやっとの思いで船に乗った。帝国ホテルでチャップリンがそれをじっと眺めていたので、ホテルがプレゼントしてくれたのだった。のちにそれは『ライムライト』（1952年）でカルヴェロが披露する「日本の木」のパントマイムによって再現されることになる。

来日中の最後の質問は、英字新聞の記者からの「東洋において戦争を感じたか」だった。この時チャップリンが残した言葉、「次の戦争が起こるかもしれないという世論があるが、これはできるだけ避けるべきであり、若い者を犠牲にすることには絶対に賛成しない」は、この国の軍国主義者たちに命を奪われそうになった彼が、それでもなお日本と世界の平和を願う祈りの言葉のようにも思える。

氷川丸は、午後5時に出帆しシアトルへと向かった。

五・一五事件があったにもかかわらず、チャップリンは日本滞在を楽しんだ。「とても日本の経験がすべて謎めいて不愉快なものだったわけではない。大部分においては、とても楽しいときを過ごすことができた」[*35]と『自伝』にも記している。

氷川丸は、チャップリンが気に入った「花長」で料理長を修業させて、「花長と同じ天ぷらを作ります」とチャップリンに売り込んだ。それが理由で氷川丸を帰国船に選んだわけではないが、料理長は天ぷら男に毎晩天ぷらを出した。真偽の程は定かではないが、日本郵船には「チャップリンは一晩にエビの天ぷらを60匹食べた」という言い伝えが残されている。だが、一度に60匹のエビの天ぷらを食べるというのは人間には不可能であり、「花長で30匹なら、うちはその倍で」という妙なライバル心が産んだ数字に違いない。高野によると、毎晩天ぷらを大量に出されたが断る訳にも行かず、実はチャップリンは困っていたらしい。昼食には軽いカレーライスなどを食べていた。[*36]

チャップリンは船の中でずっと『モダン・タイムス』の原型となるアイディアを書いていた。早く仕事を再開したい気持ちで、ハリウッドに戻る最も早い列車を予約するように高野に命じた。高野は混乱を避けるために、シアトルの日本郵船の事務所に無線で連絡をして、チャップリンが帰国するというニュースを流さないように要請した。

1932年6月14日、氷川丸はシアトル港に接岸した。喜劇王は、1年4ヶ月ぶりにアメリカに戻ってきた。

予約していた「最も早い」列車に乗るために、急いで税関で入国手続きをしなくてはいけない。高野がチャップリンのパスポートを準備して彼の船室に向かうと、チャップリンは部屋から海の方を夢見心地で見ていた。急ぎますよ、と言っても返事もしない。しばらくして、チャップリンは「速記者を手配してここに呼んでくれ。今すぐ」と言った。

「でも、チャーリー、税関で、あなたのパスポートを――」

「パスポートなんか、くそくらえだ！　税関が僕に用事があるのなら、この部屋まで来ればいい」

まったく筋の通らないことを言っているのだが、ボスがこうなると誰も止められないことは、高野が一番良く知っていた。高野は税関に行き、恐る恐る「速記者を船に通してもいいでしょうか」と聞こうとしたが、言い終わらぬうちに、「誰も船には入れません」と当然の返答があった。

高野は落ち着き払って、こういう時の「魔法の名前」を口にした――「ミスター・チャップリンのお願いなんです。」その効果は絶大で、堅物の税関職員の顔は瞬時に輝いた。「ええ！　チャップリン？　なぜそれを最初に言ってくれないのですか？」。極めて例外的に、速記者が船室に通され、チャップリンはそれから7時間、世界の経済問題についての彼の考えを口述筆記し続けた。

しかし、そろそろ降りなくては列車が行ってしまう。高野はチャップリンを説得して、なんとか列車に乗せた。シアトルで雇った速記者も同乗し、原稿を完成させるつもりだった。が、チャップリンは自分の原稿を何度も読み直して、結局彼が満足のいくレヴェルには達していないと判断した。税関まで巻き込んで速記者を船室に入れ、高い運賃を払って列車にまで乗せたのだが、喜劇王の完璧主義は旅行前と何ら変わるところはなく、原稿はすべて破棄されることになった。高野は7時間分の原稿を細かく破いて、列車の最後尾の展望スペースから風の中に放り投げた。[*37] 紙吹雪がアメリカ北西部の乾いた大地に舞い散るのを見ながら、出発前は無気力だったボスが新しい創造に向かって漲《みなぎ》っていることを高野は実感した。列車はスピードをあげてハリウッドに向かって疾走していた。

エピローグ

かくしてチャップリンは1年4ヶ月にわたる世界旅行を終えて、アメリカに戻った。

人生の折り返し地点において世界各地で体験したことは、その後の彼の作品と人生とに大きな影響を与えた。

故郷ロンドンの極貧の少年時代を再訪したことや、メイ・リーヴズらと過ごした時間を経て、いつしか無気力で無感動になっていた彼は心に愛を取り戻した。

ガンディーやアインシュタイン、チャーチルらとの対話は、世界の危機を生き抜くための知性を彼に授けた。ヨーロッパではファシズムの不穏な空気を肌で感じ、日本ではテロリズムの標的として狙われたが天才の直感で命拾いをした。これらの経験を通して、世界中の人々を笑わせたいという喜劇人としての欲望、映画人としての使命をあらためて発見することになった。

トーキーの到来とともに、創作上の悩みに苛まれていた彼は、ヨーロッパ諸国からアフリカ、インド、バリ、そして日本において、各地の自然や文化に親しむことで、新しい感性を得た。旅に出る前は、「仕事も、20年も続けた今や、面倒になってきた」と言っていたのが、訪れた先々で、ナポレオンの映画化についての新たなアイディアやロマ（いわゆるジプシー）の悲恋物語、バリ島を舞台にした話など、次々とインスピレーションを得て、ついにはシンガポール到着後の記者会見で、「次の映画のテーマは世界の危機についてになるかもしれない」と新しいテーマを見つけるに至った。

それにしても、本書で繰り返し描いた通り、この1年4ヶ月というもの、行く先々で大群衆に囲まれ大歓声を受け続ける毎日だった。国王や政治家からの面会の申し込みが殺到し、政財界の大物や時代を代表する文化人から最大限の尊敬を受けた。新作『街の灯』は記録的なヒットとなった。そんな中、あくまで気の向くままに旅をしたチャップリンに、周囲は振り回され、トラブルも絶えなかった。「天才の気まぐれ」に対して、今よりもおおらかな時代だったとはいえ、それでも何度かバッシングを招くことになった。

ざっと振り返っても、モナコでコノート公爵を待たせたとして「王室への侮辱」だと書き立てられ、続いてロンドンでの御前興行への欠席が激しく非難された。ジュアン・レ・パンでは、「愛国心は狂気だ」との発言が報道されてバッシングを受け、ロンドンで雇った秘書からは裁判を起こされた。それらは、「チャップリンの責任ではなく、彼は不運だった」[*1]と擁護する声もあったが、マスコミはおもしろおかしく騒ぎ立てた。

嵐のような称賛と、突如燃え上がるバッシングの炎——実のところ、その振り幅が最も極端だったのは、彼が「エキサイトな国民」と呼んだ日本人だった。

民衆から未曽有の歓迎を受け、他方で軍人から命を狙われたという異常なまでの極端さを別にしても、帝国ホテルには連日たかり屋が押し掛け、訪れた先には「チャップリン、出てこい」と乱暴な要求をするものが群がった。一般人だけでなく、日本政府までも勝手にチャップリン出演のドキュメンタリー映画を製作しようと鉄道の一等席のフリーパスを用意し、撮影を断られるとマスコミを使ってチャップリンを非難する記事を書かせた。

チャップリンが鉄道省の茶会を断ったという話には、ここぞとばかりに海外のマスコミも飛びついた。

チャップリンは気配りというものを失いつつあるように思える。彼は今、日本の国家を悩ませている。日本では、他の目に見える不愉快さに加えて、彼のために催されることになっていた公的なガーデンパーティー（鉄道省の茶会のこと）がキャンセルされた。ひょっとすると、世界が彼に与えてきたポジションが、あまりに大き過ぎて、彼の身の丈にあっていないのだろう。彼はこの時代に生きている世界中のどんな人よりもお世辞を言われ褒め称えられてきた。その評価は、結局のところ、キャメラの前において哀れで面白い演技をする彼の才能だけに基づいている。世界の上流階級の人間たちにも部分的に責任がある。彼らはチャップリンの持つその才能に――それは確かに価値あるものなのだが――実際よりも多くのものを読み取ってきた。しかし、ハリウッドの彼のいつもの環境では、チャーリーは我慢ならない嫌なやつではない。おそらく、彼がロンドン社交界のペットになってしまったという事実が、行く先々の国々

に対しての彼の不注意な態度の多くを説明することができるのだろう。[*2]（括弧内筆者）

チャップリンが上流階級の人間としか付き合わなかったという批判は、日本でもあった。かの文豪・菊池寛は次のように書く。

チャップリンの来朝当時の態度も、わがまゝな芸術家らしくてよかったが、日本のファンや、映画関係者のために、タッタ一度でいいから、公開の席で挨拶するのが当然であったと思う。斎藤首相や永田市長などに挨拶に行く暇があるのなら、なぜ一度だけ映画ファンに挨拶しないのだろうか。それは映画人としても、人間としても、当然なすべき仕事だったと思う。[*3]

気ままに人々と触れ合っていれば偉い人に対して無礼だと怒られ、逆に偉い人に会えばファンを蔑《ないがし》ろにしたと非難される。今も昔もマスコミは勝手なことを言っているのだが、チャップリンはそんなことは微塵も気に留めず、あちこちを訪ねては多くの人と交流し議論をして見聞を広め、ある時は孤独な思考の中に沈潜し、かと思えば煩わしいことは全て忘れて恋をして、あくまで気の向くまま行き当たりばったりの旅を続けた。

はたから見ればはちゃめちゃとしか見えない旅行のさなか、賞賛にも非難にも惑わされない彼は、自分が取り組むべきテーマを探し続けていた。そして、彼が各国の状況を「鳥瞰的な視点で見渡す」中で見えてきたテーマとは、「世界の危機」だった。

彼は、先に触れた通り、その解決法を経済論文にまとめていた。ハリウッドに戻った三日後の6月17日に、記者たちを集めて、「私の本分はコメディアンであり人を笑わせることにしか興味はない。しかし、経済学者が笑いに興味があるのと同じ程度には、私も経済に興味がある」と述べて、世界の危機を解決するための考えを披露した。世界中のマスコミがそのことを報道したが、[*4]果たしてたいした話題にはならなかった。彼が本気で世界の危機を解決するために、読書と議論に勤しみ論文を執筆していたことには敬意を表する。しかし、彼の使命とは論文の執筆ではなく、やはり人々を楽しませる映画を作ることだったのだ。

『モダン・タイムス』

こうして再びチャップリンは新作映画の製作へと向かうことになる。世界旅行から戻ってからは、明らかに作風を変え、社会により深く関わる作品を発表していくだろう。ガンディーと機械について議論したことは、『モダン・タイムス』に少なからぬ影響を及ぼした。ヒトラーの全盛期に『独裁者』を作り上げ、ユーモアを武器にたった一人で全体主義に立ち向かった。戦後も、戦争による大量殺人を告発したスタイリッシュなコメディである『殺人狂時代』を発表し、世界旅行でも真っ先に訪れた自身のルーツであるロンドンのミュージック・ホールを舞台に、老いた芸人と若きバレリーナの美しい愛を描いた『ライムライト』を挟んで、アメリカの反共主義の狂騒を風刺した『ニューヨークの王様』（1957年）と、社会に深くコミットする作品を撮っていく。

これらの作品群を指して、〝純粋な〟笑いを捨てて社会派に転向したなどと斜に構えて冷笑を浴びせるのはたやすい。だがそれは、世界の危機に心を痛めたコメディアンが、ユーモアで世界を救いたいと本気で行動した愚直なまでに真摯な態度であり、世界中を笑わせたいという喜劇役者の純粋な欲望を突き詰めた結果であった。

そうやって創り上げた作品群は、たとえば『モダン・タイムス』に描かれた機械文明への痛烈な風刺がそうであるように、当時よりも現代に生きる私たちにこそより切実なテーマに感じられる。近年ではウクライナのゼレンスキー大統領が、ファシズムと闘った『独裁者』を念頭に、「今こそ、新しいチャップリンが必要だ」と言ったように、今この瞬間も世界中の多くの人々を勇気づける。彼の世界旅行の経験は、彼個人の人生や作風のみならず、その後の世界にも少なからぬ影響を及ぼしたのだ。

今、チャップリンの「旅行記」を読み返すと、そこで描かれた様子――ヨーロッパ諸国の対立が表面化し、格差社会が到来し、ポピュリズムに支えられた全体主義が勃興し、個人はマスコミのフェイクニュースに踊らされる――は、まさに現代進行形の出来事であることに気づく。折しも、ロシアがウクライナに侵攻し、パレスチナをはじめ各地で緊張が高まっていることで、90年前にチャップリンが感じた世界の危機は再び現実のものとなっている。

そんな時代だからこそ、チャップリンの世界旅行を振り返り、彼の作品を見直すことにしたい。

世界旅行から戻ったチャップリンは、新しい創作と闘いの旅に出た。彼にならって、私たちも時代を覆う無気力と無感動を、ユーモアをもって打ち破る旅に出ることにしよう。

というわけで、本書の締めくくりに、チャップリンが「旅行記」の最後に書きつけた言葉を引くことにする。それは彼自身の次なる出発への宣言にして、混迷の時代に生きる私たちを、新しい旅路へと導いてくれるメッセージのようにも思える。

旅路はほとんど終わりに近づき、私はハリウッドに帰りつつあります。私の休暇をふりかえると、ひとつの際立った事実が印象に残ります。不安な状態に巻き込まれているヨーロッパや私が訪れた他の国々は、新しい時代をはらみつつある——宗教的、社会学的、そして経済的にも——文明の歴史上かつてなかったような時代を。そのことは、何かを達成したいという欲望に向けて私を駆り立てます——古い方法ではなく何か新しいことで。おそらくは、また別の努力の分野において。[*5]

2024年5月8日

初夏の京都・洛北にて　大野裕之

チャップリンの世界旅行 全日程

1931年

1月30日　ロス・アンジェルス劇場で『街の灯』プレミア。主賓はアインシュタイン博士。

31日　列車でニューヨークへ出発。

2月4日　ニューヨーク着。

6日　ジョージ・M・コーハンでニューヨーク・プレミア。

12日　シンシン刑務所訪問。

14日　真夜中0時を過ぎた頃、モーリタニア号でニューヨーク港を出航。旅のメンバーはチャップリン、高野虎市、カーライル・ロビンソン、ラルフ・バートン。

15日　船上のガラパーティーには現れず。

16日　朝食に姿を見せる。

18日　船上で仲間内のディナーパーティーを主催。

19日　午前5時30分にイギリスのプリマス港に投錨。8時ごろに10年ぶりに母国の地を踏む。列車でロンドンへ。13時55分パディントン駅着。カールトンホテルに投宿。夜はフィリップ・サスーン邸でディナー。

20日　快晴。朝食前にウェストエンドを散歩。その後、ケニントン、ハンウェル・スクールを訪ねる。サスーン邸での昼食会に出席。4代のジョージ国王のコレクション展覧会をオープン前に見学。

21日　午後、首相の息子アリスターの運転する車でバーミンガムシャーにあるマクドナルド首相の公式別邸「チェッカーズ」を訪れる。晩餐の後、真夜中過ぎにロンドンに戻る。

22日　午後にケニントンを車でめぐり、その後サスーン邸でテニス。夜はホテルにて、仲間内で自作の上映会。

23日　サスーン邸で昼食。「4代のジョージ」展覧会をオープン日に再度見学。その後、バーリントン・ハウスでペルシア美術展を見た後、下院を見学。ロイド・ジョージ元首相と面会。

24日　ショッピングの後、レストラン「クアグリーノズ」でチャーチルの息子ランドルフらと会食。ウェストエンドからタワーブリッジを散策。

25日　アスター子爵夫人邸の昼食会。バーナード・ショーやケインズらと歓談。夜はチャーチルと食事。

27日　ウェストミンスター・ブリッジロードで強盗に間違われる。土砂降りの雨の中、夜8時30分にドミニオン劇場で『街の灯』のロンドン・プレミア。主賓はバーナード・ショー。その後、カールトンホテルでパーティー。チャーチルが乾杯の挨拶。

3月1日　ラルフ・バートンと一緒に、ロンドン北東部のハックニー修道院の寄宿舎「ノートルダム・ド・シオン・コヴェント・アンド・スクール」を訪ねる。

2日　ホルボーン・エンパイア劇場でミュージック・ホールの大先輩であるジョージ・ロービーの公演を観劇。

3日　夜、下院にてアスター子爵夫人主催のパーティー。
5日　ヨーク公爵夫妻と第16代エルフィンストン男爵主催の昼食会。ヨーク公爵夫人（のちの「クイーン・マザー」）の弟をイートン校に送り届ける。
6日　オールド・ベイリー（中央刑事裁判所）、ワンズワース刑務所訪問。
8日　午後8時15分にロンドンのリヴァプール・ストリート駅から列車に乗り、9時50分にパークストーン埠頭着。S・S・プラーグ号に乗船。メンバーは、チャップリン、高野虎市、ロビンソン。バートンは先にアメリカに戻った。
9日　午前5時30分にオランダのフク・ファン・ホラントの港に到着。6時13分発の列車に乗り換えてドイツへ。ベルリン着は午後5時17分。マレーネ・ディートリヒが出迎える。6時半にホテル・アドロンに到着。夜、ベルリン大劇場にて、ラルフ・ベナツキー作曲の大衆歌劇『白馬亭にて』観劇。夜遅くに、コメディアン、エーリヒ・カーロウの舞台へ。
10日　ドイツの配給会社シュートフィルムと会談。労働者が住む地区を中心にドライブ。イギリス大使サー・ホレース・ランボルド邸での晩餐の後、メトロポール劇場で、ハンガリー出身の作曲家エメリヒ・カールマンのオペレッタ『モンマルトルのスミレ』。劇作家のカール・フォルメラー邸で会食。
11日　午後に国会議員たちとお茶。午後5時15分にホテルを出て、アレクサンダープラッツ刑務所見学。警察博物館。夜は、バラエティショーの「スカラ座」で観劇。
12日　風邪をひいて寝込む。
13日　午後1時、ヨーゼフ・ヴィルト内務大臣と面会。夜、映画・演劇労働者の代表4人と会談。
14日　夕方に、プロイセン王家のハインリヒ王子の案内でポツダムのサンスーシ宮殿見学。ホテルに戻ってディートリヒとお茶を飲んだ後、夜は労働者劇場で、モルナール・フェレンツ作の『リリオム』を見る。明け方まで俳優のハンス・アルバースと語り合う。
15日　午後、アインシュタイン邸に招かれる。夜10時50分の列車でベルリンを出発。
16日　午後1時過ぎにウィーン着。ラジオのマイクに「グーテン・ターク」と挨拶。メディアで初めて肉声を聞かせた機会となった。インペリアル・ホテルに投宿。
17日　作曲家オスカー・シュトラウスらと面会。イギリス領事館でパーティー。
19日　ヴェネツィア着。
20日　ヴェネツィア観光。水牢を見学。
21日　ヴェネツィアを発つ。
22日　午後2時25分、パリのリヨン駅着。夜は、ミュージック・ホール「フォリー・ベルジェール」へ。子供時代に所属した「エイト・ランカシャー・ラッズ」の主宰ジャクソン親子と再会。カーノー劇団のパリ巡業時代に通った大衆レストランで食事。夜中の1時にホテルに戻る。オテル・ド・クリヨンに投宿。
23日　オルセーにある首相官邸でチャップリンのための午

餐会。劇作家ジャン・ジロドゥ、文学者アンナ・ド・ノアイユ伯爵夫人ら出席。

24日　夜、ノルマンディーのサン・サンスに列車で出発。

25日　ウェストミンスター公爵の招待で猪狩。夜はシャンゼリゼのダンスカフェに。

26日　ベルギー王アルベールに謁見。

27日　レジオン・ドヌール勲章を授与される。ナポレオンの墓を訪れる。

30日　夜行列車でパリを出発。

31日　ニース着。マジェスティック・ホテルに滞在。兄シドニーと再会。

4月初旬　この頃、メイ・リーヴズと出会う。

3日　ニースで画家のガブリエル・エルヴェと食事。

7日　『街の灯』モンテカルロ・プレミア。モナコ公ルイ二世、コノート＝ストラサーン公爵アーサー王子が臨席。

14日　チャップリン、シドニー、高野虎市、ロビンソンは、ニースからマルセイユへ出発。そのままアルジェリアへ。アルジェに滞在。追って、メイ・リーヴズが合流。その後、シドニーとロビンソンは『街の灯』配給業務のためにパリへ。

23日　この頃、アルジェリア国内で小旅行。

26日　夜にマルセイユに戻る。オテル・ノアイユに宿泊。メイはチャップリンから離れてパリへ。

27日　ニースへ向かう。その後、保養地ジュアン・レ・パンに7月末まで滞在することになる。宿はオテル・プロヴァンサル。しばらくして、メイが再合流する。

5月10日　この日ジュアン・レ・パンのテニスコートで、新聞記者とは知らずに「愛国心は狂気だ」と語ったことが、翌日に広く報道される。

25日　この頃、エミール・ルートヴィヒと、カンヌのパーム・ビーチ・カジノで会食をする。

6月1日　この頃、H・G・ウェルズに招かれ、グラース近郊の別荘に滞在。

6月初旬　この頃、高野虎市が食中毒になる。

8日　兄シドニーとニースで再会。

25日　チャップリンのボートに、大きなイルカが近寄り、チャップリンはパドルで追い払う。

7月初旬　この頃、車でヨーロッパ大陸旅行をすることを計画。

15日　カンヌで行われたメトロポリタンオペラのスター歌手、グレイス・ムーア結婚式に出席。

24日　シドニーがチャップリン映画の配給の仕事から離脱。

27日　チャップリン、高野虎市、メイは、リビエラを出発し、ハリー・ダバディ・ダラの自動車でパリへ。

30日　パリ着。

31日　マルメゾン城訪問。

8月1日　この日から翌日までベルサイユ滞在。

4日　ビアリッツに出発。

7日　デュルタルで交通事故にあう。

8日　ブリサック城に宿泊。

9日　ビアリッツからスペインのサン・セバスティアンに日帰りで訪れ、闘牛見学。

13日　ビアリッツでチャーチルとディナー。

27日　この頃、チャップリンは「ミラマール・ビアリッ

31日 ツ」に滞在している。
マティニョン城で、イギリスのエドワード皇太子が主催した、フランスの傷痍軍人のためのパーティーに招待される。

9月1日 ロイヤル・シネマで『街の灯』のビアリッツ・プレミア。チャーチルが出席。
4日 エドワード皇太子とディナー。
10日 イギリス王室のメンバーがバルモラル城で『街の灯』を見る。ロンドン南部のバラ・マーケットが主催した「買い物カゴ競走」が行われ、チャップリンは賞品として20ポンドの小切手と金時計を贈る。
17日 英仏特急「ゴールデン・アロー」号で夜遅くにロンドン着。メイとは別れて、チャップリンと高野虎市のみで渡英。ウェストエンドで舞台を見た後、ナイトクラブに繰り出して午前3時までダンスを楽しむ。滞在はカールトンホテル。
18日 カールトンホテルで記者と懇談。
19日 朝にロンドンを離れ、チャートウェルのチャーチルの屋敷を訪れる。
20日 チャートウェルからロンドンに戻る。
22日 ガンディーと会談。
28日 下院議会を傍聴。
30日 パディントン・グリーン病院をブレンダン・ブラッケン下院議員と訪れる。

10月23日 ロンドンでの臨時秘書メイ・シェパードの賃金のことで、弁護士に委任状を書く。
25日 プラムステッド・バースの保守党の会合を極秘に見学。
28日 オクスフォードのセルフリッジで行われたゴードン・セルフリッジの会合に参加。

11月1日 ウォーターラッツ入会儀式。
6日 ライシアム劇場で『センセイション』を観劇。フレッド・カーノーと再会。
7日 ストラトフォードへ。
8日 午後6時にブラックバーン着。巡業時代の思い出のホワイト・ブル・ホテルに宿泊。
9日 午前9時にブラックバーンを発ち、チェスターへ。
11日 ロンドンのアルバートホールでの第一次大戦の戦勝記念日を祝う大会にお忍びで参加。
14日 この日から、プリマスのアスター子爵邸に翌日まで滞在。
17日 早朝に、国会議事堂の前庭でエンストを起こした独立労働党首ジェイムズ・マクストンの車を、アスター子爵夫人とチャップリンの二人で押して助ける。その後、ソーホーのユナイテッド・アーティスツの試写室でジガ・ヴェルトフ『熱狂　ドンバス交響楽』を見る。
20日 サザーランド公爵夫人主催の慈善パーティーにエドワード皇太子とともに出席。
25日 蠟人形館マダム・タッソーを訪れる。
30日 ウェストミンスター郡裁判所で、メイ・シェパードとの裁判が始まる。

12月1日 チャップリン、シェパード裁判に出廷。
12月初旬 メイ・リーヴズがロンドンまで押しかけて、再合流。

8日　ボリス・エヴェリノフがチャップリンとロンドンで面会。チャップリンは憂鬱そうだったと手紙に記す。
12日　午後2時、ロンドンを出発。
15日　ダグラス・フェアバンクスの招待に応じて、この日までにスイスのサン・モリッツに到着。程なくしてシドニーも合流。
24日　この日までにダグラス・フェアバンクスはサン・モリッツを離れる。
27日　クレスタランを見学。

1932年
1月　3月初めまでサン・モリッツに滞在。
2月21日　エドナ・パーヴァイアンス、心臓病、下腹部の疾患で病院に搬送される。
3月2日　イタリアに向けてサンモリッツを出発。この日はリミニ泊。
3日　ペルージャ泊。
4日　夕方にローマに着く。
6日　13時にナポリ到着。諏訪丸に乗船。メイと別れる。
11日　エジプトのポートサイドで下船。ピラミッドを観光。
12日　スエズで諏訪丸に再び乗船。
21日　夕方5時前にイギリス領セイロン（現在のスリランカ）の首都コロンボ着。キャンディのクイーンズホテルに泊まる。
22日　午後4時に船に戻る。
25日　船上で花見すき焼きパーティー。
27日　午後7時にシンガポール着。
28日　午後4時にシンガポール港から客船ファン・ランスベルゲ号に乗船。メンバーはチャップリンとシドニーと臨時秘書の輿石常吉。高野は先に日本に出発。
30日　朝7時にジャワ島のバタヴィア（今のインドネシアの首都ジャカルタ）に到着。自動車でバイテンゾルフ（今のボゴール）に立ち寄り、昼頃にバンドンへ。ガルトで宿泊。
31日　ジョグジャカルタへ列車で移動。
4月1日　ボロブドゥール寺院を見物した後、港湾都市スラバヤからKPM蒸気船に乗る。
3日　バリ島北部のブレレンの港に到着。バリ・ホテルに滞在。
7日　高野虎市、単身で神戸に到着。
11日　バリ島からスラバヤに戻り、飛行機でバタヴィアへ。
15日　シンガポール着。
16日　シンガポールで誕生日を祝う。
20日　デング熱で入院。
5月6日　照国丸でシンガポールを出航。メンバーはチャップリンとシドニーと臨時秘書の輿石常吉。
10日　香港に到着。半日で船に戻る。
14日　午前7時45分、照国丸が神戸港に着岸。高野と合流。午前10時12分3秒、チャップリンは初めて日本の地を踏む。午後12時25分に神戸駅で特急燕に乗車。午後9時20分東京駅着。午後9時40分、帝国ホテル着。
15日　午前9時30分起床。午前、犬養健首相秘書官と面会。午後3時、帝国ホテル中庭で記念撮影会。3時20分、両国国技館。5時30分帝国ホテル。夜遅くに、銀座のカフェー「サロン春」。真夜中過ぎに帝国ホテル。

16日　午後、銀座「天金」で天ぷら。東京府美術館。ホテルに戻った後、7時ごろに歌舞伎座。六代目尾上菊五郎主演の『茨木』を観劇。七代目松本幸四郎、初代中村吉右衛門、五代目中村福助と面会。その後、夜中に芝浦の「春廼家」に行ったという報道も。

17日　午前、犬養毅総理の弔問に総理官邸を訪れる。午後、銀座を散策。6時30分、大谷竹次郎邸の晩餐会。

18日　午後3時30分、東京劇場で文楽『良弁杉由来』。午後5時半に明治座で『伊太八縞』。二代目市川左團次、二代目市川猿之助と面会。下谷同朋町の「錦」で天ぷら。

19日　小菅刑務所を訪問。三社祭の神輿を見学。

20日　夕方6時にホテルを出て、銀座一丁目のコロンビアでレコード購入。赤坂の料亭「幸楽」で食事。夜8時に新橋演舞場を訪れ、曽我廼家五郎の「学校の先生」観劇。

22日　午前11時30分、堀越宗円の茶の湯を見学。夕方、山本東次郎邸で狂言『鎌腹』。6時にホテルに戻り、夜は溜池のフロリダ・ダンスホールに繰り出す。

24日　日比谷の美松でカンカン帽を購入。浅草から深川をめぐり「花の家」で天ぷら。

25日　自室で口述筆記など。

26日　英百合子がチャップリンの部屋を訪れる。

27日　午後2時30分に自動車でホテルを出発。小田原の松濤園で昼食をとり、7時半に富士屋ホテルに到着。夜8時半に食事。箱根の町をドライブして10時に戻る。45号室に滞在。

28日　朝10時にビリヤード。午後3時から口述筆記。夕方に「梅の屋」で天ぷら。

29日　雨の合間にホテルでテニスを楽しむ。

30日　午後5時に帝国ホテルに戻る。午後6時、犬養健がチャップリンを訪問。「花長」でエビの天ぷらを30匹、キスを4匹食べる。

6月1日　午後3時、永田秀次郎市長と面会。目黒雅叙園で仲居連中の踊りを見ながら昼食。ホテルに戻った後、夜8時40分に星ヶ丘茶寮で永田市長主催の晩餐会。

2日　斎藤実新総理と官邸で面会。昼食は花長で天ぷら。午後5時、横浜港より氷川丸で出航。兄シドニーとは別れ、メンバーはチャップリンと高野虎市のみ。

14日　シアトル着。

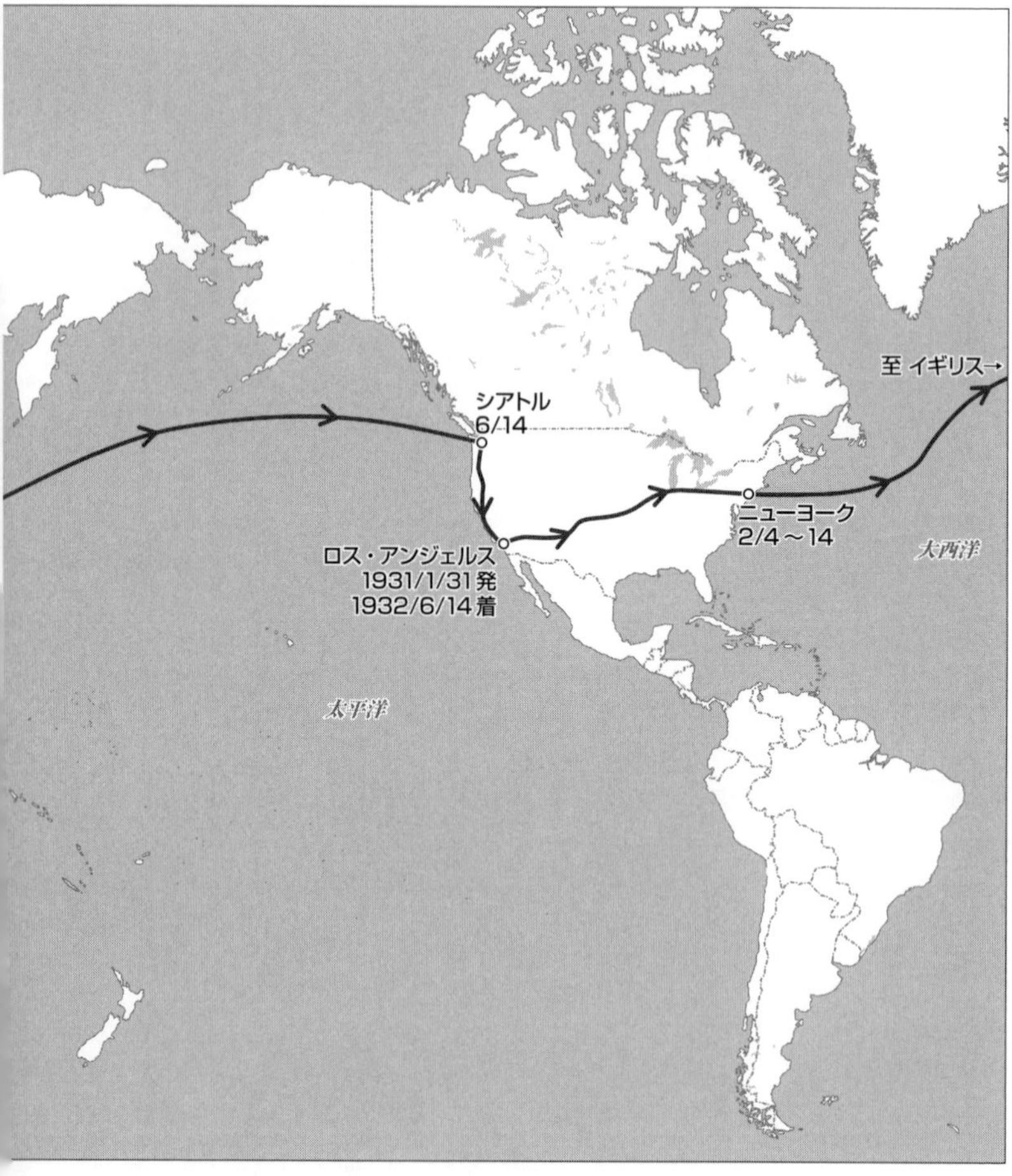
シアトル
6/14
ロス・アンジェルス
1931/1/31発
1932/6/14着
ニューヨーク
2/4～14
至 イギリス→
大西洋
太平洋

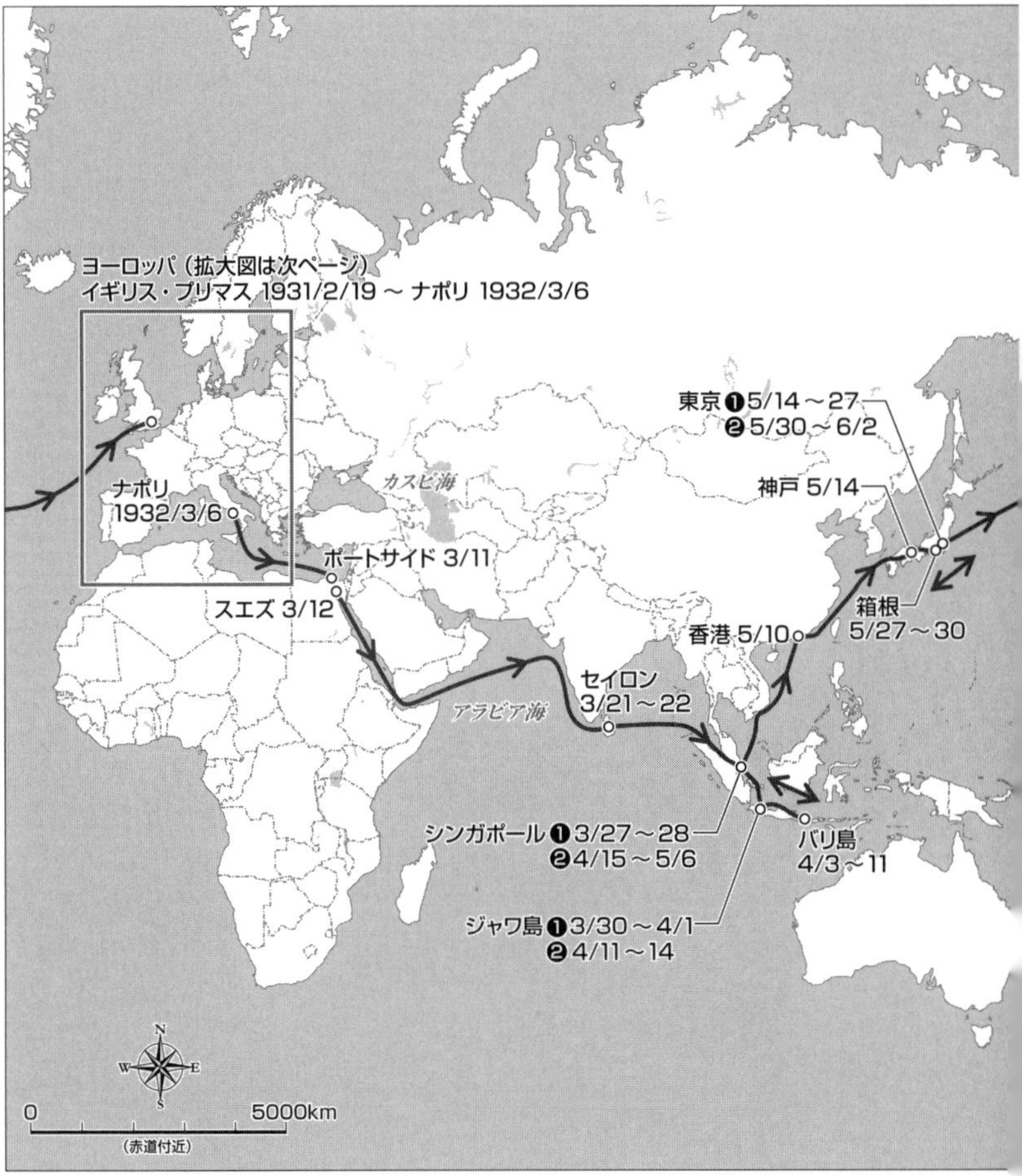
ヨーロッパ（拡大図は次ページ）
イギリス・プリマス 1931/2/19 〜 ナポリ 1932/3/6
ナポリ
1932/3/6
カスピ海
ポートサイド 3/11
スエズ 3/12
アラビア海
セイロン
3/21〜22
東京 ❶5/14〜27
❷5/30〜6/2
神戸 5/14
香港 5/10
箱根
5/27〜30
シンガポール ❶3/27〜28
❷4/15〜5/6
バリ島
4/3〜11
ジャワ島 ❶3/30〜4/1
❷4/11〜14
N
W
E
S
0
5000km
（赤道付近）

チャップリンの世界旅行　地図①（世界）

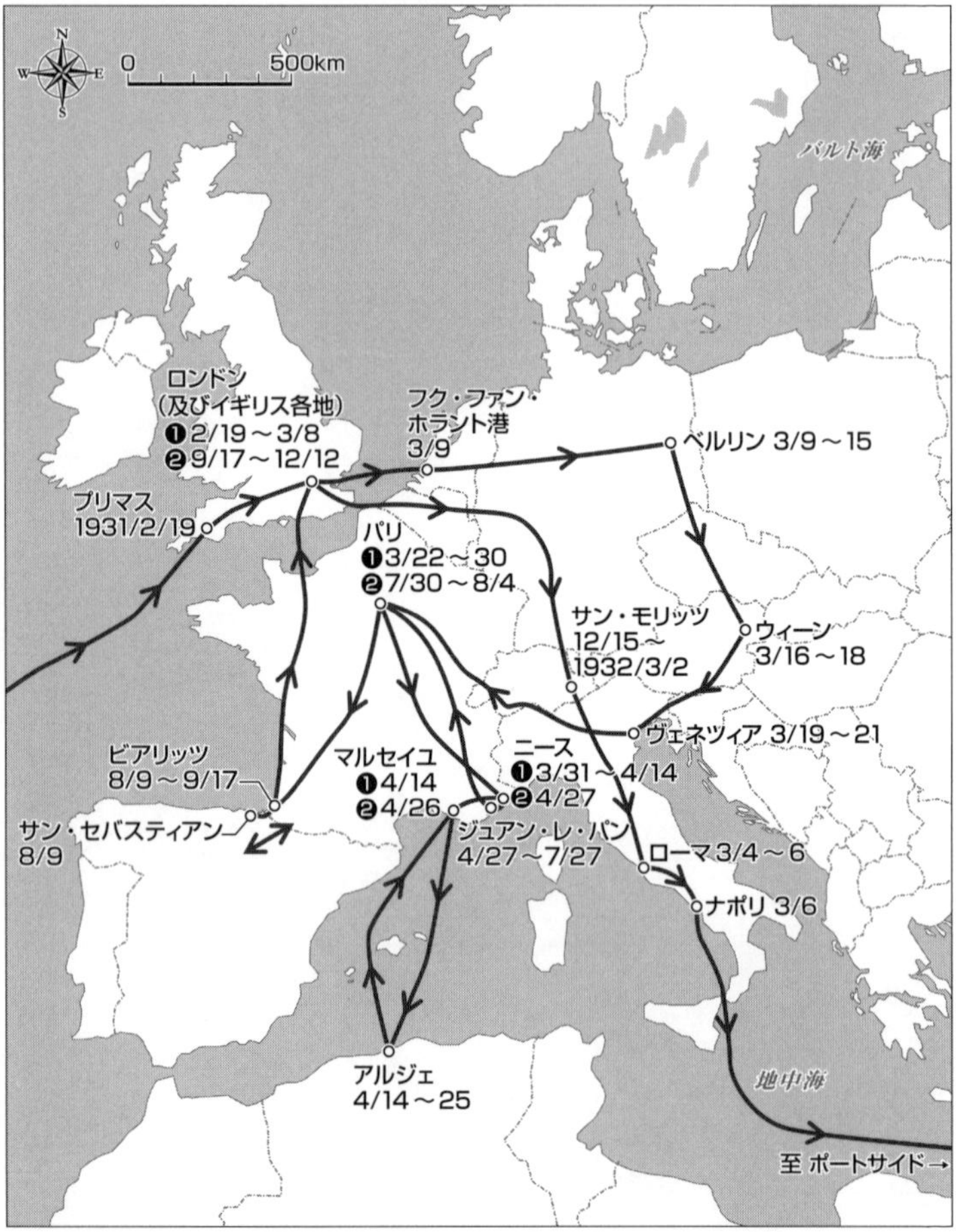

チャップリンの世界旅行　地図②（ヨーロッパ）

謝辞

本書の執筆にあたっては多くの方々のお力添えを賜った。三男マイケル、三女ヴィクトリア、四男ユージーン、孫のチャールズ・シストヴァリスの皆さんは、チャップリンその人の優しさを今に伝えてくれる。昨年夏に旅立たれた次女ジョゼフィンは、筆者の研究をいつも励ましてくれた。

チャップリン・オフィスのアーノルド・ロザーノとジュリエット・コウプランド、前ディレクターのケイト・ギヨンヴァー、チャップリン研究の泰斗デイヴィッド・ロビンソン、サイレント映画史の大家ケヴィン・ブラウンロウ、チェチリア・チェンチャレーリ、チャールズ・メイランド、フーマン・メーラン、フランク・シャイド、グレン・ミッチェル、ブライオニー・ディクソン、ダン・カミン――彼ら、世界をリードする研究者たちのお力添えなしには本書は存在し得なかった。

とりわけ、本書の執筆において核となる資料であるチャップリンの『旅行記』をまとめたオハイオ州立大学のリサ・スタイン・ヘイヴン教授、メイ・リーヴズの手記について故コンスタンス・クリヤマ教授、そして高野虎市について娘のユリコ・ナダオカ氏をはじめ親族の皆さん、貴重な資料を共有させてくれたクライド・クサツ、フィリップ・チャン、ティム・リュニボスの皆さんに深く感謝する。

さらに、チャップリンとナチスの関係についてノーバート・アピング（ドイツの現役の裁判官でもある）、研究者のウルリヒ・ルーデルから多くを教わった。世界的コレクターの大久保俊一、ドミニク・デュグロの両氏から貴重な資料をご提供いただいた。

また、君塚直隆関東学院大学教授、田野大輔甲南大学教授、中垣恒太郎専修大学教授には拙い原稿を読んでいただき、それぞれのご専門から得難い助言を賜った。記して感謝する。

その他、資料閲覧・取材協力でお世話になったのは、チャップリン・アーカイヴ、チネテカ・ディ・ボローニャ、モントルー・アーカイヴ、大英図書館、BFI（キャスリン・ディクソン、スティーヴ・トラヴェイ）、英国映画協会図書館、シネマ・ミュージアム、ニューヨーク公共図書館、ロス・アンジェルス中央図書館、全米日系人博物館、ワシントン大学図書館、エリック・ナダオカ、テツジロウ・ナカムラ、ヤエコ・ジェイン・ミタ、バーバラ・ハルミ・バーレル、西村克哉、チアキ・クマノ、シュウソウ・クマタ、キクエ・ルース・クマタ、笹原弘、石井啓司、石井澄子、湯山清、湯山宮子、天野保子、安藤伸子、石田昭三、笹岡勤、峰厚子、大志茂清、矢末重昌、カヨコ・カノマタ、ロナルド・ヒロサワ、リリアン・カイハツ、サツキ・シゲカワ、ジョン・フユウメ、渡辺直行、福盛省三、木村益太良、青山和子、ドイツ連邦アーカイヴ・映画アーカイヴ、フランクフルト　ドイツ映画協会、ミュンヘン現代史研究所、広島市図書館、広島市公文書館、広島県立文書館、和歌山市民図書館、平田美津子、新歌舞伎座、神戸新聞社、片岡達美、松竹大谷図書館、演劇出版社、国立劇場　独立行政法人日本芸術文化振興会、国立劇場図書閲覧室、以上の機関・個人の皆さんだ。

本書の成り立ちについて記しておきたい。元々は、２０１７年に中公文庫から『チャップリン作品とその生涯』を出版させていただいた後に、以前２００７年に出していた拙著『チャップリン暗殺』（メディアファクトリー）を文庫化しませんかと、中央公論新社（当時）の福岡貴善さんから提案を受けたことが発端だ。しかし、なにぶん昔に書いたものであるし、どうせなら最新の研究成果を反映させてチャップリンの世界旅行全体の足取りについて新しく書きたいとわがままを言って、２０１９年の上半期に雑誌『中央公論』に連載をさせていただいた。すぐに単行本化するはずだったのが、私の怠惰のせいで5年もかかってしまい、また連載原稿をまとめるうちに分量は3倍ほどに増えて、ようやく出版の運びとなったわけだ。きっかけを与えてくれた福岡さん、雑誌連載の担当だった山田有紀さん、単行本の担当である吉田大作さん、編集の任を引き継いでくださった疋田壮一さんの粘り強い導きなしには本書は存在していなかった。本当にありがとうございます。

最後になったが、本書をジョゼフィン・チャップリンの思い出に捧げる。あの、未だ忘れえない、澄んだ湖のような深い瞳に。そして、大野幸枝、茂、岡本ヨシ子の思い出に。いつもの通り、秀典、暁生、美砂に。

註

第1章

1 Charles Chaplin, *A Comedian Sees the World* (Springfield: Crowell, 1933-34). をまとめた Charles Chaplin, Lisa Stein ed., *Un comico vede il mondo* (Genova:Le Mani,2006), p.37.（以下、"Chaplin, Stein ed., 2006."）

2 チャールズ・チャップリン著、中里京子訳『チャップリン自伝　栄光と波瀾の日々』（新潮文庫、2018年）、326頁。（以下、『自伝　栄光と波瀾の日々』）。

3 "*Pantomime and Comedy*", *The New York Times*, 25 Jan 1931.

4 Gerith von Ulm, *Charlie Chaplin King of Tragedy* (Caldwell: The Caxton Press, 1940), p.263.

5 Chaplin, Stein ed., 2006, p.37.

6 *Illustrated Daily News*, 31 Jan 1931. ちなみに、この日の招待された映画スターは、グロリア・スワンソン、コンラッド・ネイジェル、マリアン・ニクソン、コンスタンス・ベネット、ロクサーナ・カーティスなど。

7 1931年2月3日にアーサー・ケリーがチャップリンの兄シドニーに宛てた手紙。

8 *Illustrated Daily News*, 31 Jan 1931.

9 デイヴィッド・ロビンソン著、宮本高晴・高田恵子訳『チャップリン　下』（文藝春秋、1993年）、102頁。

10 ケヴィン・ブラウンローのインタビューより。

11 *The New York Times*, 15 Jan 1931. このパーティーにはユニバーサル映画のカール・レムリらも出席した。

12 Chaplin, Stein ed., 2006, p.40.

13 *Ibid.*

14 『自伝　栄光と波瀾の日々』、339頁。

15 Marguerite Tazelaar, "*Charlie Chaplin Himself*", New York Herald Tribune, 8 Feb 1931.

16 *Englishman*, 16 Feb 1931.

17 *New York Herald Tribune*, 13 Feb 1931.

18 ロイター通信で、1931年2月14日に配信。

19 Chaplin, Stein ed., 2006, p.42.

20 Carlyle Robinson, René Lelu trans., *La Verité sur Charlie Chaplin: Sa Vie, Ses Amours Ses Déboires* (Paris: Société Parisienne d'Édition), p.179.

21 『チャップリン　下』、111頁。

22 *Lancashire Evening Post*, 18 Feb 1931.

23 *Belfast Telegraph*, 18 Feb 1931.

24 *Western Morning News*, 18 Feb 1931.

25 *Sheffield Telegraph*, 17 Feb 1931.

26 "*Ed Sullivan's Sport Whirl*", *Evening Graphic*, 16 Feb 1931.

27 チャップリン家の資料庫にディナーのメニューと、チャップリンとキャンベルを含む出席者のサインが残っている。この日のメインは、川平目のフィレとラムのローストだった。

28 *Lancashire Evening Post*, 19 Feb 1931.

29 *The Times*, 20 Feb 1931.

30 Chaplin, Stein ed., pp.38-40.

31 Carlyle Robinson, p.183.

32 *Daily News*, 20 Feb 1931.

33 Chaplin, Stein ed., pp.45-46.

34 *Daily Mirror*, 17 Feb 1931.

35 *Dundee Courier*, 20 Feb 1931.

36 *Yorkshire Evening Post*, 20 Feb 1931.

37 *Dundee Courier*, 20 Feb 1931.

38 *The Evening Standard*, 19 Feb 1931.
39 ちなみに、「ユダヤ人ズュース」はその後2度映画化されている。1度目は、1934年のドイツ出身のアメリカ人監督ロタール・メンデスによるイギリス映画版で、ズュースを通じて人間の強欲を描きユダヤ人差別を告発する。2度目はナチス・ドイツによる1940年の映画化で、この時は原作がねじ曲げられ、ユダヤ人の金持ちが強欲さゆえに罰せられるという反ユダヤ主義の作品にされてしまった。
40 *The Times*, 20 Feb 1931.
41 *Lancashire Evening Post*, 19 Feb 1931. ただし、チャップリンは渡米当初、普段はコックニー（ロンドン下町）方言で喋っていた。イギリス標準発音は、女優のコンスタンス・コリアから習ったのではないかとデイヴィッド・ロビンソンは推測している。
42 Chaplin, Stein ed., p.47.
43 チャールズ・チャップリン著、中里京子訳『チャップリン自伝 若き日々』（新潮文庫、2017年）、60－62頁。（以下、『自伝 若き日々』）。
44 Chaplin, Stein ed., p.57.
45 *Daily News*, 21 Feb 1931.
46 von Ulm, p.280.
47 *New York Herald Tribune*, 21 Feb 1931.
48 *Daily News*, 23 Feb 1931.
49 *Sheffield Independent*, 24 Feb 1931.
50 *Schenectady NY Union Star*, 23 Jun 1932.
51 「旅行記」では、この出来事を23日月曜日のこととしているが、当時の報道と照らし合わせると24日火曜日のことと思われる。*Daily News*, 25 Feb 1931. など。
52 『自伝 栄光と波瀾の日々』、346頁。
53 *The New York Times*, 27 Feb 1931.
54 *Hartlepool Northern Daily Mail*, 5 Mar 1931.
55 『担へ銃』への高野の出演は撮影所の資料では確認されていない。スタッフは総出でエキストラ出演していたか、あるいは記者の誤記かもしれない。
56 R. J. Minney, *Everybody's Weekly*, 7 March 1931.
57 *Hartlepool Northern Daily Mail*, 10 Mar 1931
58 *New York Times*, 28 Feb 1931.
59 *New York Herald Tribune*, 28 Feb 1931.
60 *The Associated Press*, 27 Feb 1931.
61 『チャップリン 下』、117頁。
62 *Lancashire Evening Post*, 28 Feb 1931.
63 タンゴ楽団をパリから呼び寄せる計画もあったが、サヴォイホテルより「ジェラルド・ブライツ・ガウチョ・バンド」が招聘された。
64 『自伝 栄光と波瀾の日々』、361頁。
65 *Daily News*, 28 Feb 1931.
66 *Kinematograph Weekly*, 5 Mar 1931.
67 *Dundee Evening Telegraph*, 4 Mar 1931.
68 *Daily News*, 6 Mar 1931.
69 *The Times*, 6 Mar 1931.
70 *Shields Daly News*, 28 Feb 1931.
71 James Gow, *World*, 7 Feb 1931.
72 *New York Evening Journal*, 7 Feb 1931.
73 George Gerhard, *The Evening World*, 7 Feb 1931.
74 Llewellyn Miller, *Chaplin Film Opens New House*, 31 Jan 1931.
75 *Daily Sketch*, 26 Feb 1931.
76 *John Bull*, 24 Jan 1931.
77 *The Sphere*, 7 March 1931.
78 *The Film Daily*, 26 Feb 1931.
79 *Daily Sketch*.（日付不明）。1932年春に製作予定などと報じられた。
80 カールトン・ホテルの大陸オフィスのハンリー氏作成の旅程表による。チャップリン家所蔵。
81 チャップリンがこの時叙勲されなかったのは、かつて未公認のチャップリン伝記をイギリスで出版しようとして、差し止められたノースクリフ卿が、その腹いせに、チャップリンについての好ましくない噂を王室に吹き込んだからという理由もあった。『チャップリン　下』、118頁。

第2章

1 カールトン・ホテルの「大陸オフィス」のハンリー氏作成の旅程表による。チャップリン家所蔵。
2 *Illustrierte Tageszeitung des Films*, 10 Mar 1931.
3 Wolfgang Gersch, *"Chaplin in Berlin. Illustrierte Miniatur nach Berliner Zeitungen von 1931,"* (Berlin:Parthas, 1999), p.15.
4 *Frankfurter Allgemeine Zeitung*, 10 Mar 1931.
5 *Ibid.*
6 *8-Uhr-Abendblatt*, 10 Mar 1931.
7 *Sheffield Independent*, 10 Mar 1931.
8 1931年3月9日付、ロイター通信。
9 *Film Kurier*, 10 Mar 1931.
10 *Berliner Tageblatt*, 10 Mar 1931.
11 Hedda Adlon, *"The Life and Death of a Great Hotel,"* (Barrie Books, 1958).
12 *The New York Times*, 9 Mar 1931.
13 ちなみに、『嘆きの天使』の監督ジョゼフ・フォン・スタンバーグの出世作『救ひを求むる人々』（1925年）は、公開の見込みがたたなかったのだが、チャップリンの後押しで世に出た作品だ。その作品で主演を務めたジョージア・ヘイルは、その後チャップリンの『黄金狂時代』のヒロインに抜擢された。
14 *The Times*, 11 Mar 1931.
15 その後、すぐにロンドン公演が行われ、チャップリンの発言は宣伝に使われた。*Daily News*, 17 March 1931.
16 *The Era*, 18 Mar 1931.
17 *12-Uhr-Blatt*, 10 Mar 1931.
18 Klausu Budzinski and Reinhard Hippen, *"Metzler Kabarett Lexikon"* (J.B. Metzler, 1996), p.60
19 *Hull Daily Mail*, 11 March 1931.
20 von Ulm, pp. 291-292.
21 *The Times*, 11 Mar 1931.
22 *8-Uhr-Abend-blatt*, 11 Mar 1931.
23 von Ulm, p.297.
24 *12-Uhr-Blatt*, 12 Mar 1931.
25 *Die Welt am Abend*, 13 Mar 1931.
26 *The Era*, 18 Mar 1931.
27 *"Die Junge Garde"* 13 Mar 1931.
28 3月14日付で通信社が配信。掲載は、*The Scotsman*, 16 Mar 1931. 他多数。
29 *Berliner Börsen-Zeitung*, 14 Mar 1931.
30 *Die Rote Fahne*, 15 Mar 1931.
31 *"Der Anfriff"*, 10 Mar 1931.
32 *"Der Anfriff"*, 12 Mar 1931.
33 *"Der Anfriff"*, 15 Mar 1931.
34 *Sheffield Daily Telegraph*, 19 Mar 1931.
35 ここにまとめた「11日に*"Die Junge Garde"*紙が電話をして、その内容が13日の同紙に掲載されたこと。13日の午後にヴィルト内務大臣が不快感を示したこと。13日の夜に失業者代表と会談したことが、15日の*"Die Rote Fahne"*に歪めて報じられたこと」という一連の出来事が、デイヴィッド・ロビンソンの『チャップリン』ではいささか混同されて、「13日午前に失業者代表と会談したことがその1時間後に記事になり、その午後にヴィルト内務大臣が不快感を示した」との内容になっている。ほぼ全てが正確なロビンソンの記述において混同が見られる極めて稀な例の一つであるので、指摘して訂正しておく。むろん、この一点でかの決定版伝記の偉大さと信頼性が揺らぐことは決してない。
36 マクシミリアン・グラーフ・ヘンケル・フォン・ドナースマルクという貴族からチャップリンへの3月14日付の手紙に、「今晩会えなくて残念です。しかし、この晴れた日にポツダムに行かれるのですね」とある。

37 同上。

38 『自伝　栄光と波瀾の日々』、398頁。

39 von Ulm, p.290.

40 Chaplin, Stein ed., p.72.

41 1910年ごろに、無名だったアドルフ・ヒトラーが知人のJ・グライナーに語った言葉。

42 Chaplin, Stein ed., p.75.

43 ヨアヒム・フェスト著、赤羽龍夫他訳『ヒトラー　上』（河出書房新社、1975年）、130頁。

44 デイヴィッド・ロビンソン著、宮本高晴・高田恵子訳『チャップリン　上』（文藝春秋、1993年）、361頁。

45 *Völkischer Beobachter*, 4 Nov 1925.

46 Nobert Aping, *Liberty Shtnk! Die Freiheit wird Abgeschafft* (Shüren, 2011), p.123.

47 『チャップリン　下』、122頁。

48 この時、史上初めてチャップリンが喋る声を録音したのは、「ゼレノフォン社のセーケリ氏」だと広く報道された。*The Era*, 18 Mar 1931.

49 1931年3月19日のロイター通信。

50 同上。

51 もっとも、カーライル・ロビンソンによると、チャップリンがブダペスト行きを取りやめた理由は、ウィーンで熱烈に求愛してきたオペレッタ歌手パラスティーがブダペストの出身で、チャップリンは、「ブダペストの女性たちが皆、彼女と同じような態度を取るのなら、そこは私が足を踏み入れてはいけない場所のひとつだ」と言って、ハンガリー女性の情熱を恐れたから、というものだった。Carlyle Robinson, p.213.

52 Chaplin, Stein ed., p,77.

53 *Ibid.*

第3章

1 君塚直隆著『教養としてのイギリス貴族入門』（新潮新書、2024年）、3－4頁。

2 Loelia, Duchess of Westminster, *Grace and Favour* (London: Weidenfeld and Nicholson, 1961), pp.229-230.

3 *Ibid.*

4 *Le Petit Journal*, 23 Mar 1931.

5 *Belfast Telegraph*, 23 Mar 1931.

6 *Belfast News-Letter*, 23 Mar 1931.

7 1931年5月18日付、カミからチャップリンへの手紙。

8 *The Bystander*, 8 April 1931.

9 Chaplin, Stein ed., pp.85-86.

10 *Hull Daily Mail*, 3 March 1931.

11 Chaplin, Stein ed., pp.82-84.

12 von Ulm, pp.306-307.

13 *Belfast Telegraph*, 24 March 1931.

14 Chaplin, Stein ed, pp.89-94.

15 *"Charlie Hunts the Boar in France — in a Duke's Pink Coat," The Illustrated Sporting and Dramatic News*, 4 Apr 1931.

16 *Daily News*, 25 Mar 1931.

17 Loelia, pp.229-230.

18 *Lancashire Evening Post*, 25 Mar 1931.

19 Chaplin, Stein ed., p.87.

20 ただ、面会の後半では会話も弾んだようで、チャップリンもベルギー国王のことを「こんなにも映画のことに詳しい王族は他にいない」と評した。*Yorkshire Evening Post*, 28 Mar 1931.

21 日付、雑誌名不明の新聞。チャップリン・アーカイヴ所蔵資料。

22 Chaplin, Stein ed., p.81.

23 1931年4月1日のロイター配信記事。*The Scotsman*, 1 Apr 1931. 他多数。

24 Carlyle Robinson, pp.226-227.

25 von Ulm, pp. 318-319.

26 ちなみに、クレア・ゴルの夫のイヴァン・ゴルは、1920年にチャップリンを題材にした詩集 *"Die Chaplinade"* をドイツで出版した詩人だ。それは、「映画ポスターから出てきたチャーリーが詩人になる」という悲喜劇的な冒険を描いたダダイスム詩集で、夫はチャップリンを前衛芸術の創作の対象として捉え、妻はメロドラマ小説に仕立てたという意味で対照的なアプローチをした。

27 ボリス・エヴェリノフから、シドニー・チャップリンへの手紙。1932年4月14日付。

28 *Weekly Dispatch*, 1 May 1932. この記事の中で、メイ・リーヴズは、チャップリンの力で映画界入りできると信じて待っているが、契約書が送られてこない、連絡を待っている間に病気になってしまった、などと発言している。

29 May Reeves and Claire Goll, translated by Constance Brown Kuriyama, *The Intimate Charlie Chaplin* (MacFarland, 2001), pp.19-20

30 *"Chaplin Shows Casino Crowd How to Dance," San Diego Blade*, 20 June 1931.

31 Reeves, pp. 23-25.

32 Chaplin, Stein ed., p.99.

33 *Daily News*, 11 Apr 1931.

34 例えば、1931年4月10日付の *"The Western Evening Herald"* 掲載の記事 *"Royalty Kept Waiting"* には、「コノート公爵は上映出席への招待を丁重に受け入れ、約束の時間に訪れたのだが、チャップリン氏は1時間後に現れた」とある。

35 Reeves, p. 29.

36 *Dundee Evening Telegraph*, 1 April 1931.

37 *The Times*, 13 Apr 1931.

38 *Huddersfield Daily Examiner*, 6 May 1931.

39 Chaplin, Stein ed., p.109.

40 *Kentish Express*, 1 May 1931.

41 *"Charlie Chaplin Captures Algeria", White Plains Daily Reporter*, 15 Sep 1931.

42 Reeves, p.33.

43 *Daily News*, 21 April 1931.

44 *The Era*, 18 Mar 1931.

45 *Shields Daily News*, 17 Mar 1931.

46 *The Era*, 22 April 1931.

47 Carlyle Robinson, pp.236-238.

48 Reeves, pp.38-39.

49 Carlyle Robinson, p.239.

50 ロビンソンがアメリカに向けてイギリスを出発したのは、5月3日のこと。*Daily News*, 6 May 1931. アメリカに戻ってからもロビンソンは彼の役割を果たす。記者からメイについての質問攻めに合うが、メイは決して恋人ではないと否定した上で、チャップリンは本人が出ずに監督に徹する次回作の構想中で、脚本を書くにあたって、外国語版も同時に作るために多言語を話せるメイを雇った、と説明している。*Santa Monica Outlook*, 30 July 1931.

51 *Civil & Military Gazette*, 11 May 1931.

52 *Daily News*, 30 April 1931.

53 *"Chaplin Refuses Command Showing", The Evening Standard*, 9 May 1931.

54 *Charleston WV Gazette*, 21 June 1931.

55 *Springfield News*, 11 May 1931.

56 『自伝 栄光と波瀾の日々』、389−390頁。

57 ロビンソン著、『チャップリン 下』、130頁。

第4章

1 シドニーからカーライル・ロビンソンへの1931年6月10日付の手紙によると、シドニーが6月8日にチャップリンと会食をした時、高野が食中毒になっていることを聞いた。チャップリン家の資料庫資料。

2 von Ulm, pp.333-334.

3 本節のチャップリンの描写は、Reeves, pp.42-49.

4 1931年6月25日付のシドニーからボリス・エヴェリノフへの手紙。

5 Reeves, pp.50-52.

6 同席した人物からチャップリン宛の5月30日付の手紙が残っている。

7 Chaplin, Stein ed., pp.101-102.

8 John McCabe, *"Charlie Chaplin"* (London:Robson Books), p.41.

9 *The Times*, 1 June 1931.

10 6月5日付の *Western Times* で、「数日滞在している」と報道されている。

11 『自伝　栄光と波瀾の日々』、373頁。

12 Chaplin, Stein ed., pp.106-107.

13 Chaplin, Stein ed., p.107.

14 「彼はヨガ呼吸法を習得し、肋骨をカーテンのように下に寄せることもできる」。*Huddersfield Daily Examiner*, 14 July 1931.

15 1931年6月10日付のシドニーからボリス・エヴェリノフへの手紙。

16 1931年6月25日付のシドニーからボリス・エヴェリノフへの手紙。

17 『自伝　栄光と波瀾の日々』、400－403頁。

18 高野は列車で追いかけた。メイはこの時、シャム猫も連れていた。元々はメイのファンから2匹もらったのだが、1匹は高野の食中毒の看病中に7階の窓から飛び出して死んでしまった。残った1匹を一行は大事にしていた。von Ulm, p.333.

19 Reeves, pp.76-77.

20 *Lancashire Evening Post*, 8 Aug 1931. ダラの運転の車がもう一台と衝突した。

21 *Daily News*, 10 August 1931.

22 *Lancashire Evening Post*, 10 Aug 1931.

23 *Morning Post*, 10 Aug 1931.

24 Reeves, pp.91-93

25 *Cinémonde*, Apr 1938.

26 *Belfast News-Letter*, 14 Aug 1931.

27 von Ulm, p.334.

28 その日のメインのゲストは、フランスのジャック・ティボーとウクライナ出身のミッシャ・エルマンの二人の偉大なヴァイオリニストだった。彼らは見事な演奏を披露してその場にいた人々を魅了した。客の中には、アンナ・パヴロワのポートレイトを描いたことで知られるサヴェリー・ソリンもいた。

29 *Daily News*, 7 Sep 1931.

30 Elsa Maxwell, *R.S.V.P.: Elsa Maxwell's Own Story*, Boston: Little, Brown and Co., 1954, p. 233

31 Reeves, p.88.

32 *Daily News*, 18 Sep 1931.

33 *Daily News*, 11 Sep 1931.

34 The *Camberwell & Peckham Times*, 5 Sep 1931.

35 『自伝　栄光と波瀾の日々』、352－355頁。及び、Chaplin, Stein ed., p.61.

36 チャップリンの「ナポレオン」企画については、拙著『チャップリンとヒトラー　メディアとイメージの世界大戦』（岩波書店、2015年）、第3章「『チャップリンのナポレオン』——幻の反〈独裁者〉プロジェクト」を参照されたい。

37 Chaplin, Stein ed., p.119.

38 *Sheffield Daily Telegraph*, 23 Sep 1931.

39 Chaplin, Stein ed., p.121.

40 『自伝　栄光と波瀾の日々』、359頁。

41 Chaplin, Stein ed., p.122.

42 *Picturegoer*, 7 Nov 1931.

43 *Gloucester Citizen*, 22 Oct 1931.

44 *Grimsby Daily Telegraph*, 28 Sep 1931.

45 *Lancashire Evening Post*, 28 Sep 1931.

46 *Western Morning News*, 19 May 1931. 犯人のノーリーン・クロウは懲役9ヶ月の刑に処された。

47 *Sheffield Daily Telegraph*, 18 Nov 1931.

48 *Northampton Chronicle and Echo*, 1 Oct 1931.
49 *Northampton Chronicle and Echo*, 26 Oct 1931.
50 Ferdinand Kuhn, Jr., "*Chaplin to Witness 'Fun' of Elections*," 9 Oct 1931.
51 プラムステッド・バースの保守党の会合には、キャップをかぶり、丸メガネで変装して参加（*Reynolds's Newspaper*, 25 Oct 1931.）。また、オクスフォード通りのデパート「セルフリッジ」で行われたゴードン・セルフリッジの集会にも参加し、「ネズミのようにおとなしく見ていた」（*Hull Daily Mail*, 28 Oct 1931.）。
52 『自伝　栄光と波瀾の日々』、355－356頁。
53 フォーチュン劇場で、アスター子爵夫人と一緒にアーノルド・ベネットの "The great adventure" を見ていたく感心した（*Gloucester Citizen*, 10 Oct 1931.）11月6日には、ライシアム劇場でメロドラマ「センセイション」を見ていた時、最初の休憩で誰かが気付き、スタンディングオヴェイションが広がった。偶然にも8席離れた場所でフレッド・カーノーがいて、旧交を温めた（*Lancashire Evening Post*, 7 Nov 1931.）。
54 *Sunday Dispatch* of Oct 11, 1931
55 *The Stage*, 29 Oct 1931.
56 *The Stage*, 5 Nov 1931.
57 『自伝　栄光と波瀾の日々』、408頁。
58 *Manchester Evening News*, 9 Nov 1931.
59 『自伝　若き日々』、180頁。
60 *Manchester Evening News*, 9 Nov 1931.
61 *Yorkshire Evening Post*, 10 Nov 1931.
62 *Daily Dispatch*, 10 Nov 1931,
63 この頃、チャップリンとリタ・グレイとの間の息子たち6歳のチャールズ・ジュニアと5歳シドニーがフランスで教育を受けるためにヨーロッパ大陸を訪問したことが話題になっていた。11月3日に子供たち一行がパリに着いたことが報じられ、「お父さんの映画より、イギリスの人形劇パンチとジュディの方が面白い。『街の灯』は他の映画よりは良かった。なぜならパイを投げないから。お父さんがパイを投げるのは映画の中だけ。家では投げないよ。自分はライオンハンターになりたい」という弟と、「ライオンハンターはあまりお金が儲からないから、アメリカ大統領になりたい」という兄の無邪気な談話が掲載された（*Daily News*, 3 Nov 1931.）。
64 *Yorkshire Evening Post*, 12 Nov 1931.
65 *Daily News*, 13 Nov 1931.
66 *Western Morning News*, 14 Nov 1931. *Daily News*, 16 Nov 1931. など。
67 RGALI 所蔵。f. 2091, op. 1。
68 『自伝　栄光と波瀾の日々』、406－407頁。
69 *Sunderland Daily Echo and Shipping Gazette*, 25 Nov 1931.
70 *The Times*, 1 Dec 1931.
71 *Hartlepool Northern Daily Mail*, 1 Dec 1931.
72 *Picturegoer*, 12 Dec 1931.
73 『自伝　栄光と波瀾の日々』、413頁。
74 *Daily News*, 15 Dec 1931.
75 *Nottingham Evening Post*, 15 Dec 1931.
76 *Edinburgh Evening News*, 15 Feb 1932.
77 Chaplin, Stein ed., p.132.
78 *Dorset Daily Echo*, 22 Dec 1931.
79 詳しくは、拙著『チャップリンとヒトラー』の第二章「ヒトラーの台頭とチャップリン攻撃」を参照されたい。
80 von Ulm, pp.343-344.
81 スイスを離れる前日に、チャップリンの初期作で長年ヒロインを務めたエドナ・パーヴァイアンスが心臓と下腹部の疾患で入院していると報じられた（*Daily News*, 22 Feb 1932.）。エドナが入院した同じ日に彼女の父が亡くなり、治療費に葬儀代と出費がかさんだため、エドナは4月3日付でチャップリンに支援を求める手紙を書いた（その手紙では「2月29日に病院に運ばれた」とあるが、1932年は閏年ではない。エドナの病気についての新聞報道が2月22日なので、「2月19日」の誤記と思われる）。

82 エドナは、1923年以降チャップリン作品には出演していなかったが、彼女が1958年に亡くなるまでチャップリンは給料を払い続け、病気になった時は治療費を支払った。2月23日付のチャップリンからシドニー宛の電報では、2月25日に出発予定となっているが、メイの回想では3月2日と書かれている。予定から遅れるのはチャップリンの常だったこと、また恋人と別れる直前のメイにとって大切な日付だろうと推測されるので、本書は3月2日説を採用した。

83 *Irish Independent*, 7 Mar 1932.

84 『自伝　栄光と波瀾の日々』、414頁。

第5章

1 *Nottingham Journal*, 11 Mar 1932.

2 1932年3月9日付のシドニーから妻ミニーへの手紙。

3 Chaplin, Stein ed., p.135.

4 *Everybody's Weekly*, 23 April 1932.

5 1932年3月9日付のシドニーから妻ミニーへの手紙。

6 「文學時代」（新潮社）、1932年6月号。

7 Chaplin, Stein ed., p.137.

8 *The Scotsman*, 28 Mar 1932. 他多数。ロイター通信の配信。

9 3月28日以降、ジャワ島とバリ島を周遊して、4月15日にシンガポールに戻るまでの詳しい旅程は、トーマス・クック社のシンガポール支店が作った日程表が残されており、その記述に基づいている。

10 Chaplin, Stein ed., p.144.

11 *New York Herald*, 12 June 1932. 執筆の日付は4月23日。

12 *Shields Daily News*, 20 Apr 1932. 他多数。ロイターの配信。

13 高野虎市については、拙著『チャップリンの影　日本人秘書・高野虎市』（講談社、2009年）を参照されたい。

14 1914年のデータ。広島県編『広島県移住史　通史編』（第一法規出版、1993年）、168頁。

15 同書、153頁。行き先は、当初ハワイが多かったのだが、1890年代以降にハワイが移民を制限したのと、アメリカ合衆国が中国人移民を制限し代わりに日本人を求めたことで、アメリカ本土が急増した。

16 高野虎市の戸籍謄本より。

17 広島県法務局の土地台帳より。

18 高野虎市にまつわるFBIファイルより。

19 von Ulm, pp.86-87.

20 高野の娘ユリコ・ナダオカ氏への筆者のインタビューより。

21 『朝日ジャーナル』（朝日新聞社）、1960年3月号。

22 2009年に行なった石田昭三への筆者のインタビューより。

23 犬養道子著『ある歴史の娘』（中公文庫、1980年）、67頁。

24 「東京朝日新聞」、1932年5月14日。

25 原秀男・澤地久枝・匂坂哲郎編『検察秘録五・一五事件Ⅲ　匂坂資料3』（角川書店、1990年）、113－114頁。

26 Carlyle Robinson, p.172.

27 『ある歴史の娘』、10頁。

28 「東京日日新聞」、1932年4月15日。

29 「週刊朝日」、1932年5月8日号。

30 *Evening Despatch*, 6 May 1932.

第6章

1 Chaplin, Stein ed., p.148.

2 *Dundee Evening Telegraph*, 26 Feb 1932.

3 *Daily News*, 25 Feb 1932.

4 *Edinburgh Evening News*, 15 Feb 1932.

5 「大阪朝日新聞」神戸版、1932年5月15日。

6 サイレント映画時代の剣戟俳優。遠山満剣戟一座を率いて、ロス・アンジェルス公演をした際に、チャップリンが大いに気に入り、みずから公演のプロデュースを買って出た。なお、名前の発音が似ている国家主義者の頭山満とは別人。

7 「夕刊読売新聞」、1932年5月15日。
8 「大阪朝日新聞」、1932年5月15日。
9 「夕刊読売新聞」、1932年5月15日。
10 *The Scotsman*, 16 May 1932.
11 『自伝　栄光と波瀾の日々』、425頁。
12 「報知新聞」、1932年5月15日。
13 戦前に多くあった芸者たちを呼んで遊興や飲食をする貸座敷のこと。京都の花街で言う「お茶屋」にあたる。
14 犬養道子著『花々と星々と』（中公文庫、1974年）、305頁。
15 「東京朝日新聞」、1932年5月15日。
16 「読売新聞」、1932年5月15日。
17 「東京日日新聞」、1932年5月15日。
18 『自伝　栄光と波瀾の日々』、426頁。
19 「朝日ジャーナル」1960年3月号「チャップリンとの十八年」。
20 『ある歴史の娘』、67頁。
21 『自伝　栄光と波瀾の日々』、428頁。
22 『花々と星々と』、315頁。
23 「報知新聞」、1932年5月17日。
24 「朝日ジャーナル」（朝日新聞社）、1960年3月号。
25 『自伝　栄光と波瀾の日々』、432−433頁。
26 『自伝　栄光と波瀾の日々』、429頁。
27 『ある歴史の娘』、68頁。
28 『改造』、1932年7月号。
29 チャップリン家の資料庫所蔵のインタビュー原稿。雑誌『演藝画報』1932年7月号に一部翻訳されている。
30 曽我廼家五郎が「今度は二人きりで会いたい」と英文で書いた5月22日付の手紙がチャップリン・アーカイヴに残っている。もっとも、曽我廼家五郎からお願いしている割には、「5月25日午後3時に星ヶ丘茶寮に来てくれ」と日時も場所もしている。残念なことにチャップリンはその日箱根におり、再会は叶わなかった。
31 堀越宗円がアメリカ代理大使の夫人ベッツィー・ネヴィルに頼み込んで実現した。ネヴィルは前日の5月21日にチャップリンに手紙を書いたのだが、茶の湯に興味を持っていたチャップリンは快諾して翌日には面会が実現した。
32 Chaplin, Stein ed., p.151.
33 英百合子「チャップリンと私」（「夫人サロン」1932年7月号）。
34 『ある歴史の娘』、68頁。
35 『自伝　栄光と波瀾の日々』、432頁。
36 そんなわけで、ハリウッドに帰ってからは天ぷらなど見たくもない状態だったが、しばらくするとまた食べたくなった。高野が天ぷらを揚げ、天つゆを作ったが、「こんな味じゃない」と言って、チャップリンは自分で天つゆを作った。それは醤油を入れすぎたもので、高野にとっては辛すぎたが、チャップリンは「うまい。これが日本の味だ」と主張していた。それにしてもあまりに辛かったので、高野は食後にこっそり台所に行って牛乳を飲もうとしたら、そこにはすでにチャップリンがいて、大量の牛乳をがぶ飲みしていたという。
37 von Ulm, pp.361-366.

エピローグ

1 *Picturegoer*, 12 Dec 1931.
2 コリンソン・オウェンの署名原稿。*Sunday Mirror*, 22 May 1932.
3 「文藝春秋」、1932年8月号。『菊池寛文學全集　第七巻』（文藝春秋新社、1960年）、50頁。
4 例えば、1932年6月18日付の *The Scotsman* では、「経済学者にも認められた考え」との触れ込みでチャップリンの記者会見の様子が報じられているが、肝心な中身には触れられていない。
5 Chaplin, Stein ed., p.152.

参考文献

主要参考資料

チャップリン家所蔵資料　約2万ページの未公開資料（脚本・メモ・手紙・撮影日誌・裁判記録その他）

チャップリン家所蔵　新聞・雑誌スクラップ（撮影所の広報担当が集めた北米・南米・ヨーロッパ・アラブ諸国・オセアニア・インド・東南アジア・中国・南アフリカ・日本での「チャップリン」という言葉が出てくるすべての新聞記事のスクラップ・ブック）

ユリコ・ナダオカ所蔵資料

フランク・ヨネモリ所蔵資料

ＦＢＩ資料　高野虎市に関するファイル

１９３１年１月から１９３２年６月まで、チャップリンが世界旅行中に訪れた国々で発行された新聞・雑誌資料のうち、現存し閲覧できる全ての資料

主要参考文献

【チャップリン本人の文章、旅行記、及び関係者の手記】

チャールズ・チャップリン著、中里京子訳『チャップリン自伝　若き日々』新潮社、２０１７年。

同著、同訳『チャップリン自伝　栄光と波瀾の日々』新潮社、２０１８年。

[Chaplin, Charles. *My Autobiography*, London: The Bodley Head, 1964.]

Chaplin, Charles. *My Life in Pictures*. London: The Bodley Head Ltd, 1974.

———. *A Comedian Sees the World*. Springfield: Crowell, 1933-34. Lisa Stein 監修、Cecilia Cenciarelli 訳の完全版 *Un comico vede il mondo*. Genova:Le Mani, 2006.

Charlie Chaplin Interviews. ed. Kevin J. Hayes. University Press of Mississippi, 2005.

von Ulm, Gerith. *Chaplin:King of Tragedy*. Caldwell:Caxton, 1940.
Robinson, Carlyle. René Lelu trans., *La Verité sur Charlie Chaplin: Sa Vie, Ses Amours Ses Déboires*. Paris: Société Parisienne d'Édition, 1933.
Reeves, May and Claire Goll. trans. Constance Brown Kuriyama, *The Intimate Charlie Chaplin*, Jefferson: MacFarland, 2001.

【チャップリン伝記・作品研究】

デイヴィッド・ロビンソン著、宮本高晴・高田恵子訳『チャップリン　上』文藝春秋、１９９３年。
同著、同訳『チャップリン　下』文藝春秋、１９９３年。
[Robinson, David. *Chaplin:His Life and Art*. London: William Collins Sons & CO., Ltd., 1985, London: Penguin Books, 2001.]
同著、上岡伸雄・南條竹則訳、大野裕之監修『小説ライムライト　チャップリンの映画世界』集英社、２０１７年
[____________. *Charlie Chaplin: Footlights With the World of Limelight*. Bologna:Cineteca di Bologna, 2015.]
大野裕之著『チャップリン　作品とその生涯』中央公論新社、２０１７年。
同著『チャップリン・未公開ＮＧフィルムの全貌』ＮＨＫ出版、２００７年。
同著『チャップリンとアヴァンギャルド』青土社、２０２３年。
McCabe, John. *Charlie Chaplin*. London:Robson books, 1978.
Chaplin's Limelight and the Music Hall Tradition. ed. Frank Scheide and Hooman Mehran, Jefferson: McFarland Publishing, 2006.

【チャップリンと戦争、ナチスについて】

大野裕之著『チャップリンとヒトラー　メディアとイメージの世界大戦』岩波書店、２０１５年。
デイヴィッド・ロビンソン、チェチリア・チェンチャレーリ著、大野裕之編『チャップリンと戦争』日本チャップリン協会、２００７年。

ケヴィン・ブラウンロー、マイケル・クロフト監督のドキュメンタリー映画『放浪者と独裁者』
Aping, Nobert. *Liberty Shtnk! Die Freiheit wird Abgeschafft*, Marburg: Shüren, 2011.
Wolfgang Gersch, "*Chaplin in Berlin. Illustrierte Miniatur nach Berliner Zeitungen von 1931*. Berilin:Parthas, 1999.
Chaplin; The Dictator and the Tramp. ed. Frank Scheide and Hooman Mehran, London: BFI Publishing, 2004.
Il Grande Dittatore. ed. Anna Fuaccarini, Cecilia Cenciarelli, Michela Zegna. Genova: Le Mani, 2003.

【チャップリンと日本、高野虎市について】


大野裕之著『チャップリンの影　日本人秘書・高野虎市』講談社、2009年。

同編『チャップリンの日本』日本チャップリン協会、2006年。

同著『チャップリン暗殺』メディアファクトリー、2007年。

千葉伸夫著『チャプリンが日本を走った』青蛙房、1992年。

国立劇場営業部営業課編集企画室編『国立劇場　第316回　令和元年12月歌舞伎公演』、独立行政法人日本芸術文化振興会発行、2019年。

同編『*Chaplin KABUKI NIGHT*』、独立行政法人日本芸術文化振興会発行、2019年。


【五・一五事件について】


原秀男・澤地久枝・匂坂哲郎編『検察秘録五・一五事件Ⅰ～Ⅳ　匂坂資料1～4』角川書店、1989～1991年。

『現代史資料　国家主義運動』みすず書房、1963年。

犬養道子著『ある歴史の娘』中央公論社、1980年。

同著『花々と星々と』中央公論社、1974年。

小山俊樹著『五・一五事件　海軍青年将校たちの「昭和維新」』中公新書、2020年。

写真クレジット

David Robinson Collection＝26ページ
提供：ユリコ・ナダオカ＝3、11、116、145、195、203、227、229、233、237、243、256ページ
提供：大久保俊一＝248ページ
提供：松田集＝209、222ページ
提供：国立劇場＝210ページ
提供：大野裕之＝263ページ
© Wide World Photos＝63ページ

Digitisation of the Chaplin Archives by Cineteca di Bologna
Digitisation of certain photographs from the Chaplin Archive by Photo Élysée
Original documents from the Chaplin Archives held at Archives de Montreux, PP 75, Fonds Charles Chaplin
Original negatives and photographs from the Chaplin Archives held at Photo Élysée
チャールズ・チャップリン著作権　日本代理店＝日本チャップリン協会／大野裕之

初　出

本書は、『中央公論』2019年２月号～７月号に連載した「チャップリンが見たファシズム」をもとに大幅に加筆修正したものである。

大野裕之

脚本家・プロデューサー、日本チャップリン協会会長。1974年、大阪府生まれ。大阪府立茨木高校卒業。京都大学卒業。京都大学大学院博士課程所定単位取得。脚本家・演出家・映画プロデューサー・日本チャップリン協会会長。著書に『チャップリン作品とその生涯』(中公文庫)、『チャップリンとヒトラー メディアとイメージの世界大戦』(岩波書店、第37回サントリー学芸賞)、『チャップリンとアヴァンギャルド』(青土社)他多数。脚本・プロデュースを担当した映画に『太秦ライムライト』(第18回ファンタジア国際映画祭最優秀作品賞)他多数。

チャップリンが見《み》たファシズム
——喜劇王《きげきおう》の世界旅行《せかいりょこう》 1931–1932

〈中公選書 152〉

著　者　大《おお》野《の》裕《ひろ》之《ゆき》

2024年7月10日　初版発行

発行者　安 部 順 一

発行所　中央公論新社
〒100-8152　東京都千代田区大手町 1-7-1
電話　03-5299-1730(販売)
03-5299-1740(編集)
URL　https://www.chuko.co.jp/

DTP　市川真樹子

印刷・製本　大日本印刷

Published by CHUOKORON-SHINSHA, INC.
Printed in Japan　ISBN978-4-12-110153-2 C1322
定価はカバーに表示してあります。

中公選書　好評既刊

119
ストックホルムの旭日
――文明としてのオリンピックと明治日本

牛村　圭著

明治日本はスポーツという「洋学」をどう受容したのか。漱石『三四郎』から競技指導書まであらゆるテクストを精読、「文明の頂点」とされたオリンピックに二選手が挑むまでを描く。

133
大才子　小津久足
――伊勢商人の蔵書・国学・紀行文

菱岡憲司著

四つの名前を使い分けて生きた江戸時代最大の紀行文作家・小津久足。その営みを丹念に辿りながら、近代とは似て非なる、ありのままの江戸社会の姿を探る。

サントリー学芸賞受賞作

144
マッカーサー
――20世紀アメリカ最高の軍司令官なのか

リチャード・B・フランク著
ブライアン・ウォルシュ監訳
ウォルシュあゆみ訳

「天才的な軍人」でもなく、「中身のない大法螺吹き」でもない、生身の人間像が浮かび上がる。その言動や彼を取り巻く出来事は、アメリカの軍隊と軍人について知る上で示唆に富む。